JPC
HK

我們的中國

我們的中國
大地文章

李零

李零（左三）和鄉親，武鄉故城大雲寺（趙剛 攝）

自序

現在，我們都住在水泥樓群中，家的概念已發生很大變化。山西人說的「家」，不僅是父母兄弟姐妹，也指他們住的房子。

我的父母來自鄉土社會。即使住在城裡，也與老家保持著密切往來。小時候，家裡常有老家的人來串，爸爸家的親戚剛走，媽媽家的親戚又來。我自己呢，是在大院裡長大，眼瞅著身邊的叔叔阿姨一天天老去，不聲不響，差不多全都死光了。突然間，我才發現，我自己也老了。現在，鄉土社會正到處解體，大院文化也日漸衰微。我們的下一代，不是隨父母換工作走哪兒算哪兒，就是漂洋過海出了國。大家都像浮萍，根本沒有根。

老家還有意義嗎？出生地又能說明什麼？換工作，三天兩頭搬家，那不是家常便飯？哪兒不是打工掙錢吃飯。對某些人來說，就連自己算哪國人都不重要。他們說，他們是世界公民。

這個集子中的文章多半跟行走有關，話題集中在北方三省，一是山西，二是陝西，三是甘肅。《黃河大合唱》：「張老三，我問你，你的家鄉在哪裡？」我的家在山西，跟張老三一個省，但不在黃河以東二百里，而在太行山下的漳河流域。

我的第一篇文章是寫太行八陘。太行山，大S形，從華北平原上台階，這是第一個台階。南邊的山把山西跟河南分開，東邊的山把河北和山西分開，北邊的山把東北、內蒙古跟山西隔開。二〇一〇年，應《華夏地理》之邀，分兩次，我跑過太行山的這八個門戶和通道，風景真美。

太行山的內側，有個自古奪天下炙手可熱的地方，古人叫上黨。蘇東坡說，「上黨從來天下脊」。上黨是天下的脊樑。國共內戰的第一仗就叫上黨戰役。我的老家就在上黨盆地的北邊，一個叫武鄉的地方。抗日戰爭，這裡曾是八路軍總部。關於山西，關於上黨，特別是武鄉，我寫的比較多。這些都跟尋根問祖有關，我戲稱「家鄉考古學」。

山東出聖人，山西出祖宗。有人說，山西有兩大優勢，一是挖煤，二是尋根。山西廟最多，堯、舜、禹，這些老祖宗的老祖宗，據說全在山西。我說的不是這種根。

山西是個胡騎南下的大通道，胡風從大同吹進來，有八個出口吹出去。我的家鄉就在太原到洛陽的官道上，離太行八陘的滏口陘最近。這裡有個北朝寺廟群。我挖出一塊北朝殘碑，赫然可見「梁侯寺」三字，這才恍然大悟，我們村的名字（北良侯村）就來自這個寺廟群。廟上還有一塊元朝的地震碑，碑已碎成好幾塊，我試做復原。原來我們是那次大地震從附近山裡遷來的災民。

陝西，關中平原的北部是黃土高原，它的東側是黃河。我去陝西多少回，就是沒有到過陝北。去年，陝西歷史博物館請我做報告，由秦始皇帝陵博物院安排，榆林文物保護研究所的喬建軍所長陪同，總算一償心願。我從陝西回來，把沿途見聞和書本記載對過一遍。我發現，上郡這麼重要的郡，原來是一筆糊塗賬，學者就連上郡的郡治在哪兒都搞不清。《中國歷史地圖集》把圁水當禿尾河，造成一系列地名搬家。現在靠出土發現，我們才知道，圁水就是無定河。西河郡跟太行山相似，黃河上有很多渡口，八路軍東渡黃河，毛澤東去西柏坡，都是從這些渡口過。

我這個集子，涉及上黨、上郡、西河三郡，每個郡都從水道入手，〈地理志〉和《水經注》是放在一塊兒讀。

最近的訪古，是參加北京大學考古文博學院和牛津大學組織的中英聯合絲綢之路考察團，起點敦煌，終點寶雞。上個學期講《禹貢》，對雍州倍感興趣，一是山川形勢，二是遺址文物。甘肅是三大邊疆的交會點，自古就是中國與西域商貿往來的大走廊，也是個民族大熔爐。我的興奮點是周、秦、戎的關係。

我發現，走路不光是埋頭走路，還得讀書，出發前要做功課，路上要記日記，回來還要整理核對。

我這個人，平常不記日記，覺得太累，影響生活，只有在外訪古才記日記。現在，記憶力崩潰，眼前的事頂多保存二十四小時，第二天就自動刪除，不記不行呀。

二〇一四年十一月八日寫於北京藍旗營寓所

目錄
Contents

自序 ix
說中國山水——以太行八陘為例 002
上黨，我的天堂 031
上黨從來天下脊——晉東南訪古記 044
上黨訪古記 086
西伯戡黎的再認識——讀清華楚簡〈耆夜〉篇 122
武鄉訪古記 146

Contents

梁侯寺考——兼說涅河兩岸的石窟和寺廟　158
滹沱考　196
再說滹沱——趙惠文王遷中山王於膚施考　204
陝北筆記（上）——讀《漢書・地理志》上郡　215
陝北筆記（下）——讀《漢書・地理志》西河郡　237
雍州日記　256

雙底村（陳新宇 攝）
北上太行山，艱哉何巍巍！
羊腸阪詰屈，車輪為之摧。
——曹操〈苦寒行〉

說中國山水——以太行八陘為例

最近，由《華夏地理》雜誌安排，我考察了太行八陘。吳昊先生邀我來中央美院，和大家聊聊中國山水，我想以太行八陘為例，從歷史地理的角度切入，講講我的感受，和大家分享一下我們的愉快。

一、陽春召我以煙景，大塊假我以文章

這兩句話是李白的話，出自〈春夜宴從弟桃花園序〉。我們的考察選在春天，這兩句話很合適。今年的春天特別冷，但風景很美，雪天有雪天的美，晴天有晴天的美，大地賜我以靈感，讓我覺得美不勝收。

張家口大境門上有四個字：大好河山。我曾問自己，中國的大好河山到底在哪兒？毛澤東說「綠水青山枉自多」（七律〈送瘟神〉），還真的多嗎？說實話，過去我嫉妒過美國的大好河山，也嫉妒過日本的小好河山，覺得自家山水不怎麼美。

這種看法太膚淺。

二十世紀九〇年代，我經常飛美國，每次都飛越朝鮮、日本、阿拉斯加。

秦始皇海外尋仙，西有崑崙山，東有蓬萊島。他東張西望，更迷東方。那個夢一樣的地方據說

是日本群島，古人叫瀛洲。日本的富士山，很美。秋瑾有詩：「詩思一帆海空闊，夢魂三島月玲瓏。」（〈日人石井君索和即用原韻〉）

大洋彼岸，比日本更遠，有個皮吉特灣（Puget Sound），比日本更像海外仙境。那裡真是山連著山，海連著海。岸上，有無數西湖般的湖，星羅棋佈。湖和海也是連在一起。美國的西雅圖和加拿大的溫哥華，彼此相鄰，就在這一帶。

西雅圖有個雷尼爾山（Mount Rainier），也是一座雪山，四千三百九十二公尺，比富士山更高，比富士山更美。你在西雅圖，無論走到哪裡，都可以看見她的尊容，視覺效果很奇特，那山竟像懸在半空中。

雷尼爾是英國探險家溫哥華的朋友。這是英國人起的名字。人家印第安人不這麼叫，他們叫塔科馬（Tacoma）。西雅圖的飛機場就在塔科馬。塔科馬的意思是吃人女怪。我見過一張老照片，拍的是印第安老酋長。他背後就是這座山。此人叫什麼?就叫西雅圖。

美國的山確實很美。這是夢一樣的美，虛無縹緲的美，沒有人，也沒有歷史（有也主要是印第安人的歷史）。

秦始皇的夢，漢武帝也做過，但誰都沒有找到海上的仙山，很失望。漢以後，大家全都掉頭西向，轉向陸地上的山。尋仙訪藥，逃避塵世，隱士、道士、和尚，最愛往山裡跑。

白居易說，「忽聞海上有仙山，山在虛無縹緲間」（〈長恨歌〉）。海上的山，太虛無縹緲。李白說，「海客談瀛洲，煙濤微茫信難求。越人語天姥，雲霓明滅或可睹」（〈夢遊天姥吟留別〉）。李白迷上的山是可以看見的山。

他看見的山是中國的山。

畫分南北宗，都是畫咱們中國的山。山分南北，人也分南北。中國，胡騎南下，一波又一波，風花雪月，高雅和腐化，統統被擠到南方。

中國的文人，中國的畫家，宋以後，多在江浙。但荊浩出生於濟源，太行山就在他家門口。他的《匡廬圖》，大家都說，不是廬山，而是太行山。

江蘇無高山，最高的山是雲台山，在連雲港的東邊，清以前一直是海島。浙江倒有不少山，比如李白盛讚、簡直神乎其神的天姥山，就在浙江新昌。這些山和北方的山大不一樣。

南方的山很美，好像美女，臉蛋和身段都不錯，比北方柔美。我是北方人，過去我老覺得，北方的山有啥好看，滿臉大褶子，好像羅中立畫的《父親》，而且乾巴巴、光禿禿，好像裸奔的莽漢。

這種想法，同樣很膚淺。

有一天，有個西方漢學家跟我說，北京去承德，一路的風景真美，美得都讓他喘不過氣來。這讓我吃了一驚。因為我對自己身邊的山已經麻木不仁。

我對北方的山刮目相看，是因為歷史，是因為考古，是因為穿越時空，有了一點大地理的感覺。跑路多了，我才明白，這些山水，太有歷史滄桑感。大山深處，有講不完的故事。

於是我說，美不僅在於漂亮。

什麼叫漂亮？你不是馬，並不知道馬的漂亮，雖然馬就在你的身邊。

現在我才明白，中國的山，中國的水，其實很美。北方的山，北方的河，也自有其雄渾壯麗。請注意，我在「麗」字的前面加了「雄」字，加了「壯」字。雄壯也是一種美。

二、如何看山，以太行為例

前不久，我在《華夏地理》寫過一篇文章，講嶽鎮海瀆。普天之下，千山萬水，皇上左不挑，右不選，為什麼單單看中了這十座山、四條水，這裡面大有文章。中國的名山，山不在高，也不在美，關鍵是它的地理位置，關鍵是它的歷史位置，關鍵是它和人的關係。帝王有帝王的眼光，百姓有百姓的眼光，和尚、道士也有他們的眼光。

如何看山？我想講一點地理知識，算是閱讀太行山的導讀吧：

(1) 看山，有個總原則，以山定水，以水定路，以路定城。我們要注意山、水和人的關係。兩山之間往往有水，水繞山行，往往有路，路的兩端，往往有村。陸游說，「山重水複疑無路，柳暗花明又一村」（〈遊山西村〉），城是最大的村。城與城隔山相望，中間有什麼聯繫？是我們關注的重點。

(2) 中國山水，嶽鎮是大坐標。嵩山是洛陽所依，天下之中；吳山、華山在西，是秦的一頭一尾；泰山、沂山在東，是齊、魯的標誌，這五座山是橫軸。縱軸，霍山在正北，恆山在其東，都是晉國的山；會稽山在東南，東臨大海，代表吳、越；醫巫閭山在東北，孤懸塞外，代表最北；衡山在湖南（洞庭以南），代表最南。

(3) 太行在山西、河北之間，屬於上述縱軸的北段。北嶽恆山就在這條山脈上。我們可以把山西看作一個由兩條直邊和兩條斜邊組成的平行四邊形，好像一顆晶體結構分明也切割整齊的寶石，鑲嵌在中國大地。它東有太行，西有呂梁，南有中條、王屋，北有管涔、恆山，黃河繞其西側和南面，真是表裡河山。四面的邊界是天造地設，不用人畫。

(4) 共工怒觸不周山，天塌西北，地陷東南，水潦塵埃歸焉（《淮南子·天文》）。這個傳說很形象。中國大地，西北高，東南低，有三個台階。太行山是在西北高地的邊緣上，下了這個台階，就是一馬平川。京石高速和京石鐵路就是貼著太行山走，這是沿著古道走。這條古道，現在仍是經濟大動脈。

(5) 太行不是一座山，而是一條兩千公尺高的山脈。古人把太行山比作天下的脊樑。蘇東坡說，「上黨從來天下脊」（〈浣溪沙·送梅庭老赴潞州學官〉）。它的南端連著王屋山和中條山，北端連著燕山山脈，好像一個大S。《禹貢》講冀州，它的東界就是這個大S。這個大S地帶是個地震帶，山體以石灰岩為主。

(6) 方向很重要。古人講陰陽方位，有所謂「右背山陵，前左水澤」（《史記·淮陰侯列傳》），來源是《孫子》佚篇。中國的方向，是以東南為陽，西北為陰，強調居高臨下，屁股坐在西、北，臉朝向東、南。東西，東為上；南北，南為上。這種方向感和上面說的大S有關。[1]

(7) 古人說，南北向的山是生山，東西向的山是死山；東西向的水是生水，南北向的水是死水（銀雀山漢簡〈地葆〉）。中國的水，百川朝宗於海，多半是從西往東流（或自西北向東南流），山，很多也是東西向。山西的山多為南北向，西邊的黃河、中間的汾河是從北往南流，但東邊的水，滹沱河和漳河，卻是穿山而過，自西往東流。

(8) 中國北方有三條線：三十五度線是王都線，從寶雞，到岐山，到咸陽，到西安，到洛陽，到偃師，到鄭州，到開封，一線排開，全是古都；三十八度線是華夏禦北的第一道防線，石家莊、太原、榆林和銀川在其上下；四十一度線是長城線，西起嘉峪關，東到山海關，是華夏禦北的第二道防線，京包線上的北京、張家口、大同、呼和浩特、包頭在其上下。

(9) 太行山，縱看是看三條線，就是剛才講的三十五度線、三十八度線和四十一度線，我們可以根據這三條線，把它分成三段：南三陘、中二陘、北三陘，從南往北分三段。橫看是看太行兩側的水、兩側的路、兩側的城彼此是什麼關係，沿途有什麼古蹟，如城邑、墓葬、寺廟、關隘，等等。❷

(10) 俗話說，山不轉水轉，水是流動的，人也是流動的。看山，我們要「自其變者而觀之」，也要「自其不變者而觀之」（用蘇東坡〈前赤壁賦〉之語）。皇帝不可能萬歲，只有山川才當得起萬歲（地質年代都是以萬年為計）。我們看山，主要是看它閱盡的人間春色，比如交通，比如戰爭，都發生在它們的眼皮底下。

太行山是我的故鄉，我的父母生於斯、長於斯、葬於斯。我以太行山為例，有我特殊的感情。

三、太行南段：軹關陘、太行陘、白陘

太行八陘，其說出自晉郭緣生《述征記》。此書久佚，見《元和郡縣誌》卷十六引。陘是山間通道，太行山被水流切割，有很多通道，其數不止於八，但八陘最有名。我們要注意，八陘是山西通河南、河北的通道，它們的命名，一般與山西無關，絕大多數都是以太行山外側（即東側或南側）的山口、關隘、城邑而命名。這種山口、關隘、城邑，幾乎都在河南、河北，即

❶ 騎馬的民族向太陽，匈奴、突厥、遼、金、蒙古都是以東為上。順便說一句，巴黎的盧浮宮和華盛頓的商場也是以東為上。漢族也強調向陽，房子都是坐北朝南，但我們不要以為漢族只是以南為上。以南為上是對南北向而言。如果是東西向，則以東為上。

❷ 太行山的兩側，不是古都，就是交通要道，或戰略要衝，就這一點而言，中國的山，沒有一條比得了。

使在山西，也在邊界上。

我們的考察分兩次，第一次是利用春節長假，走南三陘和中二陘。

我們先講南三陘。

(一)首先，我們是順第一道線，先走到大S的南端

上面說，太行山的南端連著王屋山和中條山。山之南是黃河，河之南是洛陽。洛陽依託的山是嵩山，水是伊、洛、瀍、澗。古人說的中國，就是這裡。這次，走軹關陘前，我們先去了這個大S的頭：兩個函谷關。秦函谷關在靈寶，是個峽谷，北面是中條山，南面是崤山，中間夾著黃河，峽谷在黃河的南岸。到那兒一看，你才知道，什麼叫一夫當關，萬夫莫開。秦人有兩個門，寶雞是西門，河曲是東門，這個地方是秦出陝西的大門口。傳說老子出關，就是這個關。我們要知道，陝西是陝縣以西，陝東是陝縣以東，秦人的東西是這麼劃分。這裡是西土和中原的分界線。西出函谷關，西出潼關，那是另一番天地。漢代，函谷關東移，搬到新安，在洛陽西邊，離洛陽很近。項羽叩秦關，坑殺秦國的降卒二十萬，就在新安。新安西北角有個鹽東村，在黃河邊上挖出過漢代的倉儲遺址，和華陰泉店村、鳳翔孫家南頭村發現的倉儲遺址非常像。這裡出土過關字瓦當，關字就是指漢代的函谷關。這是個漕運碼頭。倉是用來儲鹽，河對岸，山西那邊有鹽池，所以地名叫「鹽東村」（意思是鹽倉東村）。可惜，這個遺址已經淹沒在小浪底水庫裡。

(二) 其次，是走南三陘

(1) 軹關陘，是山西侯馬到河南濟源的通道，陘以關名。如果從濟源去侯馬，要穿王屋山。到

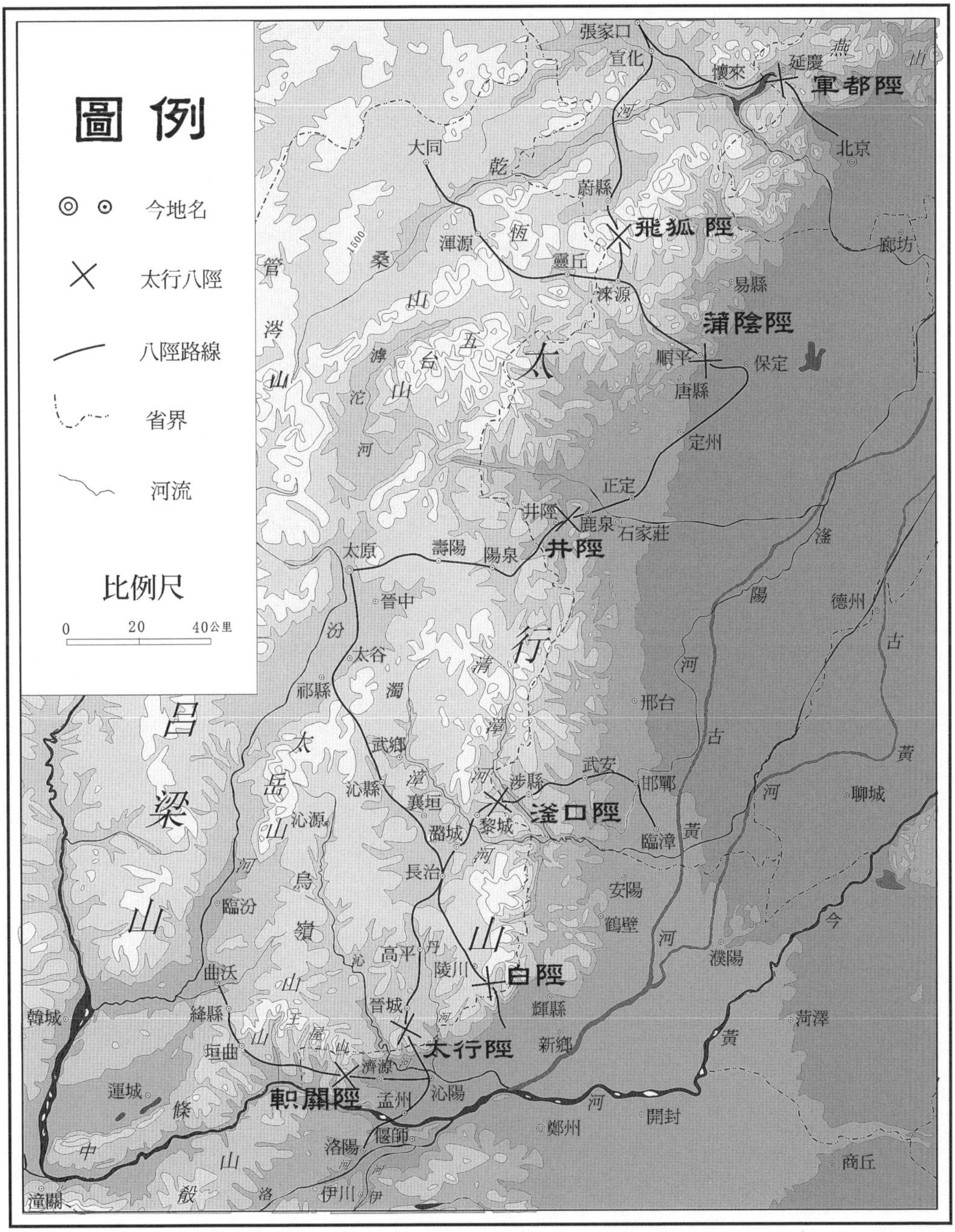
圖例
今地名
太行八陘
八陘路線
省界
河流
比例尺
0 20 40公里
軍都陘
飛狐陘
蒲陰陘
井陘
滏口陘
白陘
太行陘
軹關陘
張家口
宣化
延慶
懷來
北京
大同
蔚縣
渾源
靈丘
淶源
易縣
廊坊
順平
保定
唐縣
定州
正定
井陘
鹿泉
石家莊
太原
壽陽
陽泉
晉中
太谷
祁縣
武鄉
沁縣
襄垣
沁源
潞城
黎城
涉縣
武安
邯鄲
臨漳
邢台
德州
聊城
長治
臨汾
安陽
鶴壁
高平
陵川
輝縣
曲沃
晉城
絳縣
韓城
垣曲
濟源
新鄉
濮陽
菏澤
運城
孟州
沁陽
鄭州
開封
洛陽
偃師
商丘
伊川
潼關
呂梁山
太岳山
烏嶺山
王屋山
條山
中
山
殺
洛
伊
河
太行山
五台山
恆山
燕山
管涔山
桑乾河
滹沱河
汾河
清漳河
濁漳河
丹河
沁河
滏陽河
古黃河
黃河
今黃河
1500
太行八陘（馬保春 繪）

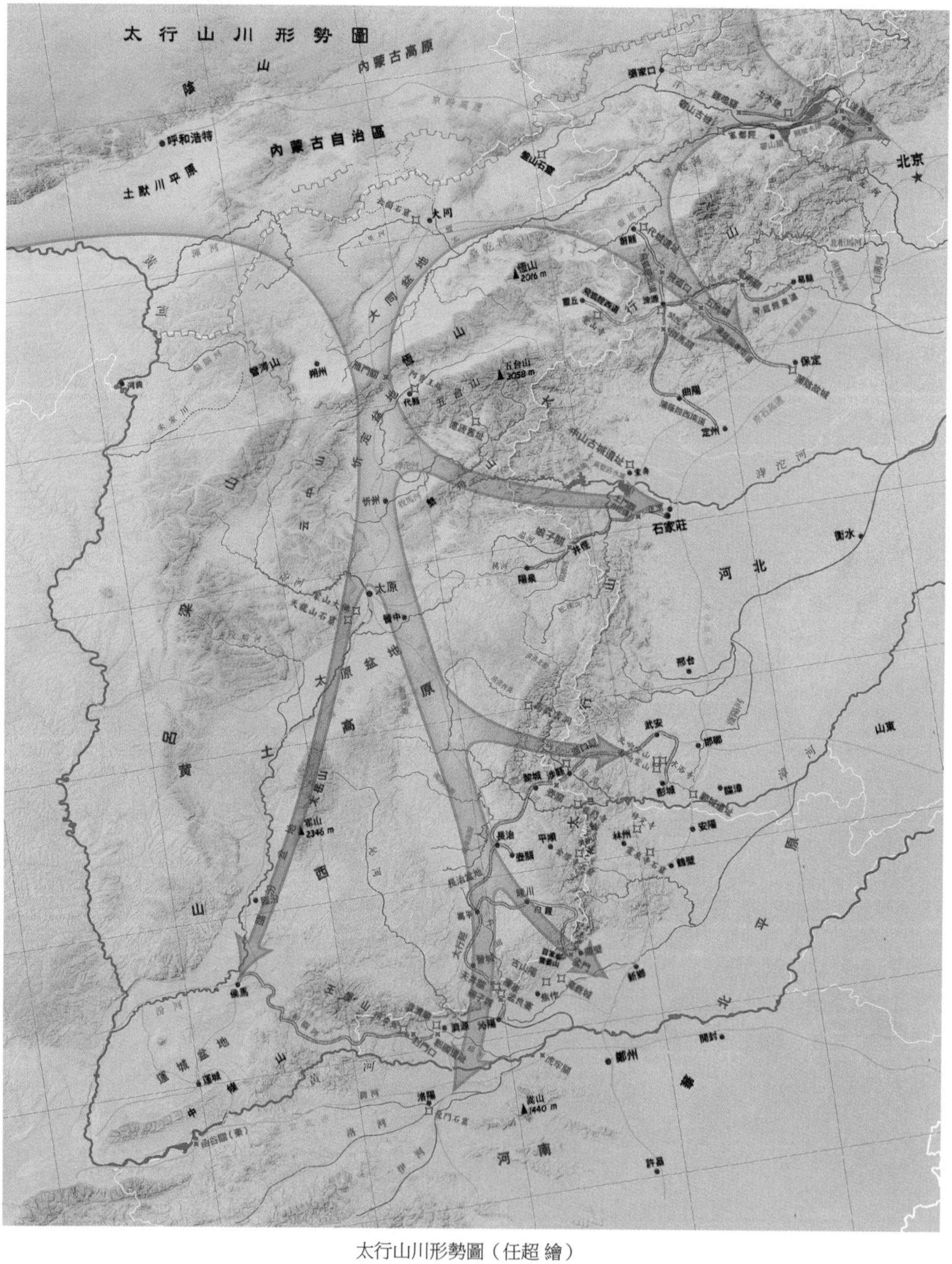
太行山川形勢圖
內蒙古高原
內蒙古自治區
土默川平原
呼和浩特
張家口
北京
大同
恒山
2016 m
大同盆地
五台山
3058 m
朔州
代縣
忻州
石家莊
衡水
河北
陽泉
娘子關
井陘
太原
晉中
太原盆地
黃土高原
呂梁山
邢台
武安
邯鄲
彭城
臨漳
安陽
林州
鶴壁
長治
壺關
平順
長治盆地
晉城
侯馬
運城盆地
運城
中條山
洛陽
嵩山
1440 m
鄭州
開封
許昌
河南
山東
保定
曲陽
定州
霍山
2346 m
中山古城遺址
滹沱河
新鄉
沁陽
濟源
函谷關(秦)
龍門石窟
雲岡石窟
華北平原
太行山川形勢圖（任超 繪）

了侯馬，就可以接上同蒲路（大同到風陵渡），北上太原，去大同。這次，我們去了封門口和軹城鎮。封門口是陘道的外口，離軹城鎮約五十四里。車到封門口，大霧瀰漫，讓我想起王維的詩，「空山不見人，但聞人語響」（〈鹿柴〉）。軹城鎮在濟源城的東南角外約四里處，軹城遺址就在軹城鎮的東邊，古城原來比較長，有一千多公尺，現在只剩一小截，很可憐。這是軹關陘的終點。你很難想像，它在古代有多重要。里耶秦簡講秦驛路，就提到過軹城。這是從西往東數，太行第一陘，說是太行第一陘，其實是穿王屋山。

(2) 太行陘，主要指晉城南面，天井關到碗子城這一段，出了碗子城，就是沁陽。沁陽是沁水和丹水的交匯處。天井關，古代也叫太行關，同樣是陘以關名。天井關還在山西的邊界內，這是唯一的例外。山西，太原以下，自古有兩條大道，

軹關陘

一條西南行，即上面提到的同蒲路；一條東南行，經長治、高平到晉城，高平以下是沿著丹水走。太行陘和後一條大道相通，是太原到洛陽的必經之路。我們要知道，胡騎南下，從大同直撲洛陽，必經此道。北魏的石窟寺藝術南傳，從大同雲岡到洛陽龍門，也走此道。山西的古建和石窟，絕大多數都分佈在它的兩旁，特別是南段，長治地區和晉城地區。當年，秦趙大戰長平，父老相傳，丹水是血水染成，酈道元以為不經（《水經注・沁水》），但老百姓的記憶也沒什麼大錯，這裡的確是血流成河。你要知道，這可是同姓相殘（秦、趙都是嬴姓），死了四十萬人呀。我們走這條道，可見三道並行，古道是順河道，蜿蜒曲折，最難走，扔在山底下；省道和古道還比較貼近，高一點；高速是修在高架橋上，高高在上，穿山而過，直奔目標，車行其中，如入魚腹，不見天日。快倒是真快，我們是以最快的速度離開古

太行陘（陳新宇 攝）

代，什麼也看不到。去，我們是走高速，回是走古道，來回的感受大不一樣。

(3) 白陘，主要指山西陵川雙底村（原作碶底村）到河南輝縣寶泉水庫這一段。路是沿著清水河走。我們從輝縣薄壁去寶泉水庫，穿太行山，走到陵川，然後從陵川去長治。白陘為什麼叫白陘，據說與白鹿山有關。酈道元說，清水發源於白鹿山東邊的黑山（《水經注·清水》）。白鹿山在今河南修武縣雲台山景區的百家岩一帶，就在寶泉水庫西邊不太遠。陘道的山口，古人叫孟門。這個孟門，不是吉縣孟門（龍門上口的孟門），而是太行孟門，古代很有名。它出名是出在險。山都是刀劈斧削，路很窄。古人說的羊腸阪就在雙底村，村子在兩山下。兩山中間有條道，九曲十八彎，有如羊腸（吃草的動物腸子都長，羊的腸子就又細又長），從山底盤到山頂，當地叫七十二拐，奇險。

這三條古道，出口都在黃河以北，太行以南，古人叫河內之地，也可以叫河內三陘。河內是商朝的腹地。周人滅商，先要滅盂。河南沁陽有邘城，就是這個盂。盂為什麼重要？就是因為它在太行陘的出口上，是戰略要地。

南三陘，太行陘最重要，現在的太洛高速大體還是沿它走，但與古道不同，不是經過沁陽，而是穿濟源，直通洛陽。

四、太行中段：滏口陘、井陘和滹沱河道

太行山的中段有兩個陘：滏口陘和井陘，井陘的北面是滹沱河道。

(1) 滏口陘，是滏水東出的山口。滏水即滏陽河。此水發源於鼓山，即邯鄲市峰峰礦區的南響

白陘：羊腸阪（陳新宇 攝）

白陘：羊腸阪（陳新宇 攝）

白陘：寶泉水庫（任超 攝）

堂山。上面說，大同到洛陽要走長治，這條南北大道，從黎城分出個橫道，經河北涉縣、武安、磁縣，可達邯鄲。它的出口就是滏口。這個出口外有三個古都：邯鄲、鄴城和安陽。滏陽河南有漳河。漳河是從山西，穿太行山流過來。漳水分清漳、濁漳。濁漳水是合長治地區的潞水、涅水、武鄉水匯成的大河，清漳水是從和順、左權方向流來，二水在河北涉縣南端一個叫合漳村的地方匯合，向臨漳方向流。臨漳的漳就是漳水。臨漳西南有鄴城。鄴城是曹魏的首都。鄴城的南面是安陽。臨漳屬河北，安陽屬河南。最近發現的曹操大墓（高陵），地點屬於安陽，其實就在鄴城旁邊，離西門豹祠不遠。安陽是商代晚期的首都，它的西邊靠著林州。林州有個林慮山（原來叫隆慮山），即紅旗渠穿過的地方，風景最美，我們也去了。這回，我們順著濁漳河走了一趟，從山西平順的龍門寺一直走到合漳村，看見兩條漳水在這裡匯合。吳起說，「殷紂之國，左孟門而

滏口陘：響堂山（陳新宇 攝）

右漳、滏」，有險無德不能守（《戰國策·魏策一》）。司馬遷引之，把「左孟門而右漳、滏」改成「左孟門，右太行」（《史記·孫子吳起列傳》）。可見太行主要就是指漳、滏穿行的太行山。阮章競有詩，「漳河水九十九道灣，層層樹，重重山。層層綠樹重重霧，重重高山雲斷路」（〈漳河水〉），一路上，我經常想起這幾句詩。漳河水流過的山是什麼山？就是殷紂之國依託的太行山。滏口陘是從長治去邯鄲的大通道。❸這條路非常重要。商代青銅器西傳，從安陽傳到長治地區，就是從這條道傳入。周滅商，先滅黎，也是為了控制這條道。黎國在哪裡？有新出銅器為證，就在黎城。北朝石窟寺藝術東傳，也是從這條道傳出，著名的響堂山石窟（分北響堂和南響堂）就在滏口陘的口上。抗日戰爭和國共內戰，這條通道太重要。我二姐生在武安，我生在邢台，我的父母是從這條道，走出太行山，從

濁漳、清漳匯合處

❸ 當年，八路軍從陝西進山西，從山西進河北，在太行、太岳和五台都建立過根據地；中共中央也是從陝西進山西，從山西進河北，從河北進北京。太行山是必經之地。

邯鄲到正定，把我們帶到北京。這一路有很多標語，都是宣傳科學發展觀，但沿途的工業污染實在太厲害，天空灰濛濛，空氣充滿刺鼻的氣味。

(2) 井陘，在滏口陘的北面，差不多正好在三十八度線上。這條道，古代是正定到太原的交通要道，現在是石家莊到太原的交通要道，很有名。陘口叫土門口，在鹿泉縣西。土門口上有土門關。我們順三〇七國道走，先看土門關，再看古驛道。當年，秦始皇第五次巡遊，死在沙丘（河北廣宗），運屍體的車就是從這裡進山西。李斯秘不發喪，假裝秦始皇還要視察北方的邊防線，繞道九原（今包頭），從直道返回咸陽。當年，韓信背水一戰，也是在這裡打的仗。現在的石太鐵路和石太高速就是傍著這條古道，現在仍是一條經濟大動脈。

離開中二陘，往北走，這一段古人叫恆山。它旁邊，河北中部，保定、石家莊一帶，是戰國

井陘（陳新宇 攝）

中山國、漢代中山國和恆山郡（或常山郡）所在，定州和正定是中心。北嶽恆山，現在叫大茂山或神仙山（一千八百六十九公尺）。五嶽，廟和山都很近，只有北嶽，廟在曲陽，山在唐縣（唐縣和阜平、淶源的交界處）。從曲陽縣城到大茂山景區，車程約一百零二公里，相當遠。

太行山的北段，被一條大河切割，這條大河是滹沱河。滹沱河也是一條通道，但不在八陘之中。我們走太原，北上五台，從慮虒古城到靈壽古城走了一趟，就是沿著滹沱河走。

慮虒古城在滹沱河的上游，五台縣城東北角的古城村。城在濾溮河上。這座古城是沿著一座土原的外緣修築，城圈很不規則，不是一座方城，和常見的中原古城大不一樣。

我們沿著滹沱河走，路況很好，風景很美。誰說滹沱沒有水，一路都是水。

靈壽古城在滹沱河的下游，河北平山縣。車入平山，河床漸寬，有兩座大水庫，一座是崗南水庫，一座是黃壁莊水庫。

這座古城也很不規則。中山王錯，大墓在城西，靠南，背後是月牙形山口，前面是黃壁莊水庫，滹沱河最寬的地方，風水很好，可惜有一條鐵路穿城而過。

這裡，我來過好幾次。三十年前，我討論過這座大墓。

我們看墓中出土的規劃圖（《兆域圖》），坐北朝南看，這座王陵本來有五座墓，王在中間，先死的老王后（哀后）在他左邊（東），年輕的新王后在他右邊（西）。兩個王后旁還有兩個夫人。最後為什麼只有兩座墓，原來趙滅中山，把其他三個女人搶走了。預留的三個穴位根本就沒修。

中山是個白狄國家，佔據著河北中部，正好堵在趙國從邯鄲北上的路上，並卡住了滹沱河和井陘口。中山為什麼叫中山，我懷疑，不是指「山在邑中」或「城中有山」（《水經注．易水》），而是指這個國家位於太行山的中段。司馬遷說，「（趙）滅中山，遷其君于膚施，起靈壽，北地方從，代道大通」（《史記．趙世家》），什麼是北地？什麼是代道？過去不明白，現在走一趟，你才知道。原來，北地就是今淶源、蔚縣一帶，代道就是下面要講的飛狐、蒲陰二陘。司馬遷說，趙滅中山，把最後一個中山君遷到膚施，這個膚施在哪兒？過去都以為是陝西的膚施，也就是現在的榆林一帶，不對。榆林太遠。其實，這個膚施不是陝西的膚施，而是山西的膚施。山西的膚施是慮虒。膚施也好，慮虒也好，都得名於滹沱，很可能是個匈奴語的名字。趙滅中山，只是把這個亡國之君，從滹沱河的下游送到了它的上游。[4]我們走的就是這條路。

---

[4] 李零〈滹沱考〉，收入夏麥陵編《黃盛璋先生八秩華誕紀念文集》，北京：中國教育文化出版社，二〇〇五年，三四五—三四七頁；〈再說滹沱〉，《中華文史論叢》二〇〇八年第四期（十二月二十日），二五—三三頁。

嚴耕望說，這條古道，古代不太出名，因為河北北部去山西，主要走北線，即從懷來走宣化、大同去太原。[5]但這條古道還是很重要。[6]

五、太行北段：飛狐陘、蒲陰陘、軍都陘

考察北三陘，我們是利用五一長假。我們從十渡、野三坡走，先去易縣，看紫荊關，然後去淶源，西去靈丘，北上蔚縣，最後從懷來去居庸關，從居庸關回北京。

(1) 飛狐陘在蒲陰陘的上面，飛狐陘算第六陘，蒲陰陘算第七陘，第六第七是從北往南數，其實是上下貫通，從代地到河北中部的一條道。飛狐陘是蔚縣到淶源的通道。蔚縣很重要，是代國的中心，趙武靈王滅中山，滅代，攘地北至燕（北京）、代（蔚縣），西至雲中（托克托）、九原（包頭），是想抄秦國的後路，從九原南下，直撲咸陽。後來的秦直道，就是這條路。代城還在，城牆高大。它和慮虒、靈壽二城一樣，也很不規則，形狀近乎橢圓，周長上萬公尺。蔚縣西，山西渾源出過著名的渾源彝器，就是趙國在代地的遺物。這次去蔚縣，是從淶源北上。車出淶源大北關，北行約十九里，是張家鋪，為入山處。鋪是古驛站。入山的路，也是三道並行：古道順河，國道盤山，高速（張石高速）穿山。這條路，我們來回走了三趟。高速還沒正式通車，到處是大橋墩子。從張家鋪往北走，約二十五里，是伊家鋪。伊家鋪在國道下邊，是個只有十來戶人家的小村，也是古驛站。村中的房子都是百年老屋。前面不遠就是縣界。從伊家鋪往北走約八里，是黑石嶺。山上有個村子，叫黑石嶺堡，村子是建在一個古障塞的遺址上，周圍的山上有一段段殘牆，全是用石塊壘砌。這個地方就是著名的飛狐關（也叫飛狐峪、飛狐口）。到了飛狐關，就進了蔚縣。從飛狐關

❺ 嚴耕望《唐代交通圖考》第五卷：河東河北區，台北：中央研究院歷史語言研究所專刊之八十三，一九八六年，一三六七頁。案：倒馬關也叫常山關、鴻上關、鴟塞。

❻ 毛澤東從吳堡入山西，從五台山經阜平去西柏坡，是走另一條路去平山。

飛狐陘

蒲陰陘

往北走約八里，是岔道。前面是個大峽谷，風景奇絕，兩旁的山刀劈斧削，非常險，號稱四十里峪。山路曲曲彎彎，我們一直在夾縫裡走，直到駛出北口，才豁然開朗。這段路大約有二十六里。北口外有個大村，叫北口村。村西有個烽火台，是用來報警，說明北邊有情況。駛出北口村，前面約二十四里，就是蔚縣縣城。我說的距離是從衛星地圖上估算的直線距離。當地說法，飛狐關是個中點，南到淶源，北到蔚縣，各七十多里。

(2) 蒲陰陘是淶源到保定的通道。嚴耕望的書講得很清楚，淶源是個交通樞紐，五道並出：淶源到蔚縣是北道，經飛狐關；淶源到靈丘是西道，經天門關（也叫石門關，或隘口關）；淶源到易縣是東道，經子莊關；淶源到保定是東南道，經五阮關（和五回嶺）；淶源到定州是西南道，經倒馬關（和倒馬嶺）。[7]這五條道，我們走了四條。北道，去了飛狐關。東道，來時經過紫荊關，明清時代很有名。紫荊關的前身是子莊關。西道，去了覺山寺（覺山普照寺）。天門關和御射台在縣城東南，離覺山寺不遠，御射台上立的北魏《皇帝南巡之頌碑》就藏在寺裡。東南道，沿途到處在開礦，環境很糟糕。我們從楊家莊到蘭家莊，一路打聽五回嶺，老鄉只知五虎嶺，不知五回嶺。[8]原來，五虎嶺是五回嶺的俗稱。我們走到五回嶺跟前，原道返回，沒有翻山，五阮關就在山背後，屬於易縣。西南道，倒馬關在唐縣，我們也沒去。這五條道，蒲陰陘是哪條道？答案很清楚，當然是去蒲陰城的道，而絕不是紫荊關到淶源的道，很多人都把飛狐東道當蒲陰陘，這是被清顧祖禹誤導，一定要糾正。[9]蒲陰城，古代也叫曲逆。這座古城在什麼地方？在順平東南，今保定南站附近。它是五道中的東南道。五道所通，都是邊塞。保定、定州、正定是支撐這些邊塞的大後方。上述二陘是通古中山之地的要道，命名都是根據陘道的外口。今張石高速，北段（張家口到淶源）還大體沿古道走，南段（淶源到石家莊）則捨五阮關至蒲陰道和倒馬關至定州道，直奔石家莊。

(3) 軍都陘是以山名，類似太行陘的命名。它是指居庸關到南口這一段。這條道，西通懷來、宣化、大同，東通古北口、喜峰口和盧龍、臨榆。臨榆關即山海關。居庸關是長城線上的一大樞紐。它和南口，都在軍都山的南面。北京市文物研究所在軍都山的玉泉廟發掘過所謂山戎墓地。這種

---

[7] 嚴耕望《唐代交通圖考》第五卷：河東河北區，篇肆參：太行飛狐諸陘道，一四五九—一五〇六頁。

[8] 五回嶺也叫廣昌嶺（淶源舊名廣昌）。

[9] 紫荊關是宋元以來的新名，漢唐時期的舊關叫五阮關（可能在紫荊關的附近）。清顧祖禹以飛狐東道（紫荊關到飛狐關）為蒲陰陘，是誤導讀者。他說：「紫荊關，在保定府易州西八十里，山西廣昌縣東北百里（縣屬蔚州）。路通宣府、大同，山谷崎嶇，易於控扼。自昔為戍守處，即太行蒲陰陘也。《地記》：太行八陘，第七陘為蒲陰。或曰即古之五原關（原，一作阮）。」（《讀史方輿紀要》卷十）其實「或說」才是正確的。嚴耕望指出：「晉末郭緣生《述征記》稱太行八陘……其第七陘即五回嶺道，蓋即漢五阮關道，前人以為即紫荊關道，非也。」（《唐代交通圖考》第五卷：河東河北區，一四七三頁）

軍都陘（陳新宇 攝）

墓，是代地的墓葬。墓口擺馬頭，墓中隨葬青銅短劍，顯然是騎馬民族的墓地。居庸關有個雲台。雲台是元代建築，門洞內有東南西北四天王和六體陀羅尼經。六體，是梵、藏、漢、西夏、回鶻和八思巴文。這是清文五體的前身。避暑山莊的麗正門就是用五體書寫。二者可有一比。路從門洞穿過，石頭路面，刻著很深的車轍。八達嶺，就是從這裡四通八達。南口是軍都陘的外口。出南口，經昌平、沙河、清河，是去北京的路。京包線就是走這條路。

這一帶，蔚縣有壺流河（古祁夷水），易縣、淶源有拒馬河（古巨馬水），靈丘、易縣有唐河（古滱水），都是古道所經。

北三陘，主要和長城有關，和長城沿線的邊塞有關。[10]飛狐、蒲陰二陘還位於太行山的北段即廣義的恆山上，軍都陘已經轉向燕山山脈。這三陘，位置相對居中，往西是山西的一溜兒邊關（如雁門關），往東是河北的一溜兒邊關，最東邊是山海關，大S往上走到頭，這是另一個終點。去年我跑過山海關，調查秦始皇在渤海沿岸的遺跡。

六、得意忘形

講完山水，回到開頭的問題，說說我對太行之美的體會。

前面，我們提到劃分南北宗。我心裡有個問題，有誰能不能研究一下畫家的籍貫，畫家的遊歷，看看他們熟悉的山水和他們的繪畫風格有什麼關係，我們甚至可以向搞環境地理研究地形地貌的學者請教，分析一下畫面上的山水，從地質、水文的角度看，有啥名堂。但這是科學的角度，不是藝術的角度。

我提到荊浩，提到他的《匡廬圖》。荊浩隱居的洪谷山到底在哪裡？我沒有研究。有人一定要把它落實，於是有很多爭論。

荊浩是哪裡人，有人說是濟源人，有人說是沁水人（沁水挨著濟源），有人說他愛生哪兒生哪兒，關鍵是隱居在什麼地方。濟源和沁水搶名人，都派人考察過，說是找到令人信服的證據。林州也不示弱。林州在安陽西，隔山就是山西。據說中國美院有個實習基地，很多畫家都到那裡寫生。這次我們去了，風景確實美。任超說，他們拍照片，已經找到了真正的洪谷山，就是荊浩寫生的原型。

上述三家爭名人，都說荊浩畫的是他們那兒的太行山。其實，中國的山水畫，它既然是藝術，就不會簡單是寫生。除了師造化，也師古人，也師流派和風尚，甚至什麼也不師。創造就是

⑩ 南口、張家口和保定，近現代也是軍事重地。

「一定基礎上的胡來」。他把造化、古人、流派、風尚統統扔一邊兒，自我作古，自己畫自己夢中的山水。

中國的山水畫，有工匠畫，有文人畫。藝術史界有很多文章，長期討論文人畫，文人畫到底是什麼，不能全聽文人講。文人畫有很多文人編造的神話。

《匡廬圖》

中國的山水畫，本來是殿堂、寺廟和墓葬的裝飾性壁畫。鄭岩先生寫過一篇文章，專門討論墓葬壁畫上的山水，很有意思。[11]最近去西安，在陝西考古研究院，從電腦上看他們發掘的漢墓壁畫，張建林說，他們有更早的山水畫。

文人傲視工匠，書畫同源說是個神話。畫畫，本來是工匠的長項，文人比不了。文人不會鑄銅器、琢玉器、雕石器、燒瓷器、蓋房子、畫壁畫，本來，就連刻圖章都不大靈光。宋以來，文人用青田石刻印，才有所謂篆刻。但他說，寫字你總不行，畫都是字，都是從書法出，這是神話。詩、書、畫、印四項，文人的真正長項是詩。寫字還不是關鍵，關鍵是文人會作詩，會以詩入畫。

中國的文人畫，詩畫組合是一大特色。萊辛《拉奧孔》講雕塑和詩歌的關係，文人畫的核心是詩畫關係。

詩是靠言，畫是靠形，你無法說，哪個更重要。圖書圖書，人類一直是兩樣都用。我國文字，也是形音義並行。現在是讀圖時代，視覺圖像甚至壓倒文字。有些意境，適合用畫表現，詩比不了；有些意境，適合用詩表現，畫也比不了。有些很好的文學作品，拍成電影就砸了。

山水畫有別於人物畫，很多畫，如入無人之境，人很小，也很少，但背後總有人。畫的前面有畫家的眼睛，電影的前面有攝影機。

意境是人的意境。寫意的意是詩意，但畫家不是用字寫詩，而是用畫寫詩。

詩意是一種意境，有點說不清道不明，但遺形取神，得意忘形，不是不能理解。

古人說，得意忘形，原來並無貶義，得意是一種境界。「（阮籍）嗜酒能嘯，善彈琴。當其得

[11] 鄭岩〈壓在「畫框」上的筆尖〉，收入范景中等編《考古與藝術史的交匯》，杭州：中國美術學院出版社，二〇〇九年，八二—一〇四頁。

意，忽忘形骸」（《晉書‧阮籍傳》），是說忘掉自己的存在。

還有「得意忘象」和「得意忘言」，也都是強調忘，有時要忘掉形象，有時要忘掉語言。

畫家忘掉形象還有畫嗎？詩人忘掉語言還有詩嗎？

我說有。畫也好，詩也好，都是載體，關鍵在「得意」，關鍵在得其神韻。

什麼叫「忘」，舉兩個例子。

一是九方皋相馬，不辨牝牡驪黃：

> 若皋之所觀，天機也，得其精而忘其粗，在其內而忘其外。見其所見，不見其所不見。視其所視，而遺其所不視。若皋之相者，乃有貴乎馬者也。（《列子‧說符》，又《呂氏春秋‧觀表》、《淮南子‧道應》）

這樣的人有點像貓，靈敏極靈敏，沒事就睡覺，不上心的一切，該屏蔽掉的，全都屏蔽掉，一邊睡，還一邊支棱著耳朵，隨時可以撲騰。不懂相馬的人會說，他連公的母的、黃的黑的都分不清，這不是學術界窮追猛打的硬傷嗎？我說，是又怎麼啦。千里馬是千里馬，跟公的母的、黃的黑的有什麼關係？沒關係。

二是元鮮于必仁（鮮于樞之子）的〈折桂令‧畫〉：

> 輞川圖十幅生綃，老檜森森，古樹蕭蕭。雲抹林眉，煙藏水口，雨斷山腰。韋偃去丹青自少，郭熙亡紫翠誰描？手掛掌坳，得意忘形，眼與迢遙。

這首元曲是講山水畫，丹青紫翠，沒有不行，但最高境界，還是「得意忘形」。夢和現實，差別很大。日有所見，日有所想，不一定就是夜有所夢。

毛澤東有一首詩，「九嶷山上白雲飛，帝子乘風下翠微」（〈答友人〉），就是寫他的家鄉夢。其實，他沒去過九嶷山。九嶷山，我去過，在湖南的最南頭，是廣西那種山，如果照原樣畫，可能不怎麼美。

我遊了太行山，從頭走到尾，什麼畫也沒畫，什麼詩也沒寫，但沿途所見，很有詩情畫意，自己覺得滿意，這就夠了。

二〇一〇年五月十三日寫於北京藍旗營寓所

二〇一〇年五月十五日在中央美術學院演講

（原載《華夏地理》二〇一〇年一月號）

上黨門

上黨，我的天堂

「你從哪裡來？我的朋友」，這個問題一直困惑著我，也誘惑著我。

填表，還有「籍貫」一項，幾乎形同虛設。出國，沒有這一項，出生地和居住地才絕對不可少。現代人，祖籍的概念越來越淡，人家才不管你祖宗八輩兒打哪兒來。

祖籍對我們還有意義嗎？

我只能說，對我還有。

我在表上一次次填寫：山西武鄉縣北良侯村（當地多簡稱「北良」）。這對我，並不是可有可無。

當然，這個地點只是我爸爸家。講籍貫，都是這麼講。皇上這麼講，百姓這麼講，已經成了習慣。如今講男女平等，這樣講可不太公平。我媽媽生我養我。我還有一半血液來自媽媽。其實，我媽媽家也在武鄉，離北良八里路，叫石人底村，很近。

我知道，這兩個村子，後面的故事一大堆，可惜老人都不在了。

武鄉，現在屬長治地區，古代叫上黨，我有一方印：「上黨老西」，上海博物館的孫慰祖先生為我刻的。這個綽號，我不嫌寒磣。「老西」怎麼啦，那不叫摳，那叫節儉。大手大腳並不是中華美德，不但不一定是中華富人的美德（中外富人都靠摳門起家），也絕對不是中華窮人的美德。

上黨的意思，據說是上與天齊，那地兒高呀。

太行山，山水雄奇。北大歷史地理中心的唐曉峰教授，他在美國九年，走遍美國的大好河山。「看了太行山的大峽谷，美國的大峽谷還用看嗎？」他跟我說。

晉東南，連著河北、河南。

東出滏口陘，從河北磁縣往北走，是邯鄲，往東走，是鄴城，往南走，是安陽殷墟。

東出白陘，是商都朝歌。

南出太行陘，可以直通洛陽。

太行山，有山就有水，有水就有路，有路就有城。

它的兩側，自古就有來往。

三晉中的韓國曾在此設郡，後來被趙國佔領。

這裡是兵家必爭之地。

古人說：

> 今趙，萬乘之強國也，前漳、滏，右常山，左河間，北有代，帶甲百萬，嘗抑強齊四十餘年，而秦不能得所欲。由是觀之，趙之于天下也不輕。（《戰國策．趙策三》）

它把趙國的地理環境說得很清楚。這個國家，背北面南，漳水（清漳河和濁漳河）、滏水（滏陽河）在其前，代地、中山在其後，河間（河北獻縣）在其左，恆山（河北曲陽的恆山）在其右。趙是以邯鄲為中心，晉東南為依託。太行山像一道脊樑，構成其戰略屏障。

戰國末年，秦滅六國的四大戰役，最最慘烈，莫過於長平之戰。長平之戰就發生在高平的羊頭山下。趙國，五萬人血染沙場，四十萬人被活埋（《史記・白起王翦列傳》）。山西的考古工作者做過試掘，可憐白骨無人收。

戰場考古是新課題。

五歲那年，爸爸媽媽帶我和我二姐回山西奔喪，送我爺爺走。那是我第一次回山西，也是我第一次坐火車。車窗外，群山呼嘯，大地迴旋，咯噔噔，咯噔噔，呼啦啦往後退。我簡直目瞪口呆。那些山在我的夢裡，全是五顏六色。

「果子麵包雞蛋糕，香蕉蘋果大鴨梨」，有個列車員穿過來走過去，手裡提溜著一嘟嚕一嘟嚕吃喝玩意兒，大聲吆喝。有人在徵集簽名，為「保衛世界和平」。我們這些小孩也簽了名。當時，「抗美援朝」還沒結束，畢卡索的和平鴿到處都是。

太原，路邊的櫥窗裡，有個木頭人讓我興奮不已，那是家喻戶曉的蔣介石。他腦門貼著膏藥，手上纏著繃帶，腳下踩著台灣，好像玩滑板。這種形象，報紙常見，一般比較小，那是華君武的作品。我經常照著報紙畫這個小人，覺得特好玩，如今碰上，不但個兒大，而且立體，我流連不忍去。

我們住交際處，那種樣子的建築，二十世紀五〇年代很流行，北京也有。

出了太原，沒電燈。坐大車走，越走越黑。

爺爺下葬那天，人很多，紙人紙馬，花花綠綠，還有麵做的水果，很好看。小賴哥（我三叔家的孩子）跟爺爺長大，哭成個淚人。他扛著棵柳樹棍棍在前面走，大人讓我和我二姐跟上走。他哭，我們笑。他越哭，我們越笑。我們在街上跑，有隻大狗汪汪叫。老鄉說，孩的，可不敢亂跑，越跑狗的越咬。

那時，我對老家，印象並不好。地是黃的，天是黑的，破衣爛衫灰頭土臉的農民，還有他們的房子，全是這兩種顏色。除了這些，還有什麼？

電視劇，《激情燃燒的歲月》，裡面有個殿文，來自蘑菇屯。他演得真好。石光榮兩口子為蘑菇屯吵架，我們家也是。

老家是什麼意思？我不知道。

有人說，革命是個怪物，總是反噬其身。

「文革」，我們家是黑幫，頭一天就是。我，我二姐，我妹妹，都上了內蒙古。爸爸很絕望，說你回家看看，咱那個院還能不能住。不行了，咱們都回老家吧。

於是，我們三個都回了老家。

老宅，東西向，前後兩個院，前院塌了。後院，只剩西樓和北房，樓房右邊的窯洞和南房也塌了，門樓上的匾還在，四個大字：名高千古。

高沐鴻伯伯，狂飆社（左翼文學團體，當時中國第二大的文學團體）健將，我爸爸的老朋友，一九五七年打成右派，「文革」在劫難逃，被遣送回鄉。

王玉堂叔叔，山西著名作家，我爸爸的老朋友，屬於「六十一人叛徒集團」，「文革」，他也跑不了，同樣回老家。

大家都回了老家。

我到故城鎮，經常碰到王叔叔。他聽我說話，樣子特逗，老說，「是嗎」、「是嗎」，眉毛一揚，眼睛一瞪，好像很吃驚。

我在老家整整住了五年，鄉親們待我太好。他們乾淨，比我想像的乾淨。他們聰明，比我想像的聰明。他們沒有勢力，因此沒有勢利眼。他們是受苦人，因此最同情受苦人。

當你和他們一起受苦，他們會幫助你。

我在農村當老師。學校就在村中的高地（村民呼為「圪墶」）上。那是一座古廟，也是隊部，也是倉庫，也是全村的俱樂部。早先還有戲台，可以鬧紅火。

山西的農村，往往如此。

廟就是中心，好像北京的天安門。

關老爺是山西人，既是戰神，也是財神。山西人，不但重商，而且尚武。村裡的年輕人有拳房，練形意、八卦，還有各種雜耍。年成不好，他們會拉幫結夥走江湖。我老爺爺是武秀才，考武舉屢試不中，賣房子賣地把家敗了，丟下滿院子的石鎖弓刀。我三叔還練武，能倒爬旗竿。當年鬧革命，全靠這幫人。共產黨成立，我們村是第一個黨支部。一九三三年的老黨員，盡是這種人。

村中還有個孔子道，除了我們家，全村都是道徒。

我爺爺特恨舞槍弄棒，買了一堆醫書，要我爸爸學，但他跟家裡鬧翻，到南方投奔大革命，上的還是軍校（黃埔五期）。廣州起義，差點丟了性命。

武鄉，一九二六年建國民黨，我爸爸是太原市黨部工人部部長；一九三三年建共產黨，我爸爸是第一任縣委書記。縣誌只寫一黨，我爸爸說，不對，沒有國民黨，就沒有共產黨。

一九二九年，高沐鴻伯伯寫的《少年先鋒》（國家圖書館有這本書），書中的主人公，就是我爸爸。

天黑了，我們常在一起「倒瞎」（聊天的意思）。你會發現，這裡的人很古老，比我在內蒙見到的老鄉更有古風。

他們知道很多古老的故事。

我對中國的感覺是在這裡找到：

你終於知道你在中國的地圖上是站在哪裡，

你終於知道你在中國的歷史上是站在哪裡。

我一直相信，沒有中國感覺的人，不能研究中國歷史。寫得再厚，也是隔靴搔癢。

聊天的能手是火生哥，他是村裡開拖拉機的，人人羨慕的大能人。

他真是長得一掛好嘴。身邊的人，身邊的事，逮什麼編什麼，逮什麼唱什麼，全是現編現唱。他的歌，旋律怎麼那麼耳熟，聽上去，跟《白毛女》一個味兒。他解釋說，不是俺們學《白毛女》，是《白毛女》學俺們，土生土長，就這麼個調。

火生的歌，上來有個「起興」，什麼都可以「開花」，比如：

拖拉機開花禿嚕嚕轉，只拉老婆不拉漢。

可惜，他不在了。很多我認識的人都不在了。

死人的事是經常發生的。

窮人的命很薄。

學校東面，立著一個兩人高的石菩薩，村民叫「石爺爺」，其實像個「石奶奶」。我曾經爬到「她」的懷裡，覺得「她」很可愛。

「她」後面是個斷崖，沒有護坡石，水土流失，身子朝後傾斜，好像跳水運動員背對泳池，站在跳板的邊緣，說不定哪天，一失足成千古恨，就掉到溝裡去了。上面撥款，讓我們給「石爺爺」

搬家，往前挪，找個安全地方，給他蓋房子。

我和保民（大隊革委會主任，經常在一起打籃球的朋友）一起幹。沒有起重機，搭了架子，用滑輪吊裝，但「石爺爺」的腳好像釘在了地上。扒開腳下，原來有個蓮花座。石像是插在蓮花座上，座下是磚鋪的地面，舊廟的地面。

把蓮花台周圍的土挖開，令人吃驚。我們發現一塊殘碑，兩塊雕著佛像的石頭，還有幾個佛頭，都很古老。

我們把石像拆下來，發現榫卯是用鐵錢襯墊。

石碑的銘文太震撼，赫然可見「梁侯寺」三字。

原來我們這個村子就是得名於此。

這個村子太古老，距今已有一千五百年。

村裡從外面請了石匠，一老一少，幹細活。粗活交給個本村的石匠。

外來的小石匠，有手藝，吃遍千家萬戶。他除了在廟上幹大活，也到各家攬小活，比如打個豬槽什麼的。大姑娘，小媳婦，熱情招待，幹完這家幹那家，特受歡迎。有一天，他被趕走了。

本村的那位，是俺村認下的乾兒，來自離石縣。大家都管他叫「離石家」。

石料是從灰嘴水庫西邊的石窩子開採。第一步，放砲炸石頭，在山溝裡躲；第二步用撬棍把掛在石壁上的石頭撬下來，巨石滾下轟隆隆；第三步把巨石破開再破開，直到大小合適人抬得動。破石頭，最費勁兒。「離石家」用鏨子在巨石上開槽，嵌入一綹鐵楔。我和保民，掄起大錘挨個砸，嗨呦嗨呦，一天破不出幾塊。最後，用鐵鍊拴住石頭，兩人或四人，插上杠子往拖拉機上抬，拉回村裡，送到圪墶上。

北良侯北齊石菩薩

你知道嗎？一尺見方的石頭，就有一百斤重。我們天天往車上扛。我第一次知道，中國的古建，哪怕一個台階，都來得不容易，更不用說從千里之外往回運，從高山腳下往上抬。中國，萬水千山多少廟，容易嗎？

太不容易了。

當年，我爸爸被打倒，只能靠讀書消愁解悶，自己解放自己。他熱衷過三件事，一件是武鄉歷史，一件是沁州方言，一件是雙拼方案。這三件事，有兩件和武鄉有關。

這事我沒忘。

我記得，他總是說，咱們可能是少數民族，特別是和北狄有關。

山西有赤狄、白狄。赤狄媿姓，白狄姬姓。他們從太行山的各個出口，竄到河北活動，在河北也是一股勢力。滹沱河流域，有個叫鮮虞的國家，後來叫中山。七國紛爭，它在裡面摻和，居然是個不小的國家。

二十世紀七〇年代，中山王墓被發掘，令人驚歎。這個國家就和山西有密切關係。

一部山西史，該從何說起？是引人入勝的問題。

山西人說，山西騰飛，一靠煤炭，二靠祖宗。祖宗屬於旅遊業。

祖宗是誰？堯、舜、禹。大家都說，堯、舜、禹是俺們山西的特產，我很自豪。可惜這是傳說，並非信史。

我們要知道，唐、虞、夏、商、周，唐、虞和夏、商、周可不一樣。夏、商、周是三個朝代，古人叫「三代」。唐、虞不是。唐家莊的堯老了，讓虞家莊的舜當頭，虞家莊的舜老了，讓夏家莊的禹當頭，一共就三人，三人輪流坐莊。考古學家要找唐文化和虞文化，三人的文化怎麼找？

禪讓是一種指定接班人的制度，讓賢是領導自己找人自己讓，不由群眾選，也不許孩子當。更有趣的是，這裡有個規矩，領導讓你當，你還不能當，先得推來搡去，好像我們送禮那樣。實在拗不過，撒丫子就跑，讓領導在後面攆，攆上了，再當。這是「上古揖讓」的美談，講給爭權奪位者聽。它是傳說，不是歷史。

三代才是真正的歷史。

三代頭一代叫夏，所謂夏，晉南豫西，至少有一半在山西。不在晉北，而在晉南。早期的古國，主要在晉南。

夏、商、周是三個地理單元，商在東，周在西，夏在當間兒。周加上夏，才能打敗商紂王，這叫「三分天下有其二」。文王伐九邦，武王克商，都是先站穩陝西，再奪取山西，最後打敗住在河南的商紂王。

商朝平定，周初封建。唐叔虞封於夏墟，接收夏遺民，有所謂「懷姓九宗」（《左傳》定公四年）。「懷姓」是媿姓，「九宗」是它的九個分支。王國維考證，他們是鬼方的後代。《世本》說，鬼方本來住在黃河上游的河套地區，號稱「河宗氏」（黃河之主），後來順黃河南下進入山陝二省。比如，銅器銘文可以證明，姓馮的就是懷姓九宗的嫡脈正宗，就是山西的土著。他們和新來的主子（當年的陝西人）世代通婚，才有今天的山西人。比如山西絳縣的橫水大墓，就是畢公家的女孩（這一支，就是魏國的前身）和當地的馮伯結婚留下的墓。女的比男的更氣派，荒帷（棺罩）繡著大鳳凰。

公元前七七〇年，秦襄公護送周平王東遷洛陽。他到東方投靠誰？主要就是晉國。十二諸侯（其實是十三諸侯），三百年戰爭，最後剩下的超級大國是誰？主要是晉國和楚國。

嶽麓書院的對聯，「惟楚有材，于斯為盛」，那是清代的盛況，曾胡左李時代的盛況。《左傳》上的原話是什麼？「雖楚有材，晉實用之」。楚國，賢臣叛逃，不是上山西，就是奔江蘇。

戰國，三家分晉，留下趙、魏、韓。

魏是畢公（文王之子）的後代，早期活動於晉南，以及龍門口下的黃河兩岸，主要在晉西南和黃河對面司馬遷的老家那一帶，古人叫河東、河西。秦奪河西後，魏才把重心東移和南移，向河南中部發展，最後定都於開封。

韓是曲沃桓叔之後，原來也在晉南，後來不斷向南發展，佔有今河南西部，包裹著洛陽，最後定都於新鄭。

趙不一樣，它是嬴姓。嬴姓的老巢是曲阜，周公封他的兒子伯禽於魯，魯是孔子他姥姥家。趙是商代末年，替紂王戍邊，從山東來到山西的移民。趙以養馬出名，最初在趙城，守著霍太山（霍山），後來去太原，北上；後來去邯鄲，東遷；後來伐取中山伐取代，眼睛盯著北方。它和韓、魏不同，屬於北上派。秦是從趙分出，西周時候，支邊支到大西北，五百年後才殺回來。

這三家都不是土著。土著去了哪兒？耐人尋味。

狄分赤狄、白狄。

上面說，白狄的後代最有名，春秋叫鮮虞，戰國叫中山，他們活躍於滹沱河流域。中山都靈壽。靈壽古城在平山，靠近井陘口，靠近石家莊。

赤狄的後代是誰？《左傳》有東山皋落氏、潞氏、甲氏、留吁、鐸辰、廧咎如，他們住在哪兒？很多都在晉東南。

鬼方的後代，原來住在晉南，後來去了晉東南。

五胡十六國，我們老家出了個石勒皇帝。他是「從奴隸到皇帝」，原先是個馬賊。北魏和北齊，也是少數民族統治。

山西大有胡氣，豈止這一段？早先就如此，後來也如此。

元代是世界市場的開拓者。

晉商做國際買賣，還是北走胡地，上蒙古和俄羅斯。

山西是個好地方，東南西北四大塊，晉東南是很有特色的一塊。

我講三個閃光點：

第一，太行山是天下的脊樑，山水雄奇，戰略要地，研究地理，研究環境，不容錯過。

第二，它文物古蹟多。這裡離安陽近，離邯鄲近，離鄴城近，離洛陽近，歷朝歷代的東西都有。北魏以來石窟多，宋元以來古建多。研究歷史，研究考古，不容錯過。

第三，山西人最重蓋房子，「嘴裡挖下，也要蓋地方」。民居，石雕磚雕、琉璃燒造，非常漂亮。研究風土人情，研究民間藝術，也不容錯過。

歲月無情，現代吞噬著古代。

登臨憑弔，時不我待。

你不想去看看嗎？

走吧。

二〇〇九年三月十九日寫於北京藍旗營寓所

（原載《華夏地理》二〇〇九年五月：《國寶山西》特輯）

上黨從來天下脊

上黨從來天下脊——晉東南訪古記

山西是個渾然天成的地理單元。這塊土地，從地圖上看，左右兩豎邊，上下兩斜邊，是個拉長的菱形。它被山帶河，東有太行山，與河北、河南分；西有黃河，與陝西分，南有中條、王屋二山，與河南分，不假人為劃定的邊界，就可以同四周的鄰省切割開來。它像個瓶子，瓶壁、瓶底是封死的，只有大同方向是個瓶口，遙通蒙古草原。

山西全境，以太原和井陘一線為界，可以分為南北兩部份。以汾河和穿行五大盆地（大同盆地、忻定盆地、太原盆地、臨汾盆地和運城盆地）的同蒲路為隔，東西也不一樣。我們所要考察的晉東南地區，主要指山西南部的東半，包括今晉中、長治、晉城地區，特別是長治地區。

這個地區，古稱上黨，蘇東坡說過，「上黨從來天下脊」（〈浣溪沙・送梅庭老赴潞州學官〉）。它是天下的脊樑。太行山像一道屏障，立在河北、山西之間。

太行山是一道屏障，把河北、山西分開，但這道屏障，有很多出口。如太行八陘就是這道屏障上的八個出口。井陘以上，軍都、蒲陰、飛狐三陘，是北門鎖鑰、幽燕之吭，主要與北京、大同相通；以下，滏口、白、太行、軹關四陘，通冀南豫北，也是戰略要衝。其中滏口陘是去臨漳、安陽和邯鄲的通道，白陘是去輝縣、淇縣的通道，軹關陘、太行陘是去洛陽的通道。這四個出口，滏口陘和太行陘最重要。

奧運期間，八月十至二十日，應山西武鄉縣邀請，我打算回老家跑一趟，圓一下我的尋根夢。

《華夏地理》雜誌的葉南先生組織了這次考察。參加者除我和葉南，還有《華夏地理》雜誌的攝影師趙剛，以及梁鑒、孔震、王嶺和許宏。

下面是我的考察日記。

八月十日，有雨，太原。

今天是星期天。上午十點，葉南來接，驅車前往山西。走前，懷璧（我老家北良侯村的一個哥哥，住在段村）來電話，問何時到段村（武鄉縣城）。

奧運期間，路上車很少，但有雨。

車到井陘口，雨停，霧濛濛，直到進了山西，天才放晴。午飯是在一個休息區吃的。

到太原，宿錦江之星，一家商務酒店。

明天是星期一，博物館不開門。給山西人民出版社李社長（李廣潔）和山西省考古所宋所長（宋建忠）打電話，約明天見面。

晚飯在酒店旁邊的飯館，吃山西打鹵麵。

所有人到齊，跟大家討論考察路線和考察目標。

〔備課〕

（一）考察路線

(1) 從大同到洛陽有一條古道，基本上是順二〇八國道山西段（大同—太原—太谷—祁縣—武鄉

—襄垣—長治）和二〇七國道山西段（長治—高平—晉城），經河南濟源到洛陽。抗戰期間拆毀的白晉鐵路（起祁縣白圭鎮，終晉城）就是沿二〇八國道走。

(2) 這條古道穿晉東南，從襄垣縣分叉橫出，走黎城、涉縣，出滏口陘，也有一條古道，可去河北的武安、磁縣、臨漳和邯鄲。

這兩條古道，一縱一橫，略如「卜」字形，南可去河南，東可去河北。我們先去武鄉，住武鄉，順便去沁縣；再去長治，住長治，順便在長治周邊活動；最後，從黎城去河北，從河北回北京。

（二）考察目標

主要是北朝石窟和唐宋金元古建。

(1) 武鄉的故縣、故城和故城附近，還有沁縣北部

武鄉的特點是橫長豎短（東西長一百五十公里，南北最窄處只有十公里），東高西低。無論從地理單元看，還是從歷史沿革看，都很明顯是分為兩塊兒，俗稱東鄉和西鄉。東鄉，屬西晉的武鄉、北魏的鄉縣，主要在濁漳河的兩岸，歷史上和榆社關係更大。西鄉，是戰國秦漢的涅縣，主要在涅水的北岸，歷史上和沁縣關係更大。

東鄉的中心是故縣（武鄉縣的老縣城，抗日戰爭中被日寇焚毀），故縣有傳說的「石勒城」、「石勒寨」和普濟寺遺址，縣裡的馬生旺同志多次來電話，要我去考察。

西鄉的中心是故城鎮。故城和故城北有三座古寺廟：故城鎮大雲寺（國保：國家重點文物保

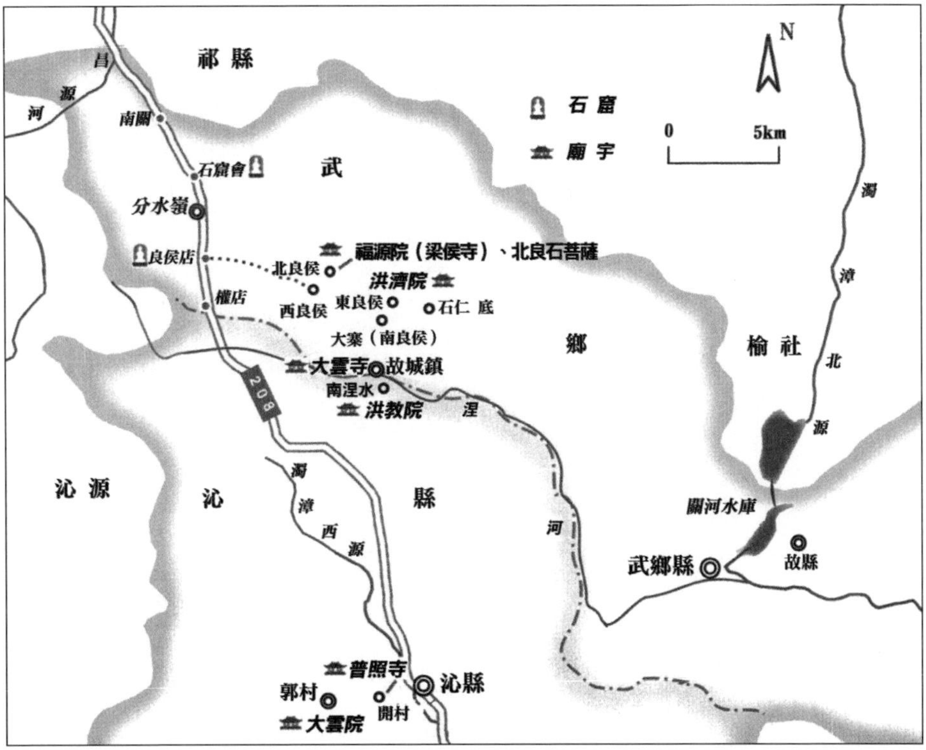

武鄉訪古經行示意圖

護單位）、東良侯村洪濟院（國保）、北良侯村福源院（北朝菩薩像為省保：省重點文物文物保護單位），故城西有良侯店石窟。北良侯村是我的老家。

武鄉的西鄉，南面是沁縣，二〇八國道從武鄉西側的山谷穿過，入沁縣境，轉為開闊。現在的沁縣，北部屬於古代的涅縣，南部屬於古代的銅鞮。古代的涅縣在涅水兩岸，故城鎮是古涅縣的縣城，這個縣的中心。武鄉的西鄉是涅水北岸，沁縣的北部是涅水南岸。武鄉的北涅水村和沁縣的南涅水村只有一水之隔，正好在爛柯山下，一山跨兩縣。著名的南涅水石刻和洪教院就在故城鎮的西南。開村普照寺、郭村大雲院，則在今沁縣縣城的西面。

二〇八國道兩側，故城鎮的南北，是一個重要的寺廟群。

(2)長治附近

我想看兩個博物館：長治市博物館和黎城縣博物館。長治地區出土過不少商代銅器，東周這一段，挖過分水嶺的趙墓。

葉南是學建築的。他的興趣是古建。他提出，我們應該在長治周圍把最重要的古建看一看。另外，高平縣的羊頭山石窟也一定要去。

以上，除高平市屬於晉城地區，其他屬於長治地區。

(3)從河北回北京，一定要去臨漳縣的鄴城看一看。

八月十一日，晴，山西省考古研究所、山西省藝術博物館和山西國民師範。

上午，去山西省考古所拜訪宋建忠所長，跟他請教山西考古，特別是晉東南的考古，韓炳華在座。我送《九州》第四輯和三篇文章給宋所長。宋所長送我《山西省文物地圖集》（三冊）和《山西碑碣》（一冊）。

張慶捷先生後來，向他請教石窟寺。他說，前一陣兒，他與日本學者搞聯合調查，剛剛走過太原到洛陽一線和黎城到鄴城一線。我以前跟他講過北良侯村的發現，他說，他還特意去過我們村。良侯店的石窟，他說，這是晉東南最早的石窟，年代在北魏遷洛之前。出發前我給他打過電話，說要向他請教。他說十號下午，他一直在等我的電話，我沒打。我說真對不起。最後，謝堯廷副所長也來了。

中午，山西省考古所在迎澤大街金蓉之家（金融系統的酒店）請飯。

飯後，幾位先生陪著，一起去山西省藝術博物館（在純陽宮，太原人一般稱為「呂祖廟」）看石刻，希望對山西的佛教造像有一點印象。薛館長接待，很熱情。我早先來過這地方，不止一次，印象還有一點兒。

分手後，小韓陪同，去山西國民師範舊址。所謂舊址，其實是個壓縮的舊址，不但範圍被壓縮，大門也是重修，從原來的位置向後退了好大一段。我從展出的老照片看，校舍一排排，佔地極廣。館內只有「薄一波生平事蹟展」。我想買點有關史料，找到該館書記，他說沒有，早先的歷史，他也不了解。

然後，去山西出版集團。路上，把小韓放下。

到出版集團，見到李社長，得書三種。他們訂了晚飯，在山西會館。在座者有出版集團老總齊峰、李社長、杜厚勤、張繼紅。

晚上，給小晉（武晉元）、小平（武平原）打電話，讓她們約乃文（武乃文）和高紀古見面（都是我爸朋友的孩子）。明天中午到山西省博物院碰頭，一起吃個飯。

〔備課〕

張慶捷先生說，山西的石窟，晉北，除雲岡石窟，很少；晉東南，很多。

晉東南的傳播路線，太原去洛陽是一條線，太原去鄴城是兩條線。

太原到洛陽是走太谷、祁縣、武鄉、沁縣、襄垣、長治、高平、晉城、沁陽到洛陽。

太原到鄴城，北線是走太谷、榆社、左權、黎城、涉縣、武安、磁縣到臨漳；南線是走太谷、祁縣、武鄉、襄垣、黎城、涉縣、武安、磁縣到臨漳。

八月十二日，晴，山西省博物院。

八點吃早飯。飯後退房。給小平打電話，確認見面時間和地點。小韓，九點已在博物院等。我們九點三十分才出發，到晚了。

先看三晉出土文物展。博物院有十二個展館，只看了早期的展館。

中午，石金鳴院長請飯。我說，我和幾個朋友約好，他說，乾脆合併，由他們請，真不好意思。葉南他們是和王曉明副館長一起吃。

乃文、小平、小晉和高紀古到。高大哥是第一次見面。小平送《武光湯文集》。

下午，看晚期的展館。

四點，走高速，去武鄉，直奔段村。一路穿隧洞，六點三十分到，見馬生旺，宿武鄉賓館。

晚飯在大飯廳吃，家鄉飯，大家都說好。懷璧來。

飯後，武鄉縣文管所的老所長王照騫來，聽他介紹武鄉的文物古蹟。

〔備課〕

故城鎮是戰國和漢代的涅縣，有遺址、墓葬，地面上還保留著殘牆。

北良侯石菩薩（北齊）

故城鎮有大雲寺，大雲寺以北有洪濟院和福源院。

(1) 北良侯村的寺廟

北良侯村，原來只叫良侯。它東面的村子，原來叫良侯東，現在叫東良侯村；西面的村子，原來叫良侯西，現在叫西良侯村；南面的村子，原來叫良侯南，現在叫大寨。

北良侯村的寺廟，位置在村北的高地（俗稱「圪墶」）上，包括正樓和東西配殿，南面舊有鐘鼓樓，現已無存。原來的小學和隊部在它的西面。此廟是元大德七年（一三〇三年）趙城大地震後重修，當時叫瑞雲禪寺（據殘存的元代地震碑）。寺前有臥龍泉，故明代改名管泉院，清代改名福源院。明清兩代，這塊高地上還陸續修過戲台、卷棚、眾神殿、奶奶廟、娘娘廟、土地廟、觀音堂、文昌廟等建築，一九四七年後，陸續被拆（李秀璧編《北良侯村志》）。

寺廟東面有一石刻菩薩像，為北朝遺物，高三·四五公尺，蓮座高〇·四四公尺，寬〇·九二公尺，通高三·八九公尺，是省保文物。一九七五年，這座石像後面的土崖，水土流失嚴重，石像有傾倒墜落之虞，省裡撥款，打算將石像南移，修蓋保護建築。當時，我還在老家插隊，參與過這一工程。我和李保民（當時是大隊革委會主任，我的好朋友）等人一起幹，有重要發現。我發現，石像是插在地面下的蓮花座上，用鐵錢襯墊。我們挖開石像周圍的地面，一直挖到磚砌的地面，當時出土過一塊北朝殘碑、一塊造像塔石和幾件佛頭。殘碑提到，此廟舊名梁侯寺。

原來，「良侯」竟是「梁侯」，我們這一帶的四個村子全是得名於這座寺廟！

石像很美麗，可惜村民無知，一九八九年竟將石像油漆彩畫，慘不忍睹。

據村民回憶，此廟原來還有一件紅砂石的佛像，只有一公尺多高，非常精美，一九三六年被駐紮故城鎮的一支軍隊派人搶走，當時拳房中的村民曾試圖攔阻，被開槍打傷。

一九九八年三月三十一日凌晨兩三點，有文物販子停車於東晨溝水庫壩上，潛入村中，將佛頭鑿下，幸被村民發現。賊人逃走，未能得逞。

(2) 北良侯村周圍的寺廟

西良侯村的大水峪，舊有瑞雲禪寺（與北良的廟同名），據說建於明末清初，一九四七年拆毀，改建油房。

東良侯村，有洪濟院，原來是小學。寺前有戲台，寺內有正殿、過殿和東西廂房。正殿是金構，過殿是元建，殿內有壁畫，繪於民國三年（一九一四年）。

此廟的後面，西北角有個千佛塔，是北朝遺物。

大寨，據說原來也有廟。

(3) 故城鎮大雲寺

原來是東漢涅縣的治所。北齊河清四年（五六五年）重修，舊名巖淨寺，宋治平元年（一〇六四年）改名大雲寺（見該寺正殿南牆上的北宋石刻）。

八月十三日，小雨，「石勒城」、「石勒寨」、普濟寺舊址，武鄉文管所。

早飯七點三十分。一大早，李雲生（我在縣廣播站當播音員時的同事和老朋友）來敲門。多年不見，真高興。一起吃自助餐。

飯後去故縣，除李雲生，還有王照騫（縣文管所的老所長）、李馳騁，武鄉《鄉情》雜誌的一個人，以及北良侯的李懷璧。

（一）「石勒城」、「石勒寨」

故縣舊城在段村東的一塊高地上，前為「石勒城」，後為「石勒寨」，風水很好。此城此寨，北依北原山，前臨南亭川，濁漳河繞行其西、南兩側，確為形勝地。

先看「石勒寨」，在舊城背後，寨牆是用石塊壘砌。

小雨中，抬頭驀見，高坡上有一磚塔，原來是高沐鴻墓，驚為神遇。高伯伯是爸爸的朋友，狂飆社著名詩人。

再繞到前面的「石勒城」。此城和常見的城不同，不是用城牆圍起的平地，而是用石塊壘砌的高台。此城，抗戰中被日寇焚毀，縣衙舊址，現為故縣中學。

過「龍門」舊址，見帶「城工」字樣的方磚。

普濟寺石菩薩

故縣東牆，牆很高，牆腳下有「石〔勒城〕東城舊基」碑（「勒城」二字已殘）。東牆東面是東河溝，遠處可見一土圪墶，是傳說的「石勒出生地」。

（二）普濟寺舊址

「石勒城」的西牆，西面有個西溝堖，所謂「堖」，是用石塊護崖的高圪墶。堖上是普濟寺（以在縣西，也叫「西寺」）舊址，立有「丈八佛」，據說是北魏遺物。石像的頭飾，很精美，可惜面部風化。此像，地面高度約四公尺，看不到腳，最寬處九十四公分，厚度沒量。「文革」中，村民將石像拉倒，重新立起，方向弄反，本來應該臉朝南，現在臉朝北。像的右手有個桿子，上面拴兩個喇叭，前邊擺個石盆，當香爐用。石像繫紅帔，照相時解掉，照完再繫上。

從西堖下來，發現南面護崖的石壁裡面有文物（兩塊造像塔石）。

回到故縣南面的公路上，李雲生跟路人打聽高沐鴻的舊宅，他說他去過，記不清了。我們轉過一個戲台，不是。最後總算找到，原來是剛才在路邊看見的一個門：琉璃門臉，門上帶金鷹貓眼（當地流行這種貓眼）。雲生說，這就是一九三三年我爸爸在武鄉建立共產黨組織的地方。高家把房子賣了，現在已面目全非。

中午，回武鄉賓館吃飯，縣委副書記，姓徐，設宴款待，縣長來敬酒。

午睡約半小時。

（三）武鄉縣文管所

兩點三十分去文管所，所長姓劉，副所長也姓劉，都是女士。

重要文物：

(1) 晚商銅器，兩觚一壺，碎片一堆，未修，出於段村南三四里的陽城，同出有海貝九枚。

(2) 戰國銅敦，一件，蓋上有三環紐，缺二存一。

(3) 戰國布幣，為平陽布、宅陽布、屯留布、安陽布，共十六枚，蟠龍出土。

(4) 佛頭三件，甚大。

(5) 北齊造像碑。

(6) 無頭坐像六件。

(7) 造像塔石一件。

其中(4)(5)是大雲寺落架重修時發現。(6)(7)是不是，忘了問發現地點。

北齊造像碑，有「大齊河清四年」款，顯然就是《武鄉新志》（一九二八年編）說的「大唐河清四年」碑。「河清」是北齊年號，不是唐代年號。由此可以證明，大雲寺的前身是北朝寺廟。

拓北齊造像碑，錄文核對。正廳內有個電視，沒事的人都在看奧運。

約六點，事畢，回武鄉賓館。我和武鄉的老同志一起吃，年輕人不願意和我們同吃，去大飯廳另吃。

晚飯後，懷璧帶其妻弟來，打開一包東西，全是假文物。

八月十四日，晴，良侯店石窟、石窯會石窟、大雲寺、涅縣古城、福源院、洪濟院。

七點三十分吃早飯。社雄表兄（我三舅的孩子）來，搭我們的車，回石人底（我媽媽家）。同行還有懷璧哥、李雲生、籍建軍。今天的任務是兩窟三廟。石窯會石窟，以前未聽說。

段村到西鄉的路，基本上是傍涅河（即古涅水）北岸走。這條路，過去經常走，多半是騎自行車。車過故城鎮，過五峪（我姨家）、河底、南溝（我三姑家），路過南溝水庫，然後爬高，上二〇八國道。

二〇八國道正在修路，需要繞行。不久，到達權店。

過去上太原，必在權店上車。權店是個大站。當年，我曾翻山越嶺把我在內蒙插隊的書從這裡擔回村裡，也曾翻山越嶺幫曉敏（我三叔的女兒）擔梨到權店賣。往事一一甦醒。

這條路，是古代的官道，沿途的南關、石窯會、分水嶺、良侯店、動轂，都是古代的驛站。良侯店和石窯會都在這條線上。沿途可見白晉鐵路的橋墩。有個橋墩被攔腰炸裂，但居然沒塌。這叫破襲戰，咱八路軍幹的。

（一）良侯店石窟

先去良侯店。石窟在路東，內有造像八區，正面和左右各有坐像二，正面和左右夾角內又有立像二，均有彩畫痕跡（舊有，並非新繪），可依次編為一至八號。五號和六號之間，石壁上有題記，已經看不清，似作：

唯正□□貳（？）年肆（？）月

……………………重修

……止（？）……

……………………

……………年……

這些像，頭全被鑿掉。我跟一個姓郭的村民打聽，他說八號的頭是「四清」那陣兒毀的。這以後，一九八三年修路，破壞過一次；一九八五年，又破壞過一次。李雲生給我的老照片，上面還有頭。

石窟外面的山崖上，還有幾個小窟。斜對面（西北方向）的山崖上，也有一些石刻。郭姓村民說，斜對面的山崖，原來刻有「國泰民安，□□□□」八字，當地叫「八字崖」，一九七三年因為鋪柏油路，被炸毀。路邊有一塊炸下來的石頭，上面有小佛和供養人題記，澆水後依稀可辨，作：□歡、□和、葛息□、□全祖、□、□洪、張羅嘉。

（二）石窯會石窟

再去石窯會，經過分水嶺。二〇八國道經過的地區屬於分南鄉。分水嶺就是分南鄉的鄉政府所在。車行至此，雲生下車告我說，路西的開闊地就是昌源河與涅河的分水處。昌源河北流，入祁縣，再向西流，注入汾河。涅河從分水嶺發源，東南流，穿過武鄉西部，在關河水庫南注入濁漳河。

良侯店石窟老照片（李雲生 提供）

良侯店石窟

石窯會石窟老照片（李雲生 提供）

石窯會石窟

大雲寺三佛殿（宋構金修）

懷璧說，分水嶺到北良約三十里，到木則溝約十五里。木則溝現已廢棄，是北良侯五甲李氏的祖居。懷璧考證，我是五甲第十五世。

我的根在西邊的大山中，遠遠望去，不知在哪裡。

石窯會石窟，在良侯店的北面，石窟前面掛著紅燈籠。石窟內的佛像被油漆彩畫，慘不忍睹。

良侯店，與北良侯、西良侯、東良侯、南良侯（大寨）四村都以「良侯」為名，耐人尋味。出發前，從地圖上看，良侯店和西良侯，中間有條小河，如果從山路走，直線距離並不遠，我懷疑，順河走，必有小路，一問果然。路過良侯店，懷璧下車，把去西良的路口指給我看。他說，他父親從前在這邊當老師，走過這條路，但記不清了。他跟路人打聽，問出的路線是：沙溝、—馬圈溝—果則溝—尖溝—范家五科—西灣—西良。

順山間小溪走，全程只有十里。

回來，在故城鎮吃飯，又見李鎮長（二〇〇四年見過）。

涅縣古城

（三）大雲寺（宋—清）

飯後，看大雲寺。這是第三次看大雲寺。第一次是一九八四年，和張木生、唐曉峰、傅雲起一起。當時是糧庫。

第二次是二〇〇四年，大雲寺的南殿，右角已塌。南牆中間當門處，封砌的磚牆開了一個洞，露出封存的碑，兩旁，貼著牆基，各嵌四個碑額，當時拍過照片。

二〇〇五年十月底，國家撥款一百五十萬元，對大雲寺落架重修。一百萬用於土建，五十萬用於壁畫保護。當時在正殿樑上發現金大定十五年（一一七五年）落架的題記。武鄉文管所藏的三個佛頭和北齊造像碑就是從南殿的東牆根下發現。

這座寺廟，門在東南，有南殿（觀音菩薩殿）五間、正殿（三佛殿）五間、東殿（十八羅漢殿）五間、西殿（閻羅殿）五間，正殿後面還有一排房子。正殿是宋構，南牆西面嵌有北宋石刻，殿內四壁圖繪，當中有個蓮花座。東西配殿是明代的建築，每根石柱都有施主姓名和年號。武鄉文管所的三個佛頭，應該就是三佛殿中的東西，身子不知在哪裡，蓮花座也少了兩個。（圖3-05）

拓北宋石刻，上好紙，用膠條固定，打算回來再拓。

（四）福源院（元—清）

出故城鎮，去北良，看福源院。

路邊，穀子地裡，有一段涅縣古城的殘牆，撿完整筒瓦一件。

經東良，回北良。灰嘴水庫已乾涸見底，東晨溝水庫還碧波蕩漾。

學校、隊部的舊址，破敗不堪。當年，我在這裡教書，就住在這裡，耳邊還有當年的歌聲和讀書聲。

涅縣古城牆體中的筒瓦（正面）

涅縣古城牆體中的筒瓦（背面）

北良福源院

大家在保民家的門道內拓北朝石碑，在正殿後的土坡上拓元朝地震碑，為北朝石佛和元朝的琉璃屋脊照相。元朝地震碑，除了這塊大的，還有一塊小的，我記得是在醜女家的房基內，但村裡人查過，並沒找到。北朝石像，像個蠟人，很難看。我們蓋的保護建築（過去拍過照片，樣子還行）已拆掉，換了新的。我挖出的東西還在。

曉敏陪我到祖墳上看了一下。爺爺的碑掉了一角（左下角）。葉南和雲生一起去。從原上往南看，可見「土林」環繞，有如南方的石林，溝底是綠油油的莊稼，東晨溝水庫，水平如鏡，遠遠望去，很美。

有人拿佛頭來，還有人拿我當年刻的印章來。當年，我給全村人都刻過印，木匠把一塊梨木板裁成小條，再鋸成無數小塊，大家領糧食、土豆（馬鈴薯），全用我刻的印。

福源院西殿是元構，琉璃脊剎有「泰定元年」（一三二四年）題記。地震碑記載，這是大德癸卯（一三〇三年）趙城大地震後所修。

趙城大地震，死了很多人。我們村很古老，但我們並不是原住民，大家都是搬來的。

我們老家，李姓分屬三甲、四甲、五甲，都是移民。懷璧

洪濟院（金構）

編過《北良侯李氏家譜》（自印本，二〇〇五年一月）。該書序言說，舊譜有二，都是清朝編的。一種是雍正十年（一七三二年）李唐靖編的《李氏家譜》（三甲、四甲的家譜），一種比它晚七十年，是李攀桂編的《李氏家譜》（四甲的家譜）。這次都看到了。三甲、四甲是從北良侯村北面的胡莊遷來，五甲祖居木則溝，原屬武鄉縣（孟山鄉）賈封村，後歸平遙縣，也已無人。五甲家譜失傳。

想到汶川地震，我就想到了自己。

（五）洪濟院（金—清）

然後去東良，看洪濟院。《山西省文物地圖集》說此廟始建不詳，廟後的千佛塔年代也不詳。張慶捷先生說，千佛塔是東魏的東西。我懷疑，北良、東良、南良、西良四村，是以北良的梁侯寺為中心，這個寺廟群是沿武鄉西側的官道，從良侯店石窟發展而來。

院子南邊，有個戲台。空場上，原來有個籃球架，我和保民在這兒打過球。

葉南把社雄表兄送回石人底。我媽媽村叫這個名，大概和北良石像有關。北良石像在西邊，在高處，石人底在東邊，在低處。

回到大雲寺，原來上的紙已經脫落，沒法拓，天色已晚，只好返回。幸虧有上紙後跟手拍的照片。

車到段村，天已黑，找個地方吃飯，聊了一陣兒。我和老家的人在一桌。

八月十五日，晴，南涅水石刻博物館、普照寺、大雲院。

一大早，李雲生、馬生旺、李馳騁來。七點三十分吃早飯，李懷璧來。同桌還有《三晉日報》的女記者，特意從太原來，我說，採訪就不必了，謝謝。

飯後，和武鄉縣的老人合影，其中有《程氏家譜》的作者。

到王照騫家（在八路軍紀念館的西邊）取明清地震碑的拓片兩種。山西大地震，元大德一次，清康熙一次，最有名。它們是記明清時期的另外兩次地震。研究山西古建，必須研究地震。

去沁縣，過松村，路過駢宇騫的老家。他的網名是「松村一郎」。

馬生旺介紹，到縣誌辦找馬留堂。他不在，他女兒在。留下話，先去二郎山南涅水石刻博物館。

東良千佛塔

南涅水石刻

（一）南涅水石刻博物館

沁縣有兩個國保：普照寺、大雲院；三個省保：洪教院、南涅水石刻、關與古城遺址。南涅水石刻最重要，但搬離原址建館，失去國保資格。當年，我去邵渠村我表兄家，從武鄉北涅水村去沁縣南涅水村，有個水閣涼亭。好像信義還是南溝，也有這種亭。洪教院和南涅水石刻就在故城西南，說是兩個縣，只有一水之隔。

博物館在沁縣南面的二郎山上，共有三個院。一個院，展沁縣各地的佛教造像和碑刻拓片。南涅水石刻，單獨一個院，有六個展室，文物七百六十多件，年代從北魏、北齊一直到唐宋時期。大批的造像塔石，非常精美，第四展室，兩件頂部有檐，一件是兩面坡，一件是四面坡。

南涅水有洪教院，正殿是金構，住持來自大雲院。

看完石刻，返回縣城，見馬留堂，一起拜訪梁曉光老漢，獲贈《沁州碑銘集》。

中午，在縣委賓館吃飯，都是家鄉飯，非常好。

飯後，去普照寺和大雲院。兩寺在二〇八國道西側，與縣城在一條橫線上。

（二）普照寺（金）

先去開村普照寺，跟村人打聽，找到李書記，他把門打開，領我們從學校裡繞進去。院內只有一個殿，據說，此廟始建於北魏太和十二年（四八八年），今廟是金大定年間重修。

（三）大雲院（金—清）

再去郭村看大雲院，看門的不在，等了很久。打電話，他說他在辦喪事，來不了。最後求了半天，答應付錢，他才騎摩托來，小葉給他二十元，他說他是義務保護員，不掙錢，我又摸出十八元給他。

開門，可見正殿三間，正殿是金構，殿內有壁畫。院內種滿莊稼，西側有碑，一塊是金崇慶元年（一二一二年）的，經過改制，背面刻字，成為烈士碑。另一塊無字。

此廟據說也是始建於北魏，金大定二十年（一一八〇年）奉牒題額「大雲禪院」。

這兩座廟和洪教院都屬於涅縣。

看完此廟，原路返回，從武鄉上高速，去長治。

沿途環境不錯，路邊的黃土發紅，有點像南方，土層中夾著料薑石（方解石，calcite）。

夜宿鵬宇國際大酒店，在二樓吃飯。飯後下樓，在大廳見李步青（邵渠村火生表兄的孩子，和我同歲，晉城黨校的校長）。他妻子和孩子都來了。回房聊到十二點。

十六日，陰有小雨，長治市博物館、法興寺、崇慶寺、護國靈貺王殿。

早飯後，退房，行李裝車，去長治市博物館。

（一）長治市博物館

宋所長、小韓打過電話。見張晉皖館長，參觀博物館。展品主要是長治分水嶺和潞河墓地的精品。其他展品，按石器、陶器、玉器、銅器、瓷器分類。張是書法篆刻家。

晉東南出土的商代銅器，是長子北高廟、長治西白兔等地出土。這些銅器從哪兒來？滏口陘應該是重要通道。

（二）法興寺（唐—清）

在長子縣慈林鎮崔莊北，原名慈林寺，始建於北魏神瑞元年（四一四年），依山而建，前低後高。我們到的不是時候，管事的人出去吃飯，我們吃了閉門羹。後來，有工人從門裡出來，我們趁機鑽進。他們把我們鎖在廟裡，讓我們參觀，等管事的人回來再放我們出去。

入山門，可見前低後高兩個院落。前院是新修的石舍利塔。後院，北有毗盧殿，南有圓覺殿，毗盧殿兩旁的配殿，現在是碑房，裡面有不少碑。東房有唐咸亨四年（六七三年）碑和宋元豐四年（一〇八一年）碑，最早。

下午三點，在路邊小店吃飯。

（三）崇慶寺（宋—清）

在色頭鎮璩村北，過牌坊，上紫雲山腰，左轉再右轉，終於到達。從側門入。門內有清咸豐年間的碑一通。院內有過殿（天王殿），正殿（千佛殿），東、西配殿（臥佛殿）。

過殿，脊刹有「咸豐元年」字樣。屋檐兩側有鐵釘構成的銘文，可見「西溝合社」等字。東配殿有戗檐磚雕的小戲台。

正殿左後和右後，還有兩個殿，左邊的殿內有塑像，用鐵柵欄遮護，不許拍照。

（四）護國靈貺王殿（元—清）

前後兩個院子，十分破敗。有清碑一通，述此廟建於宋宣和四年（一一二二年），明萬曆和清順治、康熙三次重修，西南植白松數十株，東南有戲台五楹雲。

廟南可見白松，廟東南是個平場，隆起的一塊是戲台，有柱礎一，留在地面。寺廟，一般都把戲台修在廟門外。此廟南面臨坡，沒有空地，故修在東側的南半。

夜宿逸家商務酒店，七點三十分在樓下吃晚飯。

十七日，大熱，羊頭山石窟、清化寺、古中廟、開化寺。

去高平，看一窟三廟。

（一）羊頭山石窟（北魏—唐）

羊頭山由兩個山頭組成，形如南方的椅子墳，中間凹陷，有個長長的水池在山下。北大有「風水國際大師」，專好這種風水，美其名曰「玄牝」。

先到神農廟，買票（三十元）上山。門票上有示意圖。

拾級而上，山路兩側長滿一種帶小紅果的灌木，到處可見馬陸在爬行。

石窟有九處，一至六號在定國寺下的山路兩側，七至九號在山頂。所謂石窟，不是鑿於崖壁，而是用滾落的巨石雕刻。

五號窟有千佛碑，有一隻馬陸在碑上爬。碑的右下有「大魏正始二年（五〇五年）」題記。

羊頭山石窟

半山腰，定國寺遺址，正在大興土木，蓋新寺。

再上，爬到山頂，有祭天台，也是新築。台在兩山中間，左右各有一條路。

往左，沿山脊東行，可至秦高嶺，看北魏到唐代的造像塔。南塔有造像，北塔沒有。看不見「秦壘」，可能就在山脊上吧？

往右，有三個石窟。七號較小。八號仰面朝天，洞口朝上，斜置，估計是從山頂滾落。九號在它們的上面，埋在草叢中。

下山，看神農廟，神農的形象很滑稽。

今天，太陽很曬，把皮膚曬紅。腿疼，膝蓋很難受。這種經歷有三次，一次是爬喀納斯湖旁邊的山，一次是爬五女山城，這是第三次。看來，真的老了。

中午，在小鎮吃鹵麵，飯後打聽清化寺的位置。

（二）清化寺（宋—清）

清化寺是一破舊院落，主體建築如來殿是宋建元修，屋頂坍塌，裡面睡著河南商丘和安徽來的民工。取小望遠鏡，看脊剎題記，正面是「嘉慶九年」，背面是「四月十五日」，可見是清代重修。

殿的右側有一清碑，說此廟始建於唐。

（三）古中廟（元—清）

在神農鎮下台村。高平炎帝廟有上中下三廟，此是中廟，沿途問路，轉了一圈，終於找到古中廟。大門緊閉，跟附近村民問張支書的電話。支書來了，人很好，給我們打開門。門開在東北角。入門，可見戲台。穿過前院，是廟門。進門不遠，有一無樑殿，很小，南北有門，張支書說，打開南門，可以坐在屋裡看戲。院子裡的地面是用石條鋪砌。

建築上有很多測繪標記，據說是搞古建保護的人所為。廟中沒有太老的碑。

廟門，門墩和柱礎被用泥糊起，支書把泥扒開，露出原形，非常精美。兩邊的建築，戧檐磚雕也很美。有明天啟二年「炎帝中廟」額的地方是原來的入口。

戲台是一九七七年重修，據說比原來大了很多，空場兩側有排房。大樑上有一九七七年落架的題記。

給支書錢，他不要，說我是幹部，群眾見了多不好。

出古中廟，看民居，有個五層碉樓，內有井。附近的房子都很老，台階和窗戶，都有雕刻。

張支書說，這麼好的村，無人光顧，都是因為村名晦氣，當官的見了就躲（害怕下台）。

（四）開化寺（北宋—清）

膝蓋疼，前面有一百八十級台階，望而生畏。年輕人說我腿腳好，慚愧。

穿大悲閣，見大雄寶殿。殿為宋構，內有精美壁畫，出民間畫師郭發手，後牆石柱上猶有「匠郭」等字，即郭發所題，泥牆上並有明宣德五年（一四三〇年）題記。

出來，用小望遠鏡看大悲閣的脊刹，兩面有字，正面是「開化寺大悲閣」，背面是「萬榮縣××鄉××琉璃廠製」，乃近年新修的題記。萬榮縣有燒琉璃的傳統。

大悲閣右側，牆上有明天啟年間的〈重修開化寺大悲閣記〉。

宋《大觀碑》在大雄寶殿後。

日落，往回開。膝蓋疼得厲害，一上一下皆疼。

時間太晚，沒去長平之戰遺址，甚憾。

十八日，大熱，考察原起寺、天台庵、大雲院、龍門寺。

今天看四個廟。

太陽依舊很毒，山中尤熱，塗防曬霜。

走二〇七國道，穿潞城市，經微子鎮，先到原起寺。

（一）原起寺（宋—清）

寺在潞城市辛安村東北鳳凰山上，正好是濁漳河流經潞城、黎城、平順三縣的交匯處。門在寺的東南角，入門，左手立一經幢，有「天寶□年八月一日」等字。此廟建於天寶六年（七四七年），大概就是根據經幢。

經幢的北面是一香亭，四根柱子，兩根陽刻，兩根陰刻，湊成一首詩：

霧迷塔影煙迷寺，暮聽鐘聲夜聽潮。

飛閣流丹臨極地，層巒疊嶂出重霄。

亭西側有三塊碑。一塊是一九六五年的文保標誌碑。一塊是所謂「天寶碑」，碑首雕龍，上半截是造像，左側有「原起寺先師比丘張貴待佛」等字，未見年號，下半截是山西省文化局等單位磨去舊刻，於一九五七年加刻的〈重修原起寺碑記〉，背面是磨去舊刻，清嘉慶三年（一七九八年）的題刻。守廟人稱，這都是「爛人」所為。他說話是陝西口音。還有一塊是宋千佛造像碑，僅存下半截。

香亭北是大雄寶殿，宋構。西有大聖寶塔（青龍寶塔），元祐二年（一〇八七年）造，高十七公尺。塔頂原有八個鐵人，一九九六年被盜。東有配殿一。

出原起寺，下山，向東走，是「太行水鄉」。太行山壁立於東，濁漳河從山下流過。這是個旅遊景點，我們停車吃飯。

（二）天台庵（唐）

從「太行水鄉」，穿過壁立的山崖，向東走，進入平順縣境。沿漳河走，不由得想起阮章競的詩：

漳河水，九十九道灣，
層層樹，重重山，
層層綠樹重重霧，
重重高山雲斷路。

天台庵，在王曲村，原屬實會公社，現屬北耽車鄉。找拿鑰匙的人。來者身材短小，面色黧黑，口音極為難懂。他說，他看這座廟，一天只掙一塊錢。

門，朝北開，入院，只有一殿一碑，皆唐代遺物。殿內空空如也，樑上有金龍。六根柱子，據說是五代所加。外面，四個檐角有支撐的柱子。瓦分三種：龍紋、獸面紋（分兩種）和花瓣紋，有舊有新。守廟人說，這個地方是三縣交界三不管。廟，一九七三年用作糧庫，廟裡的佛像就是那時毀的，撐檐角的四根柱子也是那時加的。它背後有一坡道，可能與糧食進出有關。前面是個空場。空場靠東，有通唐碑，龜趺頭朝西。碑文字跡模糊，有界格，據說一面是記天台庵，一面是記東牆外遠山上的廟。守廟人說，那山叫鳳凰瑙。碑的南面，院中間，有塊燒香用的圓石。圓石的南面，還有一件八角形中間帶圓孔的殘石，可能是經幢。

然後去大雲院。

（二）大雲院（五代—清）

五代後晉天福三年（九三八年），初名仙岩寺。後周顯德五年（九五八年）於寺外建七寶塔一座。地屬潞城市實會村（俗稱「石灰村」），背後是雙峰山。入山門，左側有宋碑一通，字跡模糊。前為彌勒殿，中間是大佛殿，西檐下有經幢二、碑四，其中一通是宋咸平二年（九九九年）《敕賜大雲禪院銘記》，記太平興國八年（九八三年）改仙岩寺為大雲禪院事；東檐下有碑三，一通是明成化十三年（一四七七年）《潞州黎城縣漳源鄉石灰社雙峰山大雲寺重修記》，一通是萬曆元年（一五七三年）《重修大雲禪院碑傳記》，一通是二〇〇三年重修大雲院的碑記。大佛殿的後面，地勢較高處，還有一殿。山門外不遠，路西有個塔。

中午，在路邊小館吃炒麵，女主人稱，她也是王曲村人，但說話易懂，不同於前遇之黑漢。

（三）龍門寺（五代—清）

驅車前往龍門寺。龍門寺也在潞城市。沿漳河走，風景奇美。羅泰的說法，「美得令人喘不過氣」。路上，往山崖下看，對岸半坡立一石像，肌肉發達，想必是大禹先生。

龍門山壁立千仞，有如刀劈斧削。峰迴路轉，兩壁左右峙。抬頭驀見，左壁有一巨大的天然凹陷處，即所謂「石門」，右壁離得遠，山腳下有一石窟，顯得很小，隱約可見，有尊佛像立在裡面。

再往前開，迎面有一八角亭，亭中有一塊饅頭狀圓石。路右就是龍門寺。

這是一九九六年的國保，集五代、宋、金、元、明、清六個時期的建築於一處。此廟始建於東魏武定二年（五四四年）。山門（天王殿）是金構，左側有成化六年（一四七一年）《本寺山門四至峰銘記圖樣碑》，圖上有「幡杆石」，即寺院西南的小山頭，上面有個旗幡。剛才看到的「龍門」也刻在上面。碑左刻有「至元四年（一二六七年或一三三八年）」等字，這是元代的年號。

大雄寶殿為宋構，左門柱，撕去對聯，可見宋紹聖五年（一〇九四年）題記，四隅石柱刻施主名。東北角的石柱則為金大定己丑（大定九年，一一六九年）縣令李宴來遊的題記，文未足，可能還有文字在石柱的另一面。大殿東西兩面的外牆上有一九五八年的標語。

大雄寶殿和左右配殿的脊剎，兩面都有文字，作「諸佛聖殿記」。

中路東側有一殿，屋脊磚雕有字，作「進香」（左）、「皇帝」（中）、「朝山」（右）。

寺中最早的碑是後唐長興元年（九三〇年）《天台山龍門院碣》，在桑海明所長家裡。他說，這座寺廟，經常有賊惦記，他有辦法，每次都化險為夷。

看完，出來，趙剛在小亭附近找他來時發現的化石，找不到了。

桑所長說，此路是後修，原來在山腳下還有一處石刻，現在封在路面下的一個洞裡。我們鑽進這個小洞，發現洞內的石刻還是金大定九年縣令李宴來遊的題記，開頭是「縣令李朝散留題」，結尾是「大定己丑四月朔日野人李宴題」。

十九日，晴，黎城縣文博館、鄴城金鳳台。

宋所長來電話，讓我們到黎城縣文博館找趙館長。問路，過三個丁字路口，才找到城隍廟，在縣委旁邊。

（一）黎城縣文博館

進城隍廟，找館長辦公室，屋裡有一老一少。他們在做拓包。老者說，趙館長去銀行辦事，不在，讓我們等一等。大家在院裡轉了一圈。

趙館長回，原來剛才的老者是他爸爸，前任的館長。

二人給我們看了楷侯宰墓的有關材料。

此墓位於黎城縣西關村塔坡水庫南岸，二〇〇六年發掘。整個墓地，已探明九十二座大墓，其中大型墓四座，中型墓十四座，其他是小墓。

M7出土鼎一、簋二、甗一、壺一、盤一、匜一。鼎、壺、匜有銘文。

以前，韓巍（我的博士生）轉來韓炳華信，問這批銅器中的「楷侯」怎麼理解。我回信說，就是黎侯。《尚書》講「西伯戡黎」的「黎」，「黎」，古書也作「耆」。上博楚簡《容成氏》講文王伐九邦，其中的「黎」是寫成「耆」。楷與耆古音相同，是通假字。器是西周晚期的東西，未看原物，因為鄴城那邊有人等，來不及了。

路，比較平坦，經涉縣、武安、峰峰礦區、磁縣到臨漳。這條路，高速還沒修好。一入河北，頓覺氣溫升高，也悶一點兒。

王睿（我的博士生）聯繫好的王隊長在路邊等。上車，到他熟悉的一家飯館吃午飯。

（二）鄴城金鳳台（曹魏）

王隊長帶我們到金鳳台看文物。金鳳台有兩塊牌子：臨漳縣文物保管所和臨漳縣文物考古隊。

考古隊的標本，有各個時期的瓦當：

(1) 東漢的「富貴萬歲」瓦當。

(2) 東魏、北齊的花瓣形瓦當。

(3) 前燕的半圓雙目形瓦當。

(4) 後趙的「大趙富貴」瓦當。

有一個大型的建築構件，上有三個圜錢式銘文：「大趙萬歲」，很奇怪。還有一個北齊的蓮花座，三個螭首形石刻，很精美。

門廊內有不少石刻：

(1) 大柱礎，內圓外方，一百二十公分見方，厚五十五公分，中間開鑿十字線，像漢陽陵的所謂「羅經石」。出土地點是鄴南城外東南角，塔基以東的夯土台基上。

(2) 螭首形石刻，完整的一件在國外展覽，留下的是殘件。

鄴城分南北二城：鄴北城和鄴南城。鄴北城，北面三門，東西一門，西側是冰井台、銅雀台、金鳳台。鄴南城，東西南各三門。

文管所的王所長已經升任縣文物局局長。王局長有個地下庫房，有不少文物精品：主要是石刻造像和金銅佛像。

值得注意的是一件建武六年（公元三〇年）的石刻，很漂亮。王局長說，他是花五十塊錢從一個農民手裡買來，時間在五六年前。當時社科院考古所的趙永紅還在站上（他跟一個叫曾藍瑩的台灣女學者結婚，已移居美國），在報上發個消息，惹得安陽市的人來討。據說，這件石刻是西門豹祠裡的東西。

參觀金鳳台，文獻記載高八丈，現在高十一公尺。漳河，原來繞城西和城北走，後來改道，從城中間流過（自西向東流）。

夜宿邯鄲賓館（舊的市委招待所），大概因為熱，夜裡蚊子多。這次出來，第一次餵蚊子。早晨發現蚊香，已經來不及。

二十日，晴，邯鄲市博物館、內丘縣扁鵲廟。

這是最後一天。昨天路過趙王城，沒下車。

今天的任務是：邯鄲市博物館、內丘石辟邪。八點在賓館吃飯，然後去邯鄲市博物館。

（一）邯鄲市博物館

全國各大博物館都已實行免票，此館不免票，門票五元，入門還查證件，很奇怪。收費有收費的好處，展館空無一人，對我正合適。

展覽分三部份：

1.趙國文化

有一點早期的東西，在這個展室。邯鄲地區發現的商代族徽：𢨋、受、矢。

(1) 趙王故城

有城壕，開啟中軸線。

趙王宮城，即邯鄲市南的趙王城遺址，來時已過。

大北城，是郭城，即博物館一帶（叢台遺址）。滏陽河繞城東和城南流。

(2) 趙王陵

在永年和邯鄲縣交界處的三陵鄉。趙王陵M2出過金縷玉衣的玉片、三匹青銅馬和一件透雕夔龍金牌飾。

滏陽河的南面是磁縣、臨漳。

2.魏晉石刻

主要是武安、峰峰礦區、磁縣、臨漳、邯鄲一帶的出土物，非常精美。

3.茹茹公主墓、瓷器（磁州窯和邢窯）

茹茹公主墓展室，有兵馬俑、東羅馬金幣和壁畫等。

瓷器展室，有不少題詩的瓷器。這個展室有一通石碑，為《遊滏水鼓山記》，值得細讀。

看完展覽，洗車、加油、打氣，上高速。一〇七國道與高速平行，縣城都在國道上。

到永年，未發現趙王陵的標誌。從高速下來問趙王陵，誰都不知道。後來才知道，趙王陵是在一個叫「黃粱夢」的地方，已經過了。

到服務區，買零食充飢，來不及吃飯。內丘一直在催。

（二）扁鵲廟（元—清）

兩點到內丘，見賈所長。文物所只是縣旅遊局下面的一個處。賈所長請吃飯，然後去扁鵲廟。

內丘屬邢台，原名中丘，隋改內丘，後避孔子諱，加邑旁，縣內凡書內丘，皆加邑旁。此縣類似武鄉，也是南北短，東西長。

廟在縣西五十里。石辟邪在扁鵲廟。

沿路可見乾涸的河床，沒有水。地裡缺水，玉米只有麥子高。

扁鵲廟坐北朝南，門前的河水是用水壩攔蓄，河上有橋。山門外西側的建築是重修，原來是元構。

入門，左邊有碑廊。碑刻中有一通宋熙寧年間的碑，還有幾通元碑。

石辟邪，和南陽的類似，足缺，無陽具，右翼殘缺，頭部也殘缺，原在縣城南出土，扁鵲廟蓋好，移置於此。

大殿是重新落架，樑柱是元廟舊件，內有扁鵲像和十弟子像。

殿前有一對前立的石獸，與曲阜石刻藝術博物館門口的那對石獸相似。

殿後有個奶奶廟。最後還有一座樓，完全是新建。

廟西有扁鵲墓，墓前有碑。

往南走，有一對明翁仲。東邊一件色白，疑是後刻，但賈所長說是原刻。他送的《內丘縣文物志》上說，翁仲是一文一武，但現在看到的卻都是文官。

出扁鵲廟，當門的橋叫九龍橋。橋對面有九龍橋石柏和藥石（明刻）。

廟西有高大山影。賈所長說，翻過這道山，就是山西的昔陽縣，「文革」中，大家都是帶著乾糧到大寨學習。此山名鵲山，也叫太子山。

四點往回走，奧運期間，進京檢查很嚴，天黑才回到北京。

寫在最後的話：

這次，真正跑調查，只有九天，凡歷十三縣市，訪古城遺址三、石窟三、寺廟十六、寺廟遺址一、博物館六、文管所一，行程兩千兩百公里。來的路重要，回的路也重要。

第一，晉東南的商文化從哪兒來？從安陽。我們在長治市博物館和武鄉縣文管所看到的商代銅器，它們從哪兒來？走滏口陘。太行八陘，從安陽入山西，必走此路。

第二，商代的黎國就在黎城。黎城正當這條通道的要衝。黎城出土的銅器，不僅證明商代的黎國就在黎城，而且說明，西周滅掉黎國後，在這裡封了黎侯，專門鎮守這條通道。

第三，商周以後，這條通道也很重要。如五胡十六國的後趙，石勒出生於武鄉，定都在鄴城，經常往來於武鄉、鄴城之間，也走這條道。

第四，南北朝時期，北朝佛教藝術從大同到洛陽是一條傳播路線（南北線），從長治地區到河北、山東是一條傳播路線（東西線）。峰峰一帶的響堂山石窟，還有遠至山東的摩崖刻經，都屬於後面這條線。

第五，抗日戰爭時期、國共內戰時期，八路軍、解放軍從太行、太岳挺進河北，還是走這條道。這次往回走，黎城縣有宣傳品，說黎城是「鄧小平理論發源地」；涉縣有標語，說涉縣是「第二代革命領導人的搖籃」，都是「遙想當年」。當年，我爸爸媽媽就是從這條路進河北，走黎城、涉縣、武安、邯鄲、邢台到正定，最後從石家莊進北京。我和我二姐都是在這條路上出生。一九四六年，我二姐生於武安。一九四八年，我生於邢台。

這是一條回家的路，讓我想起我的父母，多少次在夢中。

我彷彿又回到了生命的起點，和他們的生命緊緊相連，和祖先的生命緊緊相連。

二〇〇九年三月十五日寫於北京藍旗營寓所

（原載《華夏地理》二〇〇九年五月：《國寶山西》特輯）

虹梯關（陳新宇 攝）

上黨訪古記

最近，羅泰來北大講學。三月二十八日他有課，二十九日我有課。清明放假，距離下次上課正好有一周的時間。三月二十九日至四月四日，我們結伴而行，坐飛機直飛長治，一則掃墓，一則訪古。他說，二十年前我就跟他說起我的家鄉，令他神往，現在終於成行。

三月二十九日，晴。

九點四十五分，拉著行李箱去北大，羅泰在樓下候。十點十分到十二點上課，羅泰在座。

中午，帶羅泰看禹貢學會舊址和附近的雕塑。天安門廣場有「孔子像風波」，北京大學有「老子像風波」。「老子像」原在光華管理學院新樓門口的右側，瘦小，口吐長舌，牙掉得沒剩幾顆，原作標題是：「剛柔之道：老子像」。對面立個莽漢，赤身裸體，高大威猛，原作標題是：「蒙古人─站」。這種肌肉男，似曾相識，在哪兒見過，想不起來，最近大雲山漢墓與犀牛共出，有個小人倒與他相像。兩件作品都是校友捐獻，作者不是一人，但一大一小，一強一弱，形成對照。上次來，「蒙古人」已被搬走。大樹底下好乘涼，現在躲在禹貢學會舊址後的一棵大樹下涼快，外邊瞅不見。這次來，「老子像」已不知去向。

在法學院的咖啡館吃午飯。羅泰不吃肉，點的是羅漢素齋飯。我吃肉，點的是咖喱牛肉飯。肉

田世信《老子像》

申紅飆《蒙古人一站》

太硬，嚼不動，讓我想起老子的教導，後悔沒點齋飯。

下午，和學生見面。

晚飯，在勺園吃雞蛋西紅柿麵。

北京飛長治的飛機，一天三班，晚上十點十五分是最後一班。我們在跑道上溜溜等了一小時才起飛，飛抵長治機場，已經是凌晨以後。段局長來接，宿鵬宇國際大酒店。

〔備課〕

（一）什麼是上黨地區？

歷史上的上黨，作為自然地理單元，大體指昔陽以南，太岳以東、太行以西的山西東南部。作為政區，大體指舊遼、沁、潞、澤四州，西部有時會加上臨汾地區的安澤（因位於上黨關以西的交通要道上），東部有時會加上河北的涉縣、武安（因位於東陽關以東的交通要道上）。廣義的上黨，包括遼、沁、潞、澤四州。狹義的上黨不包括遼州，更狹義的上黨則連澤州也不算，專指沁、潞二州。上黨分北上黨和南上黨，分界線是羊頭山上的戰國長城。北上黨是羊頭山以北，包括舊遼、沁、潞三州，南上黨是羊頭山以南，只限舊澤州。

（二）戰國⓬

戰國時期，上黨是韓、趙、魏三國反覆爭奪的地區，邊界難定。我們只能粗略地說，長平之戰（前二六〇年）前，上黨之北部和東部主要被趙國控制，上黨的南部和西部主要被韓國控制。《戰國策・秦策一》說韓上黨郡有十七縣，《戰國策・齊策二》說趙上黨郡有二十四縣，其可考者主要有十七縣：

1. 北上黨：

(1) 橑陽（今左權）：城在左權縣城。
(2) 閼與（今和順）：城在和順西北。
以上屬舊遼州地。
(3) 涅（今武鄉）：城在武鄉西北四十二里故城鎮。
(4) 銅鞮（今沁縣）：城在沁縣東南三十五里古城村，或說在襄垣虒亭鎮。
以上屬舊沁州地。
(5) 屯留（今屯留）：城在屯留南十五里古城村。
(6) 余吾（在今屯留）：城在屯留西北十八里余吾鎮。

(7) 長子（今長子）：城在長子西南八里孟家莊村。
(8) 伊是（今安澤）：城在安澤東南，即漢猗氏。
(9) 襄垣（今襄垣）：城在襄垣北三十里東故縣村。
(10) 潞（今潞城、黎城、平順）：城在潞城東北四十里古城村。⓭
(11) 涉（今河北涉縣）：城在涉縣西北二里。
(12) 武安（今河北武安）：城在武安西南五里店子古城。

以上屬舊潞州地（除伊是）。

2. 南上黨

(1) 長平（今高平北部）：城在高平西北二十里王報村。
(2) 泫氏（今高平、陵川）：城在高平市。
(3) 高都（今晉城）：城在晉城市，可能包括漢陽阿。
(4) 濩澤（今陽城）：城在陽城西北二十五里澤城村。
(5) 端氏（今沁水）：城在沁水東北河頭村。

以上屬舊澤州地。

上述地名，多有戰國銘文佐證。

⓬ 吳良寶〈戰國時期上黨郡新考〉，《中國歷史研究》二〇〇八年第一期，四九—六〇頁。

⓭ 復旦大學歷史地理研究所《中國歷史地名詞典》（南昌：江西教育出版社，一九八六年），第九八六頁說先秦潞國和西漢潞縣都在黎城南古城。從方位看，此城確在黎城南，但已入潞城界。

布幣銘文有：涅、同（銅）、是（鞮）、襄垣、屯留、余亡（吾）、長（郞）子（或作，「肖子」）、露（潞）、武安、高都、鄙（端）氏。⓮兵器銘文有：閼與、同（銅）是（鞮）、屯留、長子、涉、武安、濩澤、高都。⓯但橑陽、伊是、長平、泫氏，還缺銘文佐證。⓰

三孔布有邘與布，裘錫圭以為邘與即閼與，閼與在今山西和順縣西北。⓱但第一字與閼與戈不同，學者疑之。⓲今案「邘與」可能是烏蘇城，《史記・秦本紀》「（秦昭襄王）三十八年，中更胡（傷）〔陽〕攻趙閼與」，《集解》引孟康說：「音焉與，邑名，在上黨涅縣西。」《正義》：「閼與，聚城，一名烏蘇城，在潞州銅鞮縣西北二十里，趙奢破秦軍處。」烏蘇城在沁縣西南二十六里，與和順的閼與城不是同一城。

（三）秦代

秦代的上黨郡，治所在長子，下領諸縣可能類似西漢早期。

（四）漢到隋

(1) 西漢早期的上黨郡（約十七縣）：沾（城在昔陽西南三十里西寨鄉）、涅氏、銅鞮、谷遠（城在沁源縣城）、屯留、余吾（城在屯留西北十八里余吾鎮）、長子、陭氏、壺關（城在長治市北三十五里古驛村）、襄垣、潞、涉、武安、泫氏、高都、陽阿（城在晉城西北三十五里陽陵村）、端氏。⓳沾包括今昔陽、左權、和順。潞包括今潞城、黎城。陭氏即伊是。郡治在長子。陽阿即濩澤。增谷遠，省長平。

(2) 西漢晚期的上黨郡（十四縣）：省涉、武安、端氏。東漢上黨郡（十三縣）：治所在壺關，省余吾。

(3) 西晉上黨郡（十縣）：治所在壺關，割沾縣屬樂平郡，省猗氏、陽阿、谷遠，析涅氏置武鄉（今榆社和武鄉東部，城在榆社北三十里社城鎮）。

(4) 隋代上黨郡（十縣）：治所在上黨（改壺關為上黨），割泫氏、高都為長平郡，析潞城置黎城，合武鄉、涅氏為鄉縣，增沁源（即漢谷遠）、涉縣。

（五）唐到清

唐以來，以州代郡，上黨故地分屬遼、沁、潞、澤四州。

宋以來的四州大體是：

---

⑭ 參看馬保春《晉國地名考》，北京：學苑出版社，二〇一〇年，二五四—二五五、二五七—二五八、一三九—一四〇、二二二—二二三、二二四—二二五、二〇七—二〇八、二四八—二四九、二五六—二五七、二六二—二六三頁（未收余亡布）。案：三孔布有余亡布，何琳儀以余亡為余吾，見〈余亡布幣考〉，收入氏著《古幣叢考》，台北：文史哲出版社，一九九六年，一四五—一五〇頁。

⑮ 參看馬保春《晉國地名考》，一〇五、二二二—二二三、二二四—二二五、二四八—二四九、二五六—二五七頁（未收涉戈）。案：涉戈，見中國社會科學院考古研究所編《殷周金文集成》（修訂增補本），北京：中華書局，二〇〇七年，第七冊，一〇八二七頁。案：鄭韓古城出土韓兵器上有「濩澤」，見吳良寶《戰國時期上黨郡新考》，五七頁。

⑯ 伊是即陭氏。戰國貨幣有奇氏布，學者多以為猗氏布，但也不能排除是陭氏布。

⑰ 裘錫圭〈戰國貨幣考〉（十二篇），收入氏著《古文字論集》，北京：中華書局，一九九二年，四二九—四五三頁。

⑱ 黃錫全《先秦貨幣通論》，一四九頁。

⑲ 張家山漢簡《二年律令・秩律》提到潞、涉、余吾、屯留、武安、端氏、阿（陭）氏、壺關、泫氏、高都、銅鞮、涅、襄垣。其中有涉、武安、端氏。參看吳良寶《戰國時期上黨郡新考》，五九頁。

(1)遼州相當今左權、榆社、和順。

(2)沁州相當今沁縣、武鄉、沁源，但宋以前，沁縣、武鄉屬潞州。

(3)潞州相當今長治市和長治縣、壺關、長子、屯留、襄垣、潞城、黎城、涉縣，但元以來涉縣不屬潞州。明嘉靖七年（一五二八年），分黎城、潞城、壺關三縣地，設平順縣；嘉靖八年（一五二九年），升潞州為潞安府。

(4)澤州相當今晉城、高平二市和澤州、陵川、陽城、沁水。

（六）民國

廢府、廳、州，一律稱縣。

（七）長治解放後

(1)一九四五年，上黨戰役後，設長治市（長治是中共最早解放的地方）。

(2)一九四九年，設長治專區。

(3)一九五八年，長治專區改晉東南專區。

(4)一九七〇年，晉東南專區改晉東南地區，轄舊沁、潞、澤三州地，包括沁縣、武鄉、沁源、長治、長子、屯留、襄垣、潞城、黎城、平順、壺關、晉城、高平、陵川、陽城、沁水十六縣。

(5)一九八五年，晉東南地區分為南北二市。長治市在羊頭山以北，下轄潞城市和沁縣、武鄉、沁源、襄垣、長治、屯留、長子、黎城、平順、壺關十縣，相當舊沁、潞二州；晉城市在羊頭山以南，下轄高平市和澤州、陽城、沁水、陵川四縣，相當舊澤州。舊遼州地，今屬晉中市。[20]

三月三十日，晴，但大風降溫。

八點三十分早飯。

上午去長治市博物館（趙樸初的題字沒有「市」字）。館長張晉皖備水果迎候。這個博物館，我是第三次看，但羅泰是第一次看。他一邊拍照，一邊記筆記，看得很仔細。

長治市博物館的銅器主要是潞城微子鎮、長治市西白兔村、屯留上村、長子北高廟、長子景義村、長治分水嶺和潞河墓地所出。

分水嶺大鼎值得注意。此鼎形制、紋飾與一般的三晉銅器大不相同，說實話，有點像宋仿的器物。其實這話應該反過來講，宋仿或有以這類器物作底本者。羅泰認為，此鼎可能是仿古作品。但仿什麼呢？如果說仿古，恐怕也是想像成份很大的仿古。

中午在一家豪華酒店吃飯，風很大。李局長來。大堂有一件分水嶺大鼎的仿製品。

兩點至兩點三十分，回鵬宇休息。

下午去長子。先到上黨門，明清潞安府的衙署之門。長子的縣標是精衛填海。長子文博館的人來接。

看長子古城三處，一處在北高廟以東，兩處在北高廟以西。北高廟是塊高地，原來是呂祖廟，現在是烈士陵園。這裡出土過商代銅器，很重要。

北高廟西側的殘牆，立有標誌碑，曰「丹朱古城牆遺址」。

---

⑳ 長治市可以分為六個地理單元：(1)沁縣—沁源—武鄉西部；(2)襄垣—武鄉東部；(3)屯留—長子；(4)黎城—潞城；(5)長治市—長治縣；(6)平順—壺關。晉城市可以分為兩個地理單元：(1)晉城—高平—陵川；(2)陽城—沁水。

長子古城遺址

法興寺石塔

去縣文博館。館在文廟內。給張晶晶（山西博物院辦公室秘書）打電話，五個拿鑰匙的人，找到四個，徒喚奈何。去東側縣一中，院內有崔府君廟。廟前的空地停滿自行車。自行車以南，靠門口牆根處有一塊明嘉靖二十五年（一五四六年）的碑，橫臥地上。

去法興寺，故地重遊。崇慶寺在大修，不能看。

回長治市，看分水嶺地貌。潞安故城四周的護城河，市裡正在修浚，用鐵皮欄板圍起。石子河，源出壺關縣，西流，繞城西、城北。黑水河，源出長治縣黎侯嶺，北流，繞城南、城東。㉑

上次去長治縣，我專門考察過黑水河。它從黎侯嶺發源，涓涓細流，如草蛇灰線，似斷似續，時隱時現。此水露頭是在韓店鎮東一條大路的左側，路面的顏色一半深一半淺。深者是潛伏的河道，水就在路面下。然後，河道逐漸露出地面，是個臭水溝，顏色發黑，確實是黑水。我們開車一直追到長治市的西南角。這就是著名的黎水，與古黎國有關的河水。

石子河與黑水河匯於城的西北角。穿過一個熱鬧的小巷，有個家屬院，裡面的房子是建於高地上，分水嶺墓地的分水嶺就在此處。

晚飯後，小郭拿來一張《長治市地勢圖》，包括一市十縣，整個上黨盆地，哪兒低哪兒高，看得很清楚。

〔筆記一〕

長治市博物館展出的青銅器

㉑ 明萬曆版《潞安府志》，太原：山西古籍出版社，二〇〇六年，三一頁。

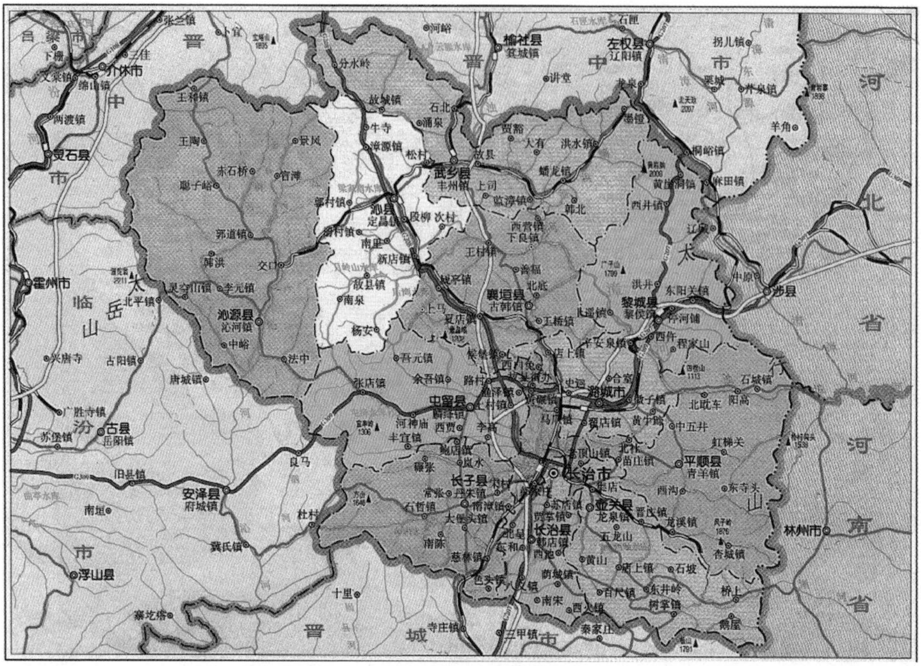

長治市地圖

（一）商代銅器

(1) 潞城微子鎮收集的饕餮紋斝

一九七五年出土。出土地點在潞城縣洛河大隊。洛河大隊，據說在微子鎮附近。同出還有饕餮紋鼎和弦紋斝，未見，疑在潞城市。[22]

(2) 長治市西白兔村收集的弦紋爵、帶十字鏤孔的變形饕餮紋觚。[23]

(3) 長治市西白兔村出土的圓圈／饕餮紋斝和饕餮紋貫耳壺）。[24]

(4) 長治市西庫回收的有銎戈。[25]

(5) 屯留上村出土的素面簋。[26]

一九八七年秋出土，同出還有簋一、戈一、鈴二和陶鬲一，未見，疑在屯留縣。

(6) 長子北高廟出土的弦紋錐足鼎、饕餮紋錐足鼎、帶族徽銘文的素面甗、圓圈／饕餮紋爵、圓圈／饕餮紋罍、有銎

戈。㉗

一九七一年冬出土，同出還有爵一、觚一和矢鏃等，未見。一九七二年春，長子北高廟還出土過鬲一、爵一、斝一、觚一，亦未見。疑皆在長子縣。

(7) 長子縣揀選的圓圈／饕餮紋錐足鼎和帶大字形族徽銘文和兩件直內戈。㉘

（二）西周銅器

(1) 長子景義村（今作晉義村）出土鼎一（蟎鼎）、鬲一、甗一、簋一。㉙

(2) 長子出土的饕餮紋鼎。㉚

(3) 屯留縣城北出土的夔紋簋。㉛

㉒ 王進先〈山西長治市揀選、徵集的商代青銅器〉，《文物》一九八二年第九期，四九—五二頁。

㉓ 未見報導。

㉔ 未見報導。

㉕ 未見報導。

㉖ 侯艮枝〈山西屯留上村出土商代青銅器〉，《考古》一九九一年第二期，一七七頁。

㉗ 未見報導。

㉘ 未見報導。

㉙ 王進先〈山西長子縣發現西周銅器〉，《文物》一九七九年第九期，九〇頁。

㉚ 未見報導。

㉛ 未見報導。

長治西白兔出土的商代銅壺

（三）東周銅器

(1) 長治分水嶺墓地出土的銅器。[32]

(2) 潞城縣潞河墓地出土的銅器。[33]

〔筆記二〕

長治地區的山川形勢

（一）四面環山

西面為太岳山，沁源最高，完全是山區。武鄉、沁縣、屯留、長子西部屬太岳餘脈，地勢也高。

東面為太行山，除平順、壺關，黎城、武鄉交界處和潞城東，地勢很高。

北面的武鄉、襄垣，地勢也高於長治市、長治縣。

長子的南端是丹朱嶺，長治縣的南端是羊頭山，地勢也比較高。山上有戰國長城（從壺關到安澤）和長平關（在高平西北四十里坡根村東北）。這是潞、澤二州的分界線。

（二）中間是盆地

上黨盆地，盆底是長治市、長治縣和屯留、長子的東部，地勢低平，是一大塊綠地。

㉜ 韓炳華、李勇《長治分水嶺東周墓地》，北京：文物出版社，二〇一〇年。

㉝ 山西省考古研究所等〈山西省潞城縣潞河戰國墓〉，《文物》一九八六年第六期，一—一九頁。

（三）大河有三條

濁漳河也叫潞河，三源合一，從山西，橫穿太行山，是河北、河南的一條分界線。

濁漳南源從長子發鳩山發源，在襄垣甘村與濁漳西源匯合。

濁漳西源從沁縣漳源鎮發源，在襄垣合河口村與濁漳北源匯合。

濁漳北源從榆社柳樹溝發源，在河北涉縣合漳村與清漳河匯合，東流，穿古鄴城而過。

（四）古道有兩條

一條是從太原，經太谷、祁縣、武鄉、沁縣、襄垣到長治的古道。白晉鐵路故道和二〇八國道是走這條道。這條道是傍太岳山，沿濁漳西源走，在《長治市地勢圖》上是一條「綠色走廊」，很明顯。它下接二〇七國道，可通高平、晉城和河南沁陽。這條道上有幾個著名古驛站，如梁侯驛（在武鄉良侯店）、虒亭驛（在襄垣虒亭鎮）、太平驛（在襄垣太平村）、漳澤驛（在長治漳澤水庫一帶）、長平驛（在高平長平村）。

一條是從邯鄲，經武安、涉縣、黎城、潞城到長治的古道。三〇九國道是走這條道。這條道，在《長治市地勢圖》上也是一條

明東陽關匾額：中州外翰

「綠色走廊」，很明顯。現在長治到臨汾，是從屯留路村到屯留縣城，橫穿屯留，經安澤去，也是走三〇九國道。

（五）現代高速也有兩條

一條是從太原，經太谷、榆社、武鄉、沁縣、襄垣、屯留、長治、高平、晉城和河南濟源去洛陽的高速，即太洛高速。這條高速，長治以北，不走古道，而是穿武鄉故縣東，在二〇八國道的東面走。長治以南，不走沁陽，而走濟源，從高架的隧道，直接穿山而過，直奔洛陽。

一條是從邯鄲，經武安、涉縣、黎城、潞城，到長治的高速，即邯長高速。這條高速是走滏口陘，先在雙線的三〇九國道南面走，然後換到它的北面走。

三月三十一日，晴。

七點三十分早飯。

上午去黎城，先到城隍廟，看黎城縣文博館（意思是文化館加博物館）。這裡也是第三次來。院內靠南，放著東陽關的一對石匾，兩件相同，上刻四個大字：「中州外翰」。前書「大明嘉靖二十二年春吉旦」，後署「巡撫河南都御史秦中李宗樞建」，嘉靖二十二年是一五四三年。「中州」是豫州，「外翰」是屏障。它是說，東陽關是河南的屏障，但更準確地說，是彰德府的屏障。當時，彰德府在安陽，轄湯陰、林縣、鶴壁，以及河北涉縣、武安、磁州、臨漳。其實這話也適於商代：黎國也曾是商都屏障。

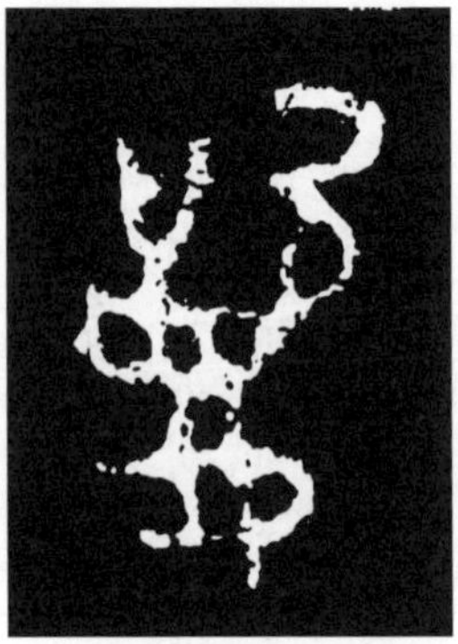

楷侯宰的名字：吹

東側新增了一個展室。塔坡墓地的青銅器，[34]兩次來都沒看到，雖然張晶晶事先打了招呼，但拿庫房鑰匙的人照樣不在，還是看不成。

趙館長拿塔坡墓地的銘文來請教。第一，M8出土銅盤的銘文，以前未見，他父親寫了個釋文，我幫他改了一下。第二，他說，楷侯宰的名字不知怎麼釋，張頷先生很關心，我告訴他，我已寫文章。我的意見是，此字上從吹，下從龠省，其實是吹奏樂器的吹字，傳世古文有這個字。[35]

出文博館，驅車去東陽關火車站。站北有一道夯土牆，即「黎城八景」之一的「黎城古郭」，據說在「東陽關鎮曲後之崖頂」上。[36]登牆四望，有火車從牆北下面的鐵路駛過。回首南顧，牆下是東陽關鎮，有河當其前，地圖上叫「勇進渠」。趙館長說，鎮之左右皆有蝕溝（gully）。遙望東陽關，依稀在東南方向的山口上。書上說，東陽關鎮在黎城縣東二十里。[37]

登車，去東陽關。書上說，東陽關即壺口故關，關在吾兒峪，也叫盂口，距東陽關鎮五里。[38]這個山口，原有關樓，黎城文博館藏「中州外翰」匾原來就是懸於關樓。關口兩翼是明長城。明代內

[34] 參看中國國家文物局主編《二〇〇七中國重要考古發現》，北京：文物出版社，二〇〇八年，四〇—四五頁。

[35] 拙作〈西伯戡黎的再認識——讀清華楚簡〈耆夜〉篇〉，香港浸會大學「簡帛·經典·古史」國際會議（二〇一一年十一月二十九日—十二月三日）論文，論文集由上海古籍出版社出版。

[36] 劉書友主編《東陽關鎮志》（《黎城鄉鎮志》卷四），武漢：武漢出版社，二〇〇八年，二〇四—二〇五、二四五、二四八頁。

[37] 《東陽關鎮志》，二〇四頁。

[38] 《東陽關鎮志》，二〇四頁。

黎城東陽關火車站的「黎城古郭」遺址

黎城吾兒峪的東陽關遺址

長城，沿太行山，各個關口都有。一九三八年二月十七至十八日，為了阻止日軍入侵上黨，李家鈺率川軍四十七軍與日軍血戰於此，因有漢奸帶路，關沒守住，很多四川人都死在了這裡，是為著名的東陽關戰鬥。

車停在山口路南，緣小路上山，有塊平地，是個古遺址。《東陽關鎮志》上有兩張照片值得注意，圖注曰「現存明長城關樓遺物」，左圖是兩塊地磚，右圖是兩件火砲。火砲是明代遺物，但地磚明顯是漢磚。趙館長說，磚即出土於此，館裡有，村民家裡也有。山上有個新修的小廟，是個關公廟。三〇九國道分南北雙線，穿關口而過。南線是出關的路，北線是入關的路。問八路軍長寧機場遺址，答曰已成莊稼地。

驅車出關，經上灣、下灣，到河北涉縣響堂鋪。沿路的房子很好。觀民居，然後沿北路返回。一九三八年三月三十一日，八路軍一二九師曾在此伏擊日寇，重創日軍，是為著名的響堂鋪戰鬥。

中午，在黎城縣用飯。

飯後，經西關水庫，去塔坡墓地。墓地是個不大的原區，西側是蝕溝，有掛壁墓。距塔坡墓地不遠，有個廢棄的窯場，是個商代遺址，整個一塊高地被挖光。館內的三件商代銅器即出於此。地裡有商代陶片。

下午，去潞城。

先看潞河古城。遺址在一蝕溝內，貼崖壁有幾段夯土牆。

然後去龍尾圪堆。有若干汽車停在圪堆下的田地裡，初以為盜墓賊。其中有個胖子朝我們跑來，經介紹，是續村支書，種五彩花生的能手。他帶我們爬上圪堆頂，指指點點，說老有人來此掏挖。

晚飯，在潞城大酒店。

四月一日，晴。

七點三十分，早飯。

去武鄉。車到高速口，閻縣長、申書記來接，炳宏（亞忠表兄的孩子）、馬生旺、王照騫也在。

先到文管所，看文物。上城村出土的商代銅器，比原來碎得更厲害。戰國貨幣，我記得是臨漳出土。[39]

去故城看大雲寺。亞忠表兄、社雄表兄來。

三佛殿，補拍蓮花座。上次請鐘曉青看照片，她懷疑，這個蓮花座恐怕放不下出土大佛的腳。縣文管所有三個大頭，就是此殿大佛的頭，尺寸很大，但這次看了，似乎合身，但忘了量尺寸，大頭也沒量過。出門，拍沿街的牆基，有些是利用碑石，似乎都是明清時期的東西。門鎖了，才想起沒看大樑上的題記。

看明代關帝廟，已經徹底翻新。有一家房後是涅縣古城的殘牆。

午飯，在鎮上吃，有南溝杏汁。我記得南溝有水閣涼亭，好水。

社雄表兄說，太原的買成表兄不行了。

兩點，回北良侯。車一出鎮，可見路兩邊的古城殘牆，左右都有。西邊一段，原來的照片上是

---

[39] 王進先、楊曉宏〈山西武鄉縣上城村出土一批晚商銅器〉，《文物》一九九二年第四期，九一—九三頁。

武鄉涅縣古城遺址（東）

武鄉涅縣古城遺址（西）

在轂子地旁，現在地裡光禿禿。

東良未停。灰嘴水庫，上次完全乾了，現在有一點兒水。當年開石頭的石窩子已看不出來。

祖宅，還是那麼破，院中似乎有人住，但鎖著門。德和哥哥的樓已經拆了。衛生院的樓還好。

到廟上，赫然可見，元代琉璃屋脊的脊剎丟了。元代地震碑也扔在荒草中。

去祖墳掃墓。爸爸媽媽的骨灰，有一半埋在這裡。曉敏不在，林泉在。車停在兩個水庫之間。林泉和社雄表兄買了冥幣、餅乾和礦泉水，和我一起爬上村東北的黃土高坡，祭奠一番，返回停車處。

海燕（村支書）來原上迎。我問他，上次我不是告你，叫你把帶字的脊剎「抬起來」（意思是收起來）嗎，為什麼還是叫人偷了？他說，我看它也不值錢，就大意了。他說，東西是二月十四或十五號丟的。

去沁縣，從故城南行，不好走，乾脆折回段村，從段村去二郎山石刻館。有個值班的女孩給開門和介紹。這些石刻真漂亮。

晚飯，回鵬宇吃。

沁縣南涅水石刻

四月二日，陰，大風降溫。

八點早飯。

去潞城、平順看廟。

有一本講平順的書說，中國古建百分之七十在山西，山西古建百分之五十在長治，長治古建百分之五十在平順。長治有國寶古建三十三處，平順有其十。

唐代建築有四個半：五台南禪寺大殿和佛光寺是兩個，平順天台庵是一個，芮城廣仁王廟（俗稱五龍廟）是一個，正定開元寺鐘樓是半個。天台庵就在平順。

故地重遊，這是第三次。

龍門寺壁畫（任超 攝）

平順天台庵

先經微子鎮，去潞城原起寺。寺中正在鋪設自來水管，用以防火。這些天，大風把嘴吹壞，乾得要命。為了防風，頭上戴了帽子。帽檐遮臉，看不清，把腦袋撞在車門上，「嘭」的一聲，幾乎跌倒。

然後，過太行水鄉，順濁漳河東岸，去平順天台庵。牆上有防火標誌，但院中滿地是炮仗的碎屑。我跟看廟人說，可不敢在廟中放炮。他說，群眾管不了，放炮是在鐵桶裡，很安全。我說，不怕一萬，就怕萬一，你要真把廟燒了，罪過可就大了。

然後，去大雲院。彌陀殿壁畫有天順元年題記。左右配殿，現在是展室，對平順境內的景點有介紹，買《平順旅遊指南》地圖一幅。

午飯，在實會吃。飯後，去龍門寺。龍門寺在石城鎮附近。

龍門到了，前兩次都沒上去看，這次上去看了一眼。

龍門山刀劈斧削，山腰有個石窟，很神

平順龍門山（石窟在山體正中的下方）

平順龍門山石窟

秘，兩次去都沒到跟前，這次總算如願。山腳下有個水壩，攔住一泓碧水，循壩前行，可見一鐵塔，順旋轉扶梯而上，有道蜿蜒，來到石窟前。石窟內的佛像，頭是新刻，窟口左側有「彌勒尊佛」四字。

看龍門寺，以前都是步行上，這次開車上。車道在廟東，路上有泉，圍以石井欄。寺中正大興土木。有人在門口施工，其中年長者面熟，主動打招呼，說你又來了，我這才想起是看廟的桑所長。我跟大家介紹說，這是所長，他說他已退休，並指著一個幹活的年輕人說，這才是所長，我兒子。

桑所長帶大家看塔林。

最後，看路面下石洞中的題刻。桑所長說，你上次給我寫的釋文，我把他打印出來，釘在旁邊。他把「李晏」寫成了「李曇」。

平順縣，北部是割黎、潞二縣地，鄰河北涉縣；南部是割壺關地，鄰河南林縣（現在叫林州）。它有三條古道：

(1) 北道，從大雲院到石城鎮，順濁漳河走，比較通暢，前面是涉縣合漳村，合漳村是清漳和濁漳匯合處，以前走過。清漳是遼州的大河。

(2) 中道，從平順縣城去虹梯關，比較險，現在在修高速，還沒通，前面是河南林州。

(3) 南道，從龍溪鎮去玉峽關、金燈寺，比較險，前面是林州的隆慮山，以前從安陽去過，只在半山觀雪景，沒有翻到這邊來。

今所行者乃北道，中道、南道未曾遊也。

晚飯在鵬宇。步青（我表兄家的孩子，與我同歲）來了。席間，他告我，他在邵渠侍母兩年，老人走了，才回長治，並提到近年武鄉盜墓，說陳村、岸北、故城有不少起，人家槍好車也好，當地民警根本不敢管。

四月三日，晴。

八點早飯。

走三〇九國道，去屯留，看上黨西關。這個關口，過去是去臨汾所必經。先到縣城，然後南下，經西賈，從張賢西折，過豐宜鎮，至黑家口村。

晴空萬里，天氣好得不得了。

村支書，身穿迷彩服，臂戴護林員袖章，帶大家上山。車，顛顛簸簸開到小口村，前面是摩訶嶺，只能捨車攀山。山路盤旋而上，雖平而繞，走了很久，估計得有兩小時（沒有看錶）。支書走慣了山路，背抄著手，看似慢悠悠，實際速度很快，總是把大家甩在身後。路上可見鑽眼、鑽芯，乃國家勘探所遺。

現在，長治到臨汾是走三〇九國道。此道橫貫屯留，在此道的北面。將來，高速開通，是順屯留南面的古道走，即今天這條道。鑽探是為了修高速。

西關就在前面的山頭，但「溯洄從之，道阻且長」。走啊走，越來越近，一堵帶窗的石牆終於在山路的右手邊出現。支書說，牆體是半新半舊，窗以上是新補，窗以下是舊物。

繞到石牆左側，關門已塌。石料散落一地。入門，靠左手的山坡，是一眼石料券砌的窯洞，裡面供著個小小的關公像，背後的牆上貼著紅紙，上書「忠義聖賢」四字。對面，靠牆處有廢井，井

山下是屯留小口村，山上是去安澤的古道

屯留上黨關遺址

平顺黑家口村民居影壁

雖堙而石欄在。另一面的關門還在，但門額被人偷走，據說是「秦晉通衢」四字。

山西境內，大道有二，太原以北是一條，太原以南是兩條。大同到風陵渡是奔西安，太原是中間站。大同到晉城是奔洛陽，太原也是中間站。臨汾在前一條大道的南段上，長治在後一條大道的南段上。從長治去陝西，要從這條道橫插到臨汾，再往西南方向去，所以叫「秦晉通衢」。

我和羅泰爬上關樓後的山坡，四下眺望，羅泰讚歎不已：太漂亮，太漂亮。下山，抄近道，垂直下降，可見石塊、石板鋪砌的古道，和太行陘、白陘所見的古道相似。膝蓋痠痛。

在支書家吃午飯，屋裡很乾淨。食土雞蛋三枚，餄餎兩碗。吃完飯，支書說，縣委書記視察，他要去接待，我們也起身告別。出支書家，看民居二，有一影壁絕佳。

車出村口，路邊停汽車多輛，有七八人，身著迷彩服，戴護林員袖章，和支書一樣打扮，兩腳支地，跨摩托車，列隊迎候，知縣委書記來也。

屯留古城遺址（李坊村東）

下一站是古城村，看屯留古城。這個村子很大，村西有一塔。

先到學校，見連書記。院子很大，內有清碑兩通，知學校為永峰寺故址。

連書記帶大家看古城東南角的殘牆。據說牆南有溝，已經填平。地面磚瓦很多。

羅泰說，剛才在車上還看到一個更大的土堆，連書記說，在西邊，當地人叫烽火台。大家說，開車去看看。到了，果然是一段夯土牆。

這段殘牆比前面看的更高更大。地面上有很多繩紋板瓦，片很大，陶片也隨處可見。有趣的是，牆上有一殘破建築，爬到頂上一看，居然還有廢井，原來牆上住過人。旁邊是李坊村。

回來的路上，看了兩座廟：

(1) 路村鄉王村崇福院，金代建築，原來被太行鋸條廠佔用，失火燒毀，現在的建築是二〇〇六至二〇一〇年間重修，燦然一新，舊東西只有金崇慶元年（一二一二年）禮部牒文碑。

(2) 路村鄉姬村寶峰寺，元代建築，也重修過。有一老漢主動介紹，說整個建築都被修壞了，並送材料兩份，介紹姬村地道。

回長治，晚飯在鵬宇三樓一個大房間，段局長請了張晉皖館長和楊林中站長（山西省考古所晉東南工作站站長）。

楊站長說，銅鞮古城可能在虒亭，屯留古城可能在余吾，不在古城村，古城村的殘牆可能是漢城，並謂盜墓猖獗，工作無法開展，關鍵還是領導不重視。羅泰說，為嚴打盜墓重判快辦乾杯。

明天是清明節，中午的飛機已無座，只好坐早班的飛機回北京。

飯後，張館長和楊站長來房間小坐。張館長送館藏銅器材料一份，並把長治軸承廠宋墓的材料拷給我。

四月四日，晴。

坐八點零五分的飛機回北京。羅泰從舷窗俯瞰太行山。

現在回想，我的收穫主要是六點：

(1) 上黨地區有四關，北關是井陘東口上的石研關（土門關），控制的是正定到太原的大道；南關是太行陘南口上的天井關，控制的是太原到洛陽的大道；東關是滏口陘西口上的東陽關，控制的是邯鄲到長治的大道；西關是黑家口村西的上黨關，控制的是長治到臨汾的大道。北關，我從東往西穿行過。南關，我從高速進，從古道出，也穿行過。東關，過去走高速，兩次路過，都沒走古道，這次走了。西關，這是頭一回。我沒想到，黑家口村前的路那麼好走，黑家口村後的路那麼難走。

(2)商周時期，上黨盆地主要被黎國盤踞。黎國有多大，它的都城、墓地在哪裡，值得研究。傳統說法有二，一說黎在壺關，一說黎在黎城。壺關說的壺關是漢壺關，大體在今長治市，也包括長治縣和壺關縣的一部份。長治縣有黎嶺，黎嶺有黎亭，黎水出焉，北流，繞潞安府舊城，西注濁漳，與黎有關。長治市，漢代叫壺關，是因為東有壺口關，但黎城也有壺口關，當地出土了楷侯宰銅器。春秋時期，潞滅黎的黎當在黎城。上黨盆地，長治市是三岔口，正好卡在太洛、邯長兩條大道的交會處，乃交通要衝。兩條古道匯成一條古道，如Y字形。我想，對商朝而言，這兩條大道，邯長道更重要。我懷疑，黎國的都城當在東陽關至塔坡一線上，而黎國的範圍可能大致相當沁、潞二州，黎城、潞城、長治市、長治縣是個狹長走廊，黎城在走廊的西北，長治縣在走廊的東南。上次到長治縣看黎亭、黎水，這次到黎城看塔坡墓地和東陽關，正好是它的一頭一尾。

(3)太行山，山之表為商，山之裡為黎，上黨與河內互為表裡，正好在山的兩側。黎國失守對商威脅最大。《書・西伯戡黎》「祖伊恐」，恐的就是周人出壺口關，直撲商王畿。舊志說，上黨盆地的各縣都在黎國的範圍內，恐怕有道理。現在，長治地區出土了這麼多商周青銅器。我們似應考慮，這些銅器的族屬到底是哪個國家。我相信，它們中的很多是商代黎國的銅器，還有一些是周人滅黎後在原地新封黎侯國的東西。比如長治市博物館、武鄉文管所和黎城文博館藏的銅器，其中很多恐怕都和黎國有關，甚至就是黎國的東西。這類銅器，下面還有。潞城、長子、屯留等縣的文博館，還應調查一下。

(4)上黨地區是古代民族融合的大熔爐。其地正當洛陽之北。洛陽是天下之中。胡騎南下，直奔洛陽，一定要從大同入，沁陽出，穿行山西。山西自古就是華夏與戎狄混居。其中尤以狄人值得注意。狄分白狄、赤狄。東周以來，白狄主要活動於滹沱河流域，從上游的五台（慮虒古城在焉）到

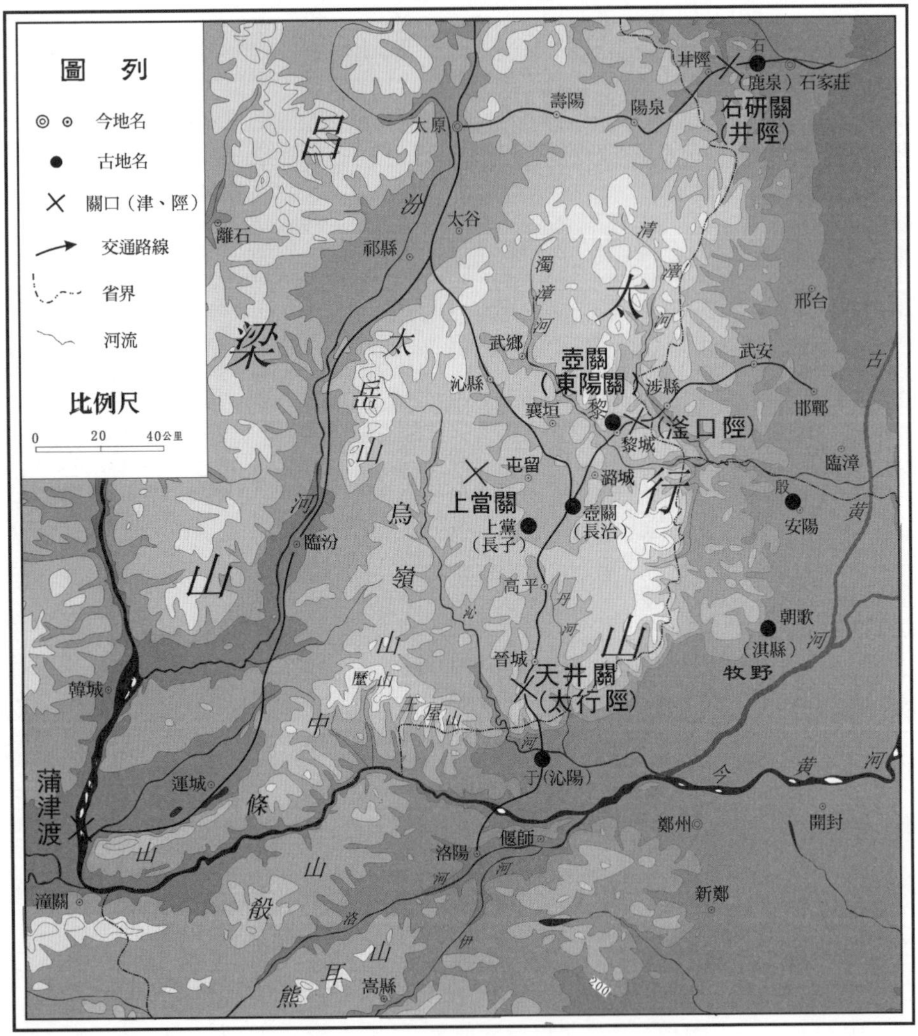
圖　列
今地名
古地名
關口（津、陘）
交通路線
省界
河流
比例尺
0　20　40公里
呂
梁
山
汾
河
太原
太谷
祁縣
離石
臨汾
韓城
蒲津渡
運城
潼關
太
岳
山
烏
嶺
山
中
條
山
歷
山
王屋山
崤
山
熊
耳
山
嵩縣
洛
河
伊
河
洛陽
偃師
鄭州
新鄭
開封
今黃河
古黃河
壽陽
陽泉
井陘
石
（鹿泉）石家莊
石研關
（井陘）
清漳河
濁漳河
太
行
山
武鄉
沁縣
襄垣
壺關
（東陽關）
黎
黎城
（滏口陘）
涉縣
武安
邢台
邯鄲
臨漳
屯留
上黨關
上黨
（長子）
壺關
（長治）
潞城
殷
安陽
高平
丹河
沁河
晉城
天井關
（太行陘）
朝歌
（淇縣）
牧野
于（沁陽）

《上黨四關圖》

下游的平山（靈壽古城在焉），出太行山，可控制今石家莊地區，偏北；赤狄則集中於上黨地區，出太行山，可控制邯鄲、臨漳、安陽、林州一帶，偏南。白狄姬姓，有鮮虞、中山，大家熟知。赤狄媿姓，則關注者少。叔虞封唐，賜懷姓九宗，懷姓就是媿姓。絳縣横水大墓，出土銅器上的倗氏即九宗中的馮氏。媿姓初居晉南，後徙上黨。上黨地名多與赤狄有關。如潞州源於潞國（西周黎國就是被潞兼併），屯留源於留吁，就是很好的證明。還有，皋狼、皋落、光狼一類地名也重要，今後要注意研究。

(5) 秦滅六國，上黨爭奪戰很關鍵。秦奪上黨，必先奪野王（韓邑，今河南沁陽，在天井關南口外）。野王失，則鄭道（韓上黨郡與韓都鄭之間的通道）絕，秦軍自天井關長驅直入，韓上黨危。當時，韓不能守其上黨，獻地於趙，因此才有長平之戰。長平之戰就是發生在羊頭山以南。此線不能守，秦軍北上，則趙之上黨危。趙之上黨失，則門戶洞開，井陘一線（太原到正定）和滏口陘一線（長治到邯鄲）勢必不能守。果然，秦勝長平後，隨即奪太原，攻武安，圍邯鄲。秦滅三晉，又重演了周滅商的故事。抗日戰爭、國共內戰，中日、國共在太行山一線反覆爭奪，上黨同樣是戰略要地。研究戰場考古，此地很重要。

(6) 研究古代城市，關注最多，主要是國都類的一級城市，都縣類的二三級城市，關心的人比較少。近些年，到處跑，我發現，後者留下的很多，並未完全消失，不但沒消失，地面上還多多少少留下點斷壁殘垣。盜墓賊對這些黃土疙子不感興趣，熱衷旅遊開發的地方領導也不感興趣，這是不幸中的萬幸。古城是古代地理的重要坐標，別提多重要，但沒有商業價值。這是其得以保存的原因。山西多古城，除涅氏古城，多次見面，長子古城、「黎城古郭」、潞河古城和屯留古城，這回是第一次見。

長治地區，銅鞮古城、襄垣古城、壺關古城沒去。沁源是我唯一沒有跑過的縣。可跑可看的地方很多。時間太短，下次再來吧。我想，一定還有新的收穫。

補記：

二〇一三年，應長治學院邀請，終於到沁源一遊，並去了平順虹梯關。

二〇一二年四月十九日改訂於北京藍旗營寓所

（原載《九州》第五輯，北京：商務印書館，二〇一四年）

黎城東陽關遺址

西伯戡黎的再認識——讀清華楚簡〈耆夜〉篇

周克商，西伯戡黎很重要，但歷史細節，我們知之甚少。《書・西伯戡黎》是西伯戡黎後祖伊戒告殷紂之辭，今本列在《商書》，不是當周人的故事講，而是當殷人的故事講。原書並沒講西伯戡黎本身是怎麼回事。《尚書大傳》、《史記・周本紀》和今本《竹書紀年》提到此事，也是一筆帶過。今清華楚簡〈耆夜〉篇提供了新線索，[40]值得對問題作重新思考。

本文擬從軍事地理的角度討論這一問題，或有助於問題的理解。

一、「耆夜」是什麼意思

清華楚簡〈耆夜〉篇是講「武王八年，延（征）伐𨚗，大𢦏（戡）之」（簡一），凱旋而歸，在文王太室舉行飲至禮，即慶功的酒宴。

此篇有自題的篇名，見簡十四背，原作「𨚗夜」，整理者認為，「𨚗」即《書・西伯戡黎》的「黎」，《尚書大傳》、《史記・周本紀》的「耆」，「𨚗夜」即簡四、簡六「夜爵」的「夜」，讀為舍，篇名指「伐黎後舍爵飲酒」（見一四九頁的說明）。

最近，裘錫圭先生提出，「夜爵」應讀「舉爵」，並引《禮記・檀弓下》「知悼子卒未葬」

章，以為篇名類似該篇的「杜舉」。他認為，「郘夜」指「伐者還師後『飲至』」。[41]裘先生的改讀很合理。但篇名是什麼意思，仍值得討論。

一種可能，「舉」是「舉爵」的省略。

一種可能，「舉」是「殺牲盛饌」（如《周禮・天官・膳夫》「王日一舉」鄭玄注），即大擺宴席。

還有一種可能，拔城曰舉。如果是最後這種讀法，則「耆夜」指戡黎之役。

這裡值得注意的是，耆不是舉行飲至禮的地點，「耆夜」二字，無論如何也不可能指在耆飲至，而只能指戡耆後歸而飲至。

二、「西伯戡黎」的「西伯」：文王還是武王

文武圖商是中國歷史上的大事。不唯《詩》、《書》盛稱，且為諸子樂道，敷衍成文，有如《三國演義》。如《漢書・藝文志・諸子略》道家類著錄的《太公》、《辛甲》、《鬻子》三書就是依託這類故事。

古人講歷史，常常文史不分，歷史記載和文學想像，經常混著講。因此同一故事有不同講法，

[40] 清華大學出土文獻研究與保護中心編、李學勤主編《清華大學藏戰國竹簡》（壹），上海：中西書局，二〇一〇年，下冊，一四九—一五六頁。

[41] 裘錫圭〈說「夜爵」〉，清華大學出土文獻研究與保護中心編《出土文獻》第二輯，上海：中西書局，二〇一一年十一月，一七—二一頁。

很正常。今人讀古書，應耐心傾聽古人的主訴，理解他們的敘事方式，信以傳信，疑以傳疑。不必一遇矛盾，馬上就斷定，兩種說法，必一真一偽。

〈西伯戡黎〉的西伯是誰？過去多認為是文王，但〈耆夜〉篇出，整理者認為：

> 戡黎的「西伯」，《尚書大傳》、《史記・周本紀》等都以為周文王。但是這個諸侯國的地理位置距離商都太近，文王征伐到那裡於情勢不合，所以從宋代的胡宏、薛季宣到清代的梁玉繩，許多學者主張應該是武王。簡文明說是武王八年，證實了他們的質疑。

〈耆夜〉篇與傳世文獻有矛盾，應該怎麼看，這個問題還值得再討論。

文王戡黎說，過去見於《尚書大傳》和《史記・周本紀》，說法不盡相同。

《尚書大傳》以文王決虞芮之訟為文王受命之年，第二年伐于（即邘或盂），第三年伐密須，第四年伐畎夷（即犬戎），第五年伐耆（即黎），第六年伐崇，第七年卒。

《史記・周本紀》，順序不太一樣。它的第二年不是伐于，而是伐犬戎（即畎夷）；第四年不是伐犬戎，而是伐耆，第五年不是伐耆，而是伐于。其他相同。

今本《竹書紀年》差異更大。它講文武圖商，是繫於帝辛之年。周文王，它叫「西伯昌」。周武王，它叫「西伯發」。我們要注意，「西伯」一詞是周人臣附於商，商人對周王的稱呼，文王固可稱為西伯，武王亦可稱為西伯。這種叫法與《尚書》的《商書》是一致的。

今本《竹書紀年》講西伯昌，「西伯（昌）率師伐密（即密須）」在帝辛三十二年，「密人降于周師」在帝辛三十三年，「周師取耆及邘，遂伐崇，崇人降」在帝辛三十四年，「西伯昌薨」在帝辛四十一年。它把周師取耆放在西伯昌死前第八年，而不是第三或第四年。

今本《竹書紀年》講西伯發，也有一句話，曰「四十四年，西伯發伐黎」。

〈耆夜〉與傳世文獻有矛盾，傳世文獻，彼此的記述也不同，難免使人困惑，陳致先生曾做詳細討論，可參看。[42]這裡，我想指出的是，文王伐黎不僅見於上述文獻，上博楚簡《容成氏》講文王伐九邦，九邦之中也有耆，可見戰國時代固有此說。

文武圖商，按古人的敘事方式，本來是個連續體。故事可以有不同版本，《容成氏》是一種版本，〈耆夜〉是另一種版本。我們不能說，《容成氏》一定是假，〈耆夜〉一定是真。

這裡有兩種可能：

一種可能，古人是把文王、武王的事混在一起講。文王死後，武王載文王木主以伐，說明他是打著文王的旗號。古人把他倆的事混在一起講，很合理。

一種可能，文王、武王都曾伐耆，無所謂哪個對，哪個錯。如今本《竹書紀年》講周人伐黎，除去「西伯昌取耆」，還有「西伯發伐黎」。

周人滅商，克耆本身很重要。我們要討論的只是「西伯戡黎」，只是這件事對周滅商有什麼意義。至於這個「西伯」是哪個西伯，「戡黎」是一次還是幾次，恐怕倒在其次。

[42] 參看：陳致〈清華簡所見古飲至禮及〈郘夜〉中古佚詩試解〉，清華大學出土文獻與保護中心編《出土文獻》第一輯，上海：中西書局，二〇一〇年八月，六—三〇頁。

三、什麼叫「戡」：「戡」與「翦」「殲」等字有什麼區別

清華楚簡有個重要發現，這就是「西伯戡黎」的「戡」字到底怎麼寫。

我們先說戡。戡字在清華簡中有兩種寫法。

一種見字形表739:20，作夸，辭例是「自西𢧀西邑，~亓（其）又（有）顕（夏）」（〈尹至〉簡五）。

一種見字形表1221:3，作𢦔，辭例有二：

(1)「武王八年，延（征）伐郘，大~（戡）之」（〈耆夜〉簡一）。

(2)「隹（惟）文武中大命，~氒（厥）敵（敵）」（〈祭公〉簡十二）。

許慎引《商書》，一作「西伯既𢦔黎」（《說文解字・戈部》），一作「西伯戡𨛭」（《說文解字・邑部》），段玉裁《說文解字注》懷疑，這是今古文的不同。

清華簡，還有個與此相關但含義有別的字，見字形表1221:6，作𢧀，辭例有二：

(1)「自西~西邑，夸亓（其）又（有）顕（夏）」（〈尹至〉簡五）。

(2)「我~滅（滅）顕（夏）」（〈尹誥〉簡二）。

這個字在商代甲骨文和西周金文中反覆出現過，異說紛出，迄無定解。[43]整理者認為此字即三體石經捷字的古文。

整理者釋捷的兩個例子，第一例與戡字的第一種寫法同見，可以排除是戡。第二例與滅字連言，也可排除捷的讀法。《說文解字・手部》：「捷，獵也，軍獲得也。」捷字的本義是俘獲、擒獲，引申義是大獲全勝。「捷西邑」、「捷滅」，這樣的讀法太彆扭。《春秋》僖公三十二年「鄭

伯捷卒」，三體石經「捷」作𢧢。《說文解字·邑部》：「𢧢，故國，在陳留。」它是假載國的載字或戴國的戴字為捷字，用在這裡不合適。

現在，我的看法是，從辭例看，此字實相當「翦滅」的「翦」或「殲滅」的「殲」；從字形看，則可能與㦰字有關。㊹

戡與翦、殲等字的區別是什麼？我認為主要是：

(1)〈西伯戡黎〉的「戡」，孔傳的解釋是「勝也」，意思是西伯戰勝了黎國。《爾雅·釋詁上》把戡當作克、勝的同義詞。堪也有這種意思。㊺此事，《尚書大傳》稱「克耆」或「勝黎」，〈周本紀〉稱「敗耆」，今本《竹書紀年》稱「取耆」。凡此都可說明，「戡」是攻克或戰勝的意思。

(2)翦字有剪斷、芟夷、去除、絕滅等義，與戡不同。《左傳》成公二年：「余姑翦滅此而朝食。」杜預注：「翦，盡也。」「翦滅」，古書也作「剗滅」、「戩滅」，都是徹底消滅的意思。《爾雅·釋詁下》把殲字當作泯、滅、盡等字的同義詞，用法相同。這兩個字比戡程度要強，是滅

思。

㊸ 過去有𢦏、栽、載、戴、捷、戩、芟、戒、搏、敗等不同猜測，參看：于省吾主編《甲骨文字詁林》，北京：中華書局，一九九六年，第三冊，二三六七—二三八三頁。

㊹ 賽克勒美術館藏子彈庫楚帛書殘片〈五行令〉有「亓味𩡝（咸）」，我在我的未刊稿中說過：「這個字的發現，可以解決兩個問題：(1)史牆盤有表示伐滅之義的『𢦏』字（殷墟卜辭也有這個字），向無定釋，得此可知，應與咸讀音相近；(2)鄂君啟節有『𢧵尹』，得此可知，應釋『緘尹』，相當楚官中的『箴尹』（《左傳》宣公四年）或『針尹』（《左傳》定公四年）。我懷疑，此字似同殲字所從的㦰（甲骨文另有㦰字）。《說文解字·戈部》『㦰』，絕也，一曰田器，從從持戈。古文讀若咸，《詩》云『攕攕女手』。」

㊺ 《說文解字·戈部》：「戡，刺也。」是把戡當撻，含義不同。段玉裁《說文解字注》甚至認為，堪是戡的本字（見㦰字注）。

的意思。

這裡值得注意的是，「西伯戡黎」是西伯克黎，克黎不一定是滅黎。也許，「西伯戡黎」的西伯確實是文王，他只是戡黎，而並未滅黎，再次戡黎而滅黎者才是武王，祖伊的戒告是在第一次戡黎之後。

四、「黎」在哪裡

〈西伯戡黎〉的「黎」到底在哪裡？李學勤先生說：[46]

黎國的地理位置從來有兩說。《漢書・地理志》上黨郡壺關下引應劭云：「黎侯國也，今黎亭是。」《左傳》宣公十五年杜預注也說：「黎侯國，上黨壺關縣有黎亭。」這一地點在今長治西南。《史記・周本紀》正義引《尚書》孔傳「黎在上黨東北」，又引《括地志》云：「故黎國城，黎侯國也，在潞州黎城縣東北十八里。」這個地點在今黎城東北。也有學者彌合兩說，如王先謙在《後漢書集解》中主張黎國原在長治西南，春秋時徙於黎城。兩個地點相距不遠，或許都曾在黎國境內也是可能的。

李先生提到的兩說，一種是黎亭說（漢上黨壺關縣黎亭），一種是黎城說（唐潞州黎城縣東北十八里），這兩種說法是什麼關係，這裡也討論一下。

（一）漢壺關縣黎亭的位置

漢代，壺關縣屬上黨郡（治所在長子）。壺關縣，治所在今長治市北的故驛村（在黃碾鎮南），轄境包括今長治市和長治縣，舊說還包括今壺關、平順、黎城。[47]杜預說的黎亭，不在今長治市，而在長治市南面的長治縣。長治縣韓店鎮黎嶺村，西有黎侯嶺。黎侯嶺是塊高地，現在闢為黎都公園（因過度採挖，地下已成空洞），所謂黎侯亭，就在這塊高地上。黎水出黎侯嶺，俗名黑水河，在黎侯嶺東側，北注，與石子河合，匯入濁漳南源。

（二）今長治地區有兩壺關

漢壺關縣是以壺關山而得名，縣治偏北，不在今壺關縣的境內。今壺關縣在長治市的東南，是北魏太和十三年（四八九年）才搬到這一帶。壺關，是以山形似壺口而名。現在，一提壺關，大家就以為指今壺關縣的壺關。其實，今長治地區有兩壺關，一個是今黎城縣的壺口關，一個是今壺關縣的壺口關。前者在北，是長治地區通河北邯鄲的山口；後者在南，是長治地區通河南林州的山口。黎城縣的壺口關，也叫東陽關，故址在縣東十公里的吾兒峪（今長寧村、皇后嶺村和小口村一帶），關門上題刻「中州外翰」四字（石存黎城縣文博館）。關口兩翼，明代修有內長城，全長約八千公尺，今殘留約六千公尺，後關口內移，遷至今東陽關鎮以南。[48]

---

[46] 李學勤〈從清華簡談到西周黎國〉，《出土文獻》，第一輯，一—五頁。

[47] 山西省長治市地方志辦公室整理《潞安府志》（順治版、乾隆版），北京：中華書局，二〇〇二年，三七頁。

[48] 劉書友主編《東陽關鎮志》（《黎城鄉鎮志》卷四），武漢：武漢出版社，二〇〇八年，二〇四—二〇五、二四五、二四八頁。

（三）黎侯國相傳在黎城

今黎城縣是從北魏刈陵縣分出，隋開皇十八年（五九八年）始置，位置在今黎城縣北十里的古縣村。刈陵縣是漢代潞縣，前身是春秋潞國。潞是赤狄小國，在今黎城縣南。《左傳》宣公十五年謂潞奪黎氏地，而晉滅之，立黎侯而還。潞和黎是南北相鄰的兩個小國。《括地志》卷二潞州黎城縣：「故黎城，黎侯國也，在潞州黎城縣東北十八里。《尚書》曰『西伯既戡黎』是也。」唐天佑二年（九〇五年），黎城縣改名黎亭縣。黎城八景有黎侯古郭，在東陽關鎮曲後之崖頂上，就是相傳的黎侯城。[49]

五、與黎國有關的考古發現

研究古黎國，考古發現很關鍵：

（一）塔坡墓地的發現

黎國到底在哪裡？二〇〇六年山西黎城縣西關村塔坡發現的西周墓地提供了重要線索。[50]這個墓地共探明墓葬九十二座，大型墓三座，中型墓十五座，小型墓七十四座。這批墓葬，大中型墓只有M7、M8、M9三座中型墓未盜，出土了青銅器。

---

[49]《東陽關鎮志》，二四五頁。

[50] 中國國家文物局主編《二〇〇七中國重要考古發現》，北京：文物出版社，二〇〇八年，四〇—四五頁。

楷宰仲丂父鼎

簋

甗

楷侯宰吹壶一（盖）

楷侯宰吹壶一（盖铭）

楷侯宰吹壶一（器）

楷侯宰吹壶二（盖）

楷侯宰吹壶二（器）

仲丂父盘

仲丂父盘铭

仲丂父匜

塔坡墓地出土器物

其中M8出土鼎一、簋一、甗一、壺二和盤、匜各一，五件銅器有銘文：

(1) 楷侯宰仲丂父鼎

楷侯宰仲丂父乍（作）季妸寶鼎，其萬年子子孫孫用亯。

(2) 楷侯宰吹壺（一對）

楷侯宰龡（吹）乍（作）寶壺永用。[51]

(3) 仲丂父盤

仲丂父不錄，季婦嵩誓，遺爾盤、匜，壺兩、簋兩、鼎一，永害（匄）福爾後。

(4) 楷侯宰仲丂父匜

仲丂父乍（作）旅盘（匜），其萬年子子孫孫用亯。

這批銘文中的「楷侯」是西周時候的黎侯，現已得到公認。[52]

楷字應怎樣分析，仍有討論之必要。此字從皆得聲。商代甲骨文的皆字有兩種寫法：一種上從雙虎，下從日（、），像二虎並行，疑即諧字的本字；一種上從單虎，下從日（），則是前者之省。[53]其虎腳有兩種寫法，一種有點像古文字的夂字或今凡字（、），一種作跪跽之形（），其實都是表現虎腳。此字，或說從夂得聲，[54]或說從几得聲，[55]恐怕都有問題。這種從虎

的皆字，曾使用過很長時間。如春秋徐國的一件湯鼎，上面就有這個字（），上從雙虎，下從曰，兩隻老虎各畫一隻腳，有如比字。這種虎腳可能來自商代甲骨文的第二種虎腳。這個字在銘文中是人名用字。[56]戰國時期的皆字往往只從單虎。它有兩種寫法，一種虎腳類似商代甲骨文的第一種虎腳，可以中山王方壺的皆字（）為代表；[57]一種上從單虎，下從曰，老虎雖僅一隻，但腳是兩隻，也類似比字，則可以上博楚簡中的皆字（）為代表，[58]年代更晚的例子，還有一件秦始皇殘度，其「皆明壹之」的「皆」（），上從雙虎，下從曰，仍然保持著商代甲骨文的基本特點，虎腳也屬第一種。[59]秦漢隸書的虎字往往從虍從巾，類似巾的部份是從第一種虎腳演變，如睡虎地秦簡就已有這種寫法（）。[60]今體的虎字從虍從人，類似人的部份則是從類似比的虎腳省變。這種

---

[51] 吹字，從吹從龠，《古文四聲韻》和《集篆古文韻海》還保存著這類寫法，參看：徐在國編《傳抄古文字編》，北京：線裝書局，二〇〇六年，上冊，一〇六—一〇七頁。

[52] 高智、張崇寧〈西伯既戡黎——西周黎侯銅器的出土與黎國墓地的確認〉，北京大學震旦古代文明研究中心編《古代文明研究通訊》總第三十四期（二〇〇七年九月），四八—五〇頁。

[53] 參看：高明、涂白奎編著《古文字類編》增訂本，上海：上海古籍出版社，二〇〇八年，下冊，一二六〇頁。

[54] 于省吾〈甲骨文字釋林〉，《于省吾著作集》本，北京：中華書局，二〇〇九年，三九二—三九六頁。

[55] 李學勤〈從清華簡談到西周黎國〉引陳劍說，見《出土文獻》，第一輯，一頁。

[56] 中國社會科學院考古研究所編《殷周金文集成》（修訂增補本），北京：中華書局，二〇〇七年，第二冊，一四三三—一四三四頁：〇二七六六．一—二。

[57] 參看：高明、涂白奎編著《古文字類編》增訂本，下冊，一二六〇頁。

[58] 參看：高明、涂白奎編著《古文字類編》增訂本，下冊，一二六〇頁。

[59] 容庚《秦漢金文錄》，北平：一九三一年，卷一，三六頁正。

[60] 張守中《睡虎地秦簡文字編》，北京：文物出版社，一九九四年，七二頁。

長子北高廟出土的商代銅鼎

武鄉上城村出土的商代銅壺

寫法，來源也很早，如秦石鼓文的虎字就已有這種寫法（）。[61]這些例子，無論哪一種，都不從夕，也不從几，今體虎字從几是從人訛變，並非本來作几。今體皆字是個簡化字（），先把雙虎變單虎，再去虎頭，只留虎腳和下面的曰。[62]《說文解字》把皆字收入白部，以為從比從白。這是更加晚起的寫法。

黎侯，古書多作耆侯。楷與耆都是群母脂部字，可以通假。楷侯就是耆侯。[63]傳說武王勝殷後，曾封帝堯之後於黎（《呂氏春秋・慎大》、《史記・周本紀》），堯是祁姓。但李學勤先生論證，西周銅器銘文中的楷國卻是姬姓國。[64]

墓葬年代，發掘者定為西周中晚期，但從器物特徵看，應屬西周晚期。

（二）長治地區的商代青銅器

長治地區，除了西周黎侯國的遺存，從道理上講，還應有商代黎國的東西。

一九八六年，黎城縣博物館曾在當地採集到商代的鼎、觚、爵。不僅如此，長治地區的其他縣市，也出土過幾批商代銅器。如長子北高廟、潞城微子鎮、屯留上村、武鄉上城村，以及長治市西白兔、屯留城北，都有發現。[65]這些銅器，有些屬於二里頭上層，有些屬於殷墟時期，都是典型的商代器物。我想，這批銅器中很可能就有商代黎國的東西。

雖然，目前我們還不能判定黎國的疆域範圍到底有多大，但大致可以判定，黎國應在今長治地區，特別是今黎城、潞城、長治市、長治縣一線。武鄉、沁縣、襄垣、屯留、長子、沁源在其西，平順、壺關在其東，可能也在它的範圍裡。

至少，黎城在黎國境內是沒有問題的。

六、「黎」與太行八陘

三晉大地，表裡河山，自然天成。山西者，指太行以西。

---

[61] 徐寶貴《石鼓文整理研究》，北京：中華書局，二〇〇八年，下冊，八六頁。

[62] 參看：高明、涂白奎編著《古文字類編》增訂本，下冊，一二六〇頁。

[63] 山西省考古研究所的韓炳華先生曾以〈黎國新探〉見示，向我諮詢楷字應如何考釋，我在二〇〇七年一月十七日的覆信已向他提供上述意見。

[64] 李學勤〈從清華簡談到西周黎國〉，《出土文獻》，一—五頁。

[65] 長子北高廟的發現，見山西省文物管理委員會（郭勇）〈山西長子縣北郊發現商代銅器〉，《文物資料叢刊》第三輯（一九八〇年），一九八—二〇一頁；屯留上村的發現，見侯艮枝〈山西屯留上村出土商代青銅器〉，《考古》一九九一年第二期，一七七頁；武鄉縣上城村的發現，見王進先、楊曉宏〈山西武鄉縣上城村出土一批晚商銅器〉，《文物》一九九二年第四期，九一—九三頁。其他多屬採集品，見長治市博物館陳列。

太行山在華北大平原的西側，自古有廣狹二義。狹義的太行山，專指上黨地區東側的太行山：一條山脊拔地而起，像一道脊樑，蘇東坡說，「上黨從來天下脊」。廣義的太行山則還包括其延伸部份。太行山向北延伸，是恆山；[66]向東北延伸，是燕山；向西南延伸，是中條山。這四條山脈連在一起，正好是中國大陸三級台階第二級的邊緣。

廣義的太行山有八個著名山口，古人叫「太行八陘」。陘是山口，它們的名字一般是以外口命名。

太行北段有三陘：軍都陘是穿越燕山的山口，飛狐陘和蒲陰陘是穿越恆山的山口。

太行中段有二陘：井陘是太原到正定的山口，滏口陘是黎城到邯鄲的山口。

太行南段的三陘：白陘是陵川到輝縣的山口，太行陘是長治到沁陽的山口，軹關陘，是穿越王屋山的山口，從侯馬到濟源，是走這個山口。

太行八陘，與上黨有關，是井陘、滏口陘、白陘、太行陘。

上黨地區，靠近太行山的黎城、平順、壺關、陵川、晉城五縣，各有各的山口。其中以黎城和晉城的山口最重要。

《漢書・地理志上》說上黨郡有四個重要關口：上黨關、壺口關、石研關、天井關。上黨關是上黨西關，壺口關是上黨東關，石研關是上黨北關，天井關是上黨南關。[67]這四個關，除上黨關在屯留西，是太岳山的關口；其他三關，都是太行山的關口。

《後漢書・馮衍傳》：「夫上黨之地，有四塞之固，東帶三關，西為國蔽……」注：「三關謂上黨關、壺口關、石陘關也。陘音形。」所謂「東帶三關」就是指太行三關。石陘關即石研關。

上黨四關的太行三關，石研關是控扼井陘，天井關是控扼太行陘，沒有問題。但壺口關的位置卻有二說，一說是壺關縣的壺口關，一說是黎城縣的壺口關，過去有爭論，有人調停二說，以為先有壺關縣的壺口關，後有黎城縣的壺口關，黎城縣的壺口關是晉滅潞子國復立黎侯才有。[68]但我做實地勘查，印象相反：壺關縣的路很險，遠不如黎城縣的路通暢。黎城縣的路，自古就是通衢大道。這兩個關，誰更重要，當然是東陽關。今三〇九國道就是走這條道。舊志都說，漢代的壺關應該是東陽關。[69]

七、「黎」與山西六道

山西境內的交通要道，有六條古道最重要：三縱三橫。

山西境內的三條縱道，一條是大同到太原的路，一條是太原到永濟市蒲津渡的路，一條是太原到晉城的路。這三條大道，也可以說是兩條大道。一條是沿同蒲鐵路，走晉西南的大道；一條是沿今二〇八、二〇七國道（舊白晉鐵路是走這條道），走晉東南的大道。

山西境內的三條橫道，一條是大同到靈丘，經淶源，翻五回嶺，走易縣、順平（古蒲陰城在順平），去保定、定州、正定的路，穿越蒲陰陘，靠北；一條是太原到正定的路，穿越井陘，居中；一條是長治到黎城，經涉縣、武安，去邯鄲的路，穿越滏口陘，靠南。北邊的路，是北魏皇

66 曲陽以北的太行山，古代也叫恆山。現在說的恆山，則指廣靈—渾源—繁峙一線的山脈。
67 《潞安府志》（順治版、乾隆版），一六八和五二七頁。
68 楊守敬、熊會貞《水經注疏》，段熙仲點校，陳橋驛複校，南京：江蘇古籍出版社，一九八九年，上冊，九一八—九一九頁。
69 《潞安府志》（順治版、乾隆版），一六八和五二七頁。

帝從大同去河北的路，其實是一條斜道；中間的路是自古連接山西、河北的通衢大道，最通暢，南邊的路也比較通暢。山西的石窟寺藝術向東傳播，主要走這條道。著名的響堂山石窟就在滏口陘的東口上。

這六條道，有三條與上黨有關。一條是正定到太原的路，可以從北面威脅長治，一條是邯鄲到黎城的路，可以從東面橫插長治；一條是太原到晉城的路，可以從南面威脅長治。後兩條道與上黨的關係更直接。黎城卡在第二條道的山口上，沁陽卡在第三條道的山口上。這兩個地點尤其重要，自古就是兵家必爭之地。[70]

戰國晚期，秦攻上黨，南北夾擊。《史記・白起王翦列傳》說，秦昭襄王四十四年，「白起攻南陽太行道，絕之」，次年，「伐韓之野王。野王降秦，上黨道絕」。「南陽太行道」、「上黨道」就是指沁陽去長治的路。當時，韓上黨郡守馮亭說「鄭道已絕」，以上黨歸趙。「鄭道」就是指長治去新鄭的道，中間要過太行陘。當時，趙軍的北面和南面都被秦軍堵死，只好決戰長平。

秦始皇五次巡狩。前二一八年，他第二次去山東，返程，「道上黨入」，估計就是從井陘或滏口陘入，從太行陘出，然後返回咸陽。[71]

八、黎國的戰略地位

黎是商王畿的門戶。《左傳》昭公四年：「商紂為黎之搜，東夷叛之。」（《韓非子・十過》有類似的話）今本《竹書紀年》：「（帝辛）四年，大搜于黎。」黎城和安陽，關係最密切。

司馬遷說，「殷人都河內」（《史記・貨殖列傳》）。所謂河內是指夾在太行山（狹義太行山）外側與黃河內側之間的地區。殷墟（安陽）居河內之北，軹縣（濟源）在河內之南，正好是一頭一尾。⑫朝歌在淇縣南，正好擋在通往殷墟的路上。武王師渡孟津，固然可以沿太行山的外側，先攻淇縣，再攻安陽，但最好是南北夾擊，另出一軍，遮於邯鄲、臨漳，阻其退路。

上黨在太行西北，商王畿在太行東南，互為表裡。我們要注意，太行兩側的城邑彼此有對稱關係。如太原對井陘、鹿泉、正定、藁城，黎城對涉縣、武安、邯鄲、臨漳，長治對林州、安陽，陵川對輝縣，高平、晉城對沁陽。

黎、潞之地在秦漢上黨郡。秦漢上黨郡，大致相當整個晉東南地區，範圍很大，既包括北面的長治地區，也包括南面的晉城地區。這個地區，上黨盆地是核心。盆地西有太岳，東有太行，被大山包圍，只有中間一塊相對低平。黎、潞之地就在這個盆地裡。

今長治地區的十二個縣市，是在這個盆地裡或它的邊上。沁源、沁縣、屯留、長子西鄰太岳，黎城、潞城、平順、壺關東鄰太行，武鄉、襄垣、長治市、長治縣夾在中間（其轄域約與明清潞安府相當，但明清潞安府不包括武鄉、沁縣、沁源）。古代的黎國大致就在這一帶，沒有問題。

⑩ 一九三八年二月十七至十八日，李家鈺率川軍第四十七軍在黎城東陽關與日軍激戰。三月三十一日，徐向前率八路軍一二九師在山西黎城東陽關至河北涉縣響堂鋪一線與日軍激戰。兩次戰鬥都發生在東陽關一帶。

⑪ 前二一〇年，秦始皇第三次去山東，死在沙丘（河北廣宗的大平台）。為了掩人耳目，乃走北路，從井陘入山西，北上雲中、九原，假裝視察北方邊郡，從人煙稀少的地區，經直道返回。我估計，他原來也是想從沙丘到邯鄲，自滏口陘入，自太行陘出，經上黨返回，但走到沙丘，卻死了。

⑫ 吳起說，「殷紂之國，左孟門而右漳、滏」，有險無德不能守（《戰國策・魏策一》），司馬遷引之，把「左孟門而右漳、滏」改成「左孟門，右太行」（《史記・孫子吳起列傳》）。孟門即白陘，在河內之地的西南，漳、滏二水從太行流出，在河內之地的東北。

黎城的東陽關，是去邯鄲、臨漳的路，正好在安陽的北面，此地失守，將對安陽構成重大威脅。

九、文武圖商路線圖

《容成氏》講文王伐九邦，九邦是豐、鎬、舟、⿱石邑、于、鹿、耆、崇、密須。[73]這九個地名對研究文武圖商很重要。

周人滅商，第一步是統一周地，第二步是兼併夏地，第三步是直取商王畿。

（一）周滅豐、鎬、密須是為了統一後方

周起岐山，秦興寶雞，都是從西北征服東南（後來的漢唐也是如此）。秦人的都邑多半尾隨周的都邑，亦步亦趨。秦境，西門在寶雞，東門在潼關。八百里秦川，可分三段：

(1) 汧渭之會是西段，秦都陳倉（寶雞）和雍（鳳翔），周都周原（扶風、岐山），西有西陲（天水、禮縣一帶）、南有漢中。牧誓八國就是寶雞地區周圍的國家。這是周、秦的大後方。

(2) 涇渭之會是中段，秦都咸陽，周都豐、鎬，咸陽在西，豐、鎬在東，正好在這一帶。周滅豐、鎬，才能東進；滅密須、犬戎，才能翦除來自涇、洛上游的威脅。伏生、司馬遷都把周滅密須放在受命三年，把伐犬戎放在此年之前或之後。今本《竹書紀年》則把伐密須和密須投降放在帝辛三十二年和三十三年，並謂密須降周，周人才遷都於程。程也在這一帶。

(3) 洛渭之會是東段，臨潼以東是華山。華縣在少華山北，華陰在太華山北。它的東面是潼關。

春秋戰國時期，這一帶是秦、晉爭奪的戰略要地。周人出關，先要奪取這一地區。

（二）周滅鹿、崇、舟是為了盡取河南之地

潼關臨黃河拐彎處，前面是靈寶縣的函谷關，函谷關有如瓶頸，一出瓶口，便是夏人的故地。北面是山西的臨汾地區和運城地區，南面是河南的三門峽地區和洛陽地區。

鹿、崇在河南嵩縣，舟在新鄭，都在黃河以南。周人只有佔領嵩縣至新鄭一線，才能控制洛陽—偃師—鞏義—滎陽—鄭州一線。武王伐商，師渡孟津，就是從洛陽、偃師一帶北上。伏生和司馬遷都把伐崇放在受命六年。

（三）周滅⿱羽邑、于、耆是為了包圍商王畿

⿱羽邑、于、耆都在黃河以北，都是商的與國。⿱羽邑即石邑，在河北鹿泉，守在井陘的東口（土門關）上。于即邘或盂，在河南沁陽，守在太行陘的南口上；耆即黎，在山西黎城，守在滏口陘的西口上。此即上文所說上黨四關中靠近太行山的三關。伐于，伏生說在受命二年，司馬遷說在受命五年。伐耆，伏生說在受命五年，司馬遷說在受命四年。今本《竹書紀年》則把伐于、伐耆、伐崇放在同一年，即帝辛三十四年。

我認為，從軍事地理學的角度考慮，周滅商，關鍵是奪取上黨地區。只有奪取上黨地區，才能盡取河內之地。

[73] 這九個國家，不一定都是文王所滅，也可能包括武王所滅。其順序，既不是按滅國先後排列，也不是按地域分佈排列，似乎沒什麼規律。

十、畢公與山西

《論語．泰伯》說，武王有「亂臣十人」。馬融說，這十人是文母（即文王妻太姒）、周公、召公、太公、畢公、榮公、大顛、閎夭、散宜生、南宮适。其中稱公者有五，他們是周公、召公、太公、畢公、榮公。這個名單中沒有祭公、辛甲、史佚（作冊逸）、鬻熊。

上述五公，太公、周公、召公最有名。《史記》三十世家，只有〈齊太公世家〉、〈魯周公世家〉、〈燕召公世家〉，沒有畢公和榮公的世家。畢公只是在〈魏世家〉中作為畢萬的祖先被提到。

〈耆夜〉篇講飲至，參加宴會的人物，除去武王，還有六人。畢公高為客，是宴會的主賓（應與作冊逸相對，坐在堂西）；召公奭為介，是畢公高的陪客（應坐在畢公的旁邊）；周公旦為命，屬於司儀；辛公甲為位，是負責安排座次的人；作冊逸為東堂之客，是宴會的另一嘉賓（應與畢公高相對，坐在堂東）；太公呂尚父為司政，監飲酒。

上述六人，畢公高是主賓。李學勤先生猜測，伐耆之役，畢公是主帥，很合理。

上述人物都是武王倚為心腹的王朝重臣。齊太公是周人東征的主帥，《左傳》僖公四年記召康公（即召公奭）之命，授權太公，「五侯九伯，女（汝）實征之」，各大佔領區都歸他管。周公封魯，召公封燕，都是遣長子就封，本人留任王室。古人說，成王時，周、召二公為師保，「夾陝而治」（《書．君奭》馬融注）。他們都是坐鎮洛陽的顧命大臣。畢公、榮公是什麼職守，不太清楚。但我們知道，畢公的後代是晉六卿中的魏氏。[74]

周克商，以夏地之北封晉，重心在曲沃、侯馬、翼城一帶。主要活動範圍是晉西南，即今運城地區和臨汾地區，東周時期叫河東之地，秦漢時期立為河東郡。魏氏是畢氏滅魏後所封，最初在芮城；

韓氏是滅耿後所封，最初在河津（龍門口上）；趙氏是滅霍後所封，最初在洪洞，都在晉的周圍。

戰國時期，三家分晉，國都屢遷。韓國的活動範圍主要是晉東南和它以南的洛陽、鄭州一帶，魏國的活動範圍主要是晉西南和豫北、豫中，趙國的活動範圍主要是晉中、晉北和河北。戰國初年，魏氏最顯赫。

魏氏之所以叫魏氏，可能是因為與媿姓通婚，同居於魏（在芮城附近）。M2的墓主（男性）為倗氏，據考，即懷姓九宗（媿姓九族）中的馮氏；M1的墓主（女性）則是畢公之后。[75]

我們從這種關係看，畢公之後在山西者應與媿姓互為姻婭。

可見畢公與山西有不解之緣。

二〇一一年十一月九日寫於北京藍旗營寓所

補記一：

十二月二日，陳偉教授提交會議的論文〈也說清華竹書〈耆夜〉中的「夜爵」〉值得一讀。他認為「夜爵」仍應讀為「舍爵」。「舍爵」三見《左傳》（分別為桓公二年、文公十八年、定公八年）。其中定公八年傳說：「凡公行，告于廟；反行，飲至、舍爵、策勳焉，禮也。」恰好是把舍爵當作班師回來後與飲至並行的儀節。這個意見似更合理。

---

[74] 晉六卿，四卿出於姬姓：知氏、中行氏出荀氏，荀氏是文王之後封於晉；韓氏是武王之後封於晉；魏氏是畢公之後封於晉。另外二卿，范氏傳出帝堯之孫劉累之後，趙氏是嬴姓入晉者。

[75] 山西省考古研究所等〈山西絳縣橫水西周墓地〉，《考古》二〇〇六年第七期，一六—二一頁；李零〈馮伯和畢姬〉，《中國文物報》二〇〇六年十二月八日，第七版。

楷大司徒仲車父簋

楷大司徒仲車父簋銘

補記二：

二〇一三年九月在西安大唐西市博物館見楷大司徒仲車父簋，銘文作「楷大司徒仲車父作寶簋，用享孝」，疑出塔坡墓地。

（原載於陳致主編《簡帛・經典・古史》，上海：上海古籍出版社，二〇一三年）

段村千佛塔

武鄉訪古記

武鄉是我的故鄉。我爸爸家是北良侯村，媽媽家是石人底村。他們的骨灰已安葬於故鄉的土地。

我第一次回老家是我五歲那年，爺爺去世，爸爸媽媽帶我和我二姐回家奔喪。後來，「文革」插隊，我在老家生活過五年，有很多親戚朋友在那裡。

老家給我留下終生難忘的印象。

一

武鄉是個有光榮革命傳統的地方，不但中國有名，外國也有人知道。最近，僑居雪梨的尚曉援教授送我一本書，是國外學者研究中國革命的書，書名叫《革命中國的社會變遷和政治變遷》，重點是寫抗戰時期的太行區，其中就特別寫到武鄉。講武鄉的部份，特別提到我父親。[76]

我很為我的家鄉自豪。

講革命，武鄉有很多故事。講歷史，武鄉也有很多故事。可惜的是，外間了解武鄉歷史的人太少。武鄉歷史的閃光點在哪裡，他們並不知道。

打開地圖，這塊橫長豎短，東高西低，好像一塊紅薯的土地（東西長一百五十公里，南北最窄處只有十公里），無論從地理單元看，還是從歷史沿革看，都很明顯是分為兩塊兒，俗稱東鄉和西鄉。

東鄉，屬西晉的武鄉、北魏的鄉縣，主要在濁漳河的兩岸，歷史上和榆社關係更大。西鄉，是戰國秦漢的涅縣，主要在涅水的兩岸，歷史上和沁縣關係更大。

東鄉的中心是故縣，西鄉的中心是故城。兩個「故」都很古老。

最近，老家的馬生旺同志邀我到武鄉考察文物古蹟，讓我學到很多新知識，我想把我的印象說一下，供大家參考。

這次回武鄉，我的考察重點是兩「故」。馬生旺同志安排我先到故縣參觀，再到故城參觀。陪同考察，有我的老朋友李雲生同志、武鄉文管所的老領導王照騫同志、我的族兄李懷璧老師、我的表哥李社雄老師，還有縣文管所的李馳騁同志和籍建軍同志，一路得到他們的指點與幫助。

1. 東鄉

我們看了「石勒寨」和「石勒城」，還有高沐鴻故居（武鄉共產黨組織建立的地點）和高沐鴻墓。西堖上，普濟寺舊址立有「丈八佛」，大小與北良石菩薩相近，原來的雕刻，從殘存紋飾看，非常精美，可惜風化嚴重。

---

[76] David S. G. Goodman, *Social and Political Change in Revolutionary China, the Taihang Base Area in the War of Resistance to Japan, 1937-1945*, Lanham: Rowman & Littlefield publishers, Inc., 2000, pp.60, 107, 108, and 111.

2. 西鄉

我們看了良侯店石窟、石窯會石窟、故城大雲寺、涅縣故城殘牆、北良福源院、北良石菩薩、東良洪濟院、東良千佛塔。當年，我為北良石菩薩蓋保護建築，挖出過北朝文物：造像塔石、石碑和佛頭，現在還在。

這次，時間倉促，很多地點沒跑，但故地重遊，還是有不少新的收穫。

二

中國古建，山西最多。山西古建，晉東南最多。這次回山西，古建是考察重點。

武鄉，國保（國家重點文物保護單位）級的古建有三個：東鄉的會仙觀，西鄉的大雲寺和洪濟院。從前，大雲寺和洪濟院只是縣保（縣重點文物保護單位），現已升為國保。二〇〇五年，國家文物局撥款一百五十萬，對大雲寺落架重修，可見國家很重視。

武鄉的古建，文物價值高，不止這三座古建。這裡，我想指出，西鄉的古建，北良的寺廟也很重要。這不是因為我是北良人才這樣講。北良的寺廟屬於武鄉。我是說，研究武鄉的歷史，它非常重要。

北良的寺廟，是元代建築，年代晚一點，保存狀況不太好，未能入選國保，但北良石菩薩是省保（省重點文物保護單位），它們是一個整體。

這座廟，據廟上的地震碑記載，是元大德癸卯（一三〇三年）趙城大地震後重修。我們村的居民是這次大地震後，從北邊和西邊陸續遷來。[77]西配殿的琉璃脊剎，我仔細看過，上面有元泰定元年（一三二四年）的題記。此題記可以證明，它是六百八十多年前的古建。

此外，我有一個發現，可以證明北良的寺廟比這更古老。我們都知道，這座寺廟的東面立著個北朝石菩薩。當年我給它蓋房子，不但找到早期寺廟的地面，還親手挖出過一些北朝遺物，其中有一塊北朝石碑，明確記載，這座廟本來叫「梁侯寺」。

這塊碑為我們揭開了一個秘密：今北良侯村的名字就是來源於這座寺廟，旁邊的村子也和它有關。

過去我們只知道，北良的寺廟，元代叫瑞雲禪寺，後來叫管泉院和福源院，因為廟的南面有個臥龍泉。現在，有這塊碑，我們才終於明白，它是以「梁侯」為名。這座廟的東面為什麼叫東良侯村，西面為什麼叫西良侯村，南面為什麼叫南良侯村，道理很簡單，它們是個四村合一的寺廟群。北良是這個寺廟群的中心。

東良，有洪濟院，現在是國保級的古建。它的西北角有一座北朝的千佛塔，說明前身也是北朝的寺廟。[78]

西良，有瑞雲寺，與北良的瑞雲禪寺同名，一九五八年拆毀。

南良，明代末年改名大寨，有過什麼寺廟，還要調查。

---

[77] 據李懷璧《北良侯李氏家譜》（自印本，二〇〇五年一月）考證，北良李氏，三甲、四甲遷自北良北面石盤鄉的胡莊，五甲遷自北良西北的木則溝（現屬平遙）。我家屬於五甲。

[78] 故城北面，西高東低，北良地勢高，石人底地勢低。我懷疑，石人底村之所以叫「石人底」，就是因為位於北良石菩薩的下方。

三

這次考察，有兩個新收穫，一是發現武鄉西境的石窟與梁侯寺有關，二是發現大雲寺的前身也是北朝寺廟。

我們先說石窟。我說的石窟，一是良侯店石窟，一是石窯會石窟。這兩個石窟，過去只有耳聞，從沒去過。這次了卻了我的一樁心願。

良侯店石窟和石窯會石窟，位置在武鄉西境的分水嶺（分南）一帶，修路，不好走。分水嶺是昌源河和涅河的分水嶺，石窯會在其北，良侯店在其南。從前到權店坐車，經常走這條道。大同到洛陽，這裡是必經之地。

這次到太原，我跟山西省考古所的張慶捷先生請教過山西的石窟寺考古。張先生說，山西的石窟寺，除雲岡石窟，主要在太原以南，特別是晉東南。晉東南的傳播路線，太原去洛陽是一條線，太原去鄴城是兩條線。太原到洛陽，是走太谷、祁縣、武鄉、沁縣、襄垣、長治、高平、晉城和濟源。太原到鄴城，北邊一條，是走太谷、榆社、左權、黎城、涉縣、武安和磁縣；南邊一條，是走太谷、祁縣、武鄉、襄垣、黎城、涉縣、武安和磁縣。他率中日考察團去過良侯店石窟。這個石窟，年代在北魏遷洛之前，晉東南，屬它最早。太行八陘是山西通河北、河南的八個出口。去洛陽，出口是太行陘（在河南沁陽）；去鄴城，出口是滏口陘（在河北磁縣）。

出發前，做功課，從地圖上看，良侯店的位置正好在北良的西面，兩個地點之間有一條小河，可能有小道。我猜，這個良侯店與梁侯寺肯定有某種關係，不然不會叫這個名。李懷璧老師說，他父親在這邊教過書，兩個地點之間確實有一條小道。這次調查，我們終於弄清，其路線是：良侯店

—沙溝—馬圈溝—果則溝—尖溝—范家五科—西灣—西良，距西良大約只有十里路，很近。

這次去西鄉，出發前，我看過縣文管所的文物。其中最重要，是二〇〇五年大雲寺出土的文物，一是北齊河清四年（五六五年）的造像碑，二是三個巨大的北朝佛頭。此廟重修，正殿樑上發現落架題記，可以證明，現存建築是金大定十五年（一一七五年）重修，已經很早，有了這些文物，事情很清楚，大雲寺的前身是北朝寺廟，年代還要早。

這次發現的北齊造像碑，《武鄉新志》卷三載程林宗〈新修大雲寺記〉已提到。他說「惟殘碑有『大唐河清四年』，餘則漫漶矣」。[79]「河清四年」是北齊年號，不是唐代年號。這次看到原碑，「大唐」是「大齊」之誤，其他文字可以通讀。大雲寺的名字，從正殿牆上的北宋石刻看，原來叫巖淨寺。

大雲寺的正殿叫「三佛殿」。這次發現的三個佛頭，只有頭，沒有身子，原來應該立在這個大殿中。蓮花座應該有三個，現在只有一個。

種種材料表明，不但北良一帶的寺廟是個北朝寺廟群，故城鎮的寺廟，前身也是個北朝的寺廟。

四

研究歷史文物，我們要有大局觀。

這次回山西，除了看古建，看石窟，看博物館的文物，我有一個目的，是想看一下晉東南地理

[79] 馬生旺主編《武鄉縣誌》（康熙版、乾隆版、光緒版、民國版），北京：中華書局，二〇〇六年，九三八—九三九頁。

的大形勢。

我覺得，沒有地理眼光，很多問題看不清。

首先，我們應該注意的是晉東南的道路。

現在的二〇八國道和二〇七國道，是大同到洛陽的幹道。太原到長治是走二〇八國道，長治到洛陽是走二〇七國道。抗戰期間，八路軍破襲的白晉鐵路（從祁縣白圭鎮到晉城），就是走這條路。

《武鄉新志》說，今武鄉西境，走南關、窯兒頭、土門、石窯會、分水嶺、五里鋪、良侯店、動歡、權店九個驛站的古驛道是「太原與潞、澤之通衢，即省路之大幹也」（案：「潞」是長治，「澤」是晉城）。[80]故城鎮的位置在這條官道的東側。

故城鎮是戰國和漢代的涅縣。東漢時期的治所就是後來的大雲寺。祁縣、高平等地經常出土戰國貨幣，上面就有這座古城的名字。它的殘垣，至今還保留在地面。

涅縣，包括武鄉的西鄉和沁縣的北部，中心是故城鎮。

這次，我們不但考察了武鄉西境的古驛道，離開武鄉，還去了沁縣。我們去沁縣，主要是看南涅水石刻，也順便看了普照寺和大雲院。石刻是北魏到唐宋時期的遺物，寺廟有金構的古建，和涅水北岸，情況相似。

南涅水石刻，雕刻精美，數量巨大，絕對是國寶，可惜搬離原址建館，失去申報國保的資格。

南涅水在沁縣北部，與武鄉的北涅水只隔一條河（涅水），當年我去過。那裡有個洪教院，和沁縣大雲院有關，前身也是北朝的寺廟。北魏時期，沁縣北部屬於涅縣，和武鄉西鄉屬於同一個縣。沁縣的普照寺、大雲院和洪教院，都在古涅縣的範圍內。

毫無疑問，它們與涅水北岸的寺廟屬於同一個整體。

五

接下來，我們去了長治，除參觀長治市博物館，看長治地區的文物，還到長治周邊做過一些考察：

一是看長子的法興寺、崇慶寺、護國靈貺王殿。

二是看高平的羊頭山石窟、清化寺、古中廟、開化寺。

三是看潞城的原起寺。

四是看平順的天台庵、大雲院、龍門寺。

離開長治回北京，我們的路線是：長治—黎城—涉縣—武安—磁縣—臨漳—邯鄲—最後從邯鄲返回北京。

在臨漳，我們看了鄴城遺址和遺址出土物。

在邯鄲，我們看了邯鄲市博物館。

回北京的路上，我們還去內丘看了扁鵲廟和當地出土的東漢辟邪。

這次，真正跑調查，只有九天，凡歷十三縣市，訪古城遺址三、石窟三、寺廟十六、寺廟遺址一、博物館六、文管所一，行程兩千兩百公里。

---

[80] 馬生旺主編《武鄉縣誌》（康熙版、乾隆版、光緒版、民國版），九二七—九二八頁。

我從邯鄲回北京，主要想看一下山西石窟寺向河北發展的孔道。可惜，時間不夠，沒去響堂山。這條道太重要。

第一，它是商王朝進出山西的孔道，長治地區出土過不少商代銅器（長治、長子、潞城和屯留都出過，武鄉陽城也出過）。太行八陘，滏口陘離安陽最近，晉東南出商代銅器，太正常。

第二，石窟寺東傳，南北二線都要走黎城，黎城是東出滏口陘的交通要道。周滅商，有所謂「西伯戡黎」。「西伯戡黎」的「黎」就是這個「黎」（古書也作「耆」）。這次到黎城縣博物館，我們調查過近年出土的楷侯宰銅器。過去，山西省考古所的韓炳華同志來信，我在覆信中指出，「楷侯」就是「耆侯」，「耆侯」就是「黎侯」。黎侯是周人在此封建的諸侯。

第三，這條道是石勒來往於武鄉、鄴城的必經之路，研究石勒，也要考慮這條道。

第四，八路軍、解放軍從太行山南段挺進河北，這也是必經之路。我二姐生於武安，我生於邢台，就是父母進北京在這條道上生的。

六

這次回武鄉考察，馬生旺同志希望我就石勒的出生地發表一點意見。我聽說，這個問題有爭論，主要分歧在於歷史上武鄉轄區有變化，有人說在榆社，有人說在武鄉，這兩個縣是鄰縣，歷史上都叫過武鄉。

我對石勒缺乏調查，沒有調查就沒有發言權。

這裡只就故里開發講幾句感想。

第一，地方上搞故里開發，經常是名人爭奪戰，誰官大宣傳誰，比較短視，旅遊的考慮壓倒一切。很多宣傳沒有根據，很多爭論沒有必要。我認為，研究歷史文物，需要的不是爭論，而是合作，特別是鄰縣之間的合作（比如我對西鄉寺廟的考察，就是合武鄉、沁縣兩縣的東西而觀之），不必以縣劃界。石勒是大活人，活動範圍極廣，並不屬於哪個縣。研究石勒，應該走出去，對後趙做全面調查，起碼要在武鄉、臨漳之間跑一跑，像我這樣，跨縣跨省跑一跑。比如襄垣縣西營鎮有石勒城，就在武鄉的邊邊上，那裡的出土文物是什麼樣？應該看一看。鄴城遺址出土文物很多，這次在鄴城考古工作站的庫房翻看，後趙的瓦當很有特色，武鄉有沒有這類東西，總得比一比吧。不比，我們怎麼知道石勒的東西是什麼樣。

第二，地方上搞故里開發，經常是破舊立新、毀真造假，真古蹟、真文物，不知好好保護，假古蹟、假文物，倒是大把大把投錢。這股歪風已經颳了很多年，我們不能學。講旅遊開發，要有科學依據。研究歷史，文獻缺佚，考古佐證很重要。我是學考古的，喜歡憑實物講話。這次回武鄉，我一直問縣裡的同志，後趙時期，到底有什麼？哪怕一磚一瓦也好。我希望，大家能把真正屬於這一時期的文物搜集一下。當然，這需要審慎的鑑定，需要科學的研究。順便說一句，《武鄉新志》有枚方印，九疊篆，印文作「天水趙正之記」，那是年代很晚一個叫「趙正」的人的印，絕不是「石勒御印」。[81]我建議，今後不必拿它作證據。

第三，這次回武鄉，我的所見所聞很有限，東鄉的很多地點都沒去。馬生旺同志說，研究石勒，有兩個地點最重要，一個是故縣，一個是南神山。遺憾的是，時間匆忙，我只看過故縣的「石

---

[81] 馬生旺主編《武鄉縣誌》（康熙版、乾隆版、光緒版、民國版），九二九頁。

勒寨」、「石勒城」和西寺遺址的「丈八佛」，武鄉的南神山一帶、襄垣縣的石勒城一帶，還沒來得及看。我的印象，武鄉文物資源很豐富，有些比石勒早（如陽城出土的商代銅器），有些比石勒晚（如北朝石窟、北朝石刻和宋金元古建），不一定都跟石勒有關。沒關係也不一定不重要。武鄉歷史，可研究的問題很多。武鄉古蹟，可參觀的地方也很多。我們不一定非把武鄉的文物全都跟石勒拉扯到一起。我希望，將來武鄉辦博物館，最好是有什麼擺什麼，沒有，可以探索，可以研究。只要是心平氣和的討論，都是有益的。

以上意見僅供參考，不對的地方，請大家批評。

二〇〇八年二月十六日寫於北京藍旗營寓所

（原載馬生旺主編《石勒——武鄉千古一帝》，北京：中國社會出版社，二〇〇九年）

北良侯村（葉南 攝）

梁侯寺考——兼說涅河兩岸的石窟和寺廟

我的老家是山西武鄉縣北良侯村，這個村名來源於一座北朝寺廟：梁侯寺。一九七〇至一九七五年，我回老家插隊，對涅河兩岸的文物古蹟留下深刻印象。二〇〇八年八月，山西省武鄉縣的馬生旺同志邀我回鄉，再次訪古，讓我學到更多的東西。這裡試把我在武鄉西部和沁縣北部考察的結果說一下，研究石窟、石刻、古建者或有取焉。

一、地理環境，良侯店即梁侯驛

我要介紹的寺廟群是圍繞武鄉的故城鎮和沁縣的南涅水村。前者在涅河的北岸，後者在涅河的南岸。

現在的武鄉縣，橫寬豎窄，形狀好像紅薯。它的縣城，現在在段村，過去在故縣。故縣的位置，大體在縣境的中央。故縣的西部和東部，明顯是兩個不同的地理單元，語言、風俗都有差異。老百姓的習慣叫法是「西鄉」和「東鄉」。[82]武鄉的西部和沁縣的北部，現在分屬兩個縣，但在歷史上卻屬於同一個縣，即古代的涅縣。涅縣是以涅水而得名。

[82] 一九四〇至一九四五年，武鄉縣曾分為武鄉縣和武西縣，武鄉縣是武鄉東部，武西縣是武鄉西部。

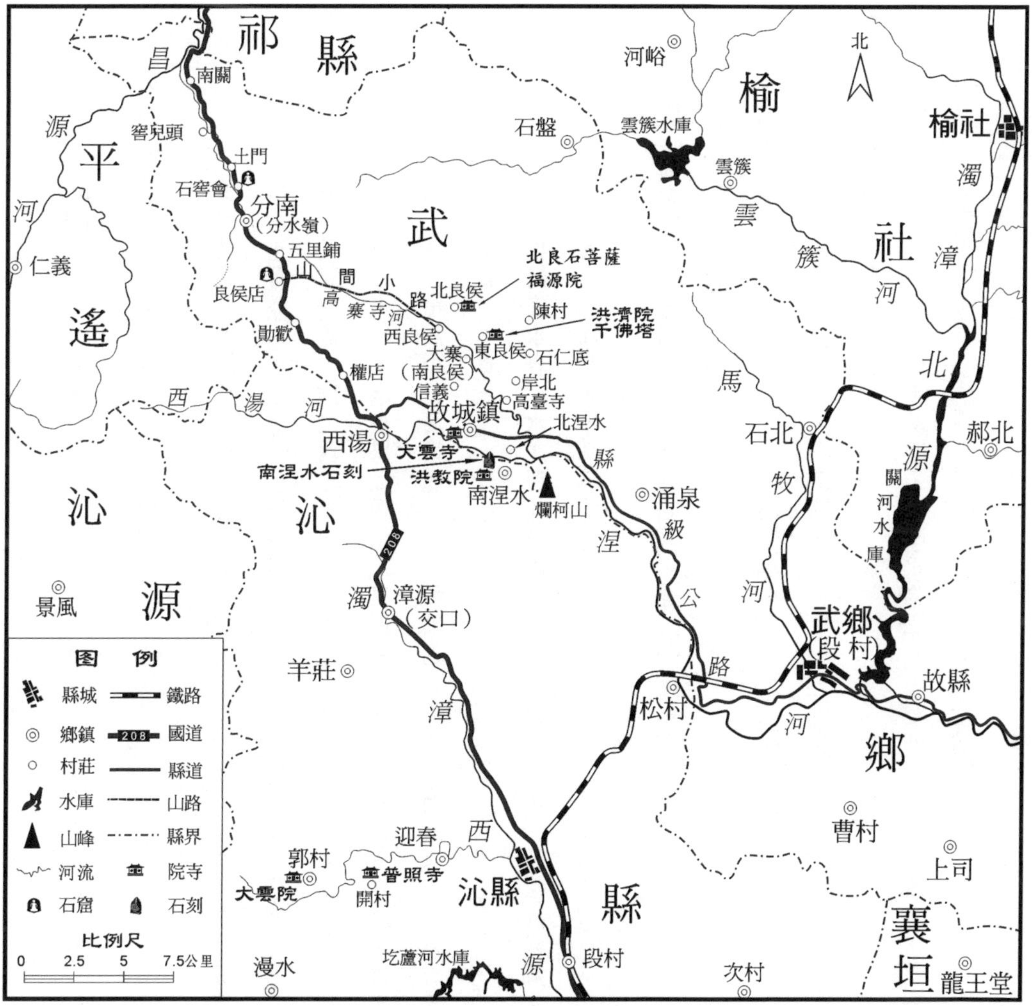

涅河兩岸的寺廟群（馬保春 繪）

（一）涅河

涅河即古涅水。酈道元講濁漳河，曾述及此水：

> 漳水又東北，歷望夫山。山之南有石人，竚于山上，狀有懷于雲表，因以名焉。有涅水，出覆甑山而東流，與西湯溪水合。水出涅縣西山湯谷，五泉俱會，謂之五會之泉。又東南流，謂之西湯水。又東南流，注涅水。又東逕涅縣故城南，縣氏涅水也。東與白雞水合，水出縣之西山，東逕其縣北，東南流入涅水。涅水又東南，武鄉水會焉。水源出武山，西南逕武鄉縣故城西，而南出得清谷口。水源出東北長山清谷，西南與韡韐、白壁二水合，南入武鄉水，又南得黃水口。黃水三源，同注一壑，東南流，與隱室水合。水源西北出隱室山，東南注黃水，又東入武鄉水。武鄉水又東南，注于涅水，涅水又東南流，注于漳水。（《水經注・濁漳水》）

酈氏兩次提到「西山」，皆指今武鄉西部的山區，即二〇八國道穿行的山區。這一山區屬於太岳山的東麓，上連祁縣，下連沁縣。

他說的「覆甑山」是「西山」的一個山頭，楊守敬說，此山即今分水嶺。[83]分水嶺是昌源河和涅河的分水處。昌源河自此北流，經南關，入祁縣。涅河自此東南流，穿越整個武鄉西部。二〇八國道的這一段就是傍此二水而行。

他說的「西湯水」，即今西湯河，是涅水南岸的重要河流。其發源地也是「西山」。此水經沁縣西北角，從沁縣西湯村進入武鄉，在武鄉的磨里一帶注入涅河。

他說的「白雞水」，即今高寨寺河，是涅水北岸的重要河流。其發源地也是「西山」。此水東南流，經「良侯四村」（詳下）和高台寺村，在故城東的北涅水一帶注入涅河。此水今名得自高台寺。高台寺是現在的叫法，舊志作「高砦寺」（《武鄉縣誌》乾隆版）或「高寨寺」（《武鄉新志》）。[84]

他說的「武鄉水」，即今濁漳北源（濁漳河的上游）流經榆社、武鄉，與涅河匯合前的一段，俗稱「關河」。

他說的「清谷水」「鞸韐水」「白壁水」「黃水」和「隱室水」，都是「武鄉水」的支流。

他說的「漳水」，是涅水注入濁漳北源後的濁漳河下游。

涅水注入濁漳河，在今段村東、故縣西，關河水庫的南邊。

（二）涅縣

酈道元已指出，涅縣之所以叫涅縣，是因涅水而得名（「縣氏涅水也」）。涅縣的範圍是涅水的兩岸：今武鄉西部是涅水的北岸，沁縣北部是涅水的南岸。兩岸都屬於古代的涅縣。

武鄉，歷史上和沁縣、榆社、左權有關，其沿革要點，可撮述如下：

(1) 戰國，只有涅縣，沒有武鄉。當時的涅縣主要指今武鄉西部和沁縣北部。沁縣南部屬於銅鞮

[83] 楊守敬、熊會貞《水經注疏》，段熙仲點校、陳橋驛複校，南京：江蘇古籍出版社，一九八九年，九二六頁。

[84] 馬生旺主編《武鄉縣誌》（康熙版、乾隆版、光緒版、民國版），北京：中華書局，二〇〇六年，二三八頁（乾隆版）和六八八頁（民國版）。案：涅水支流，還有南涅水河、湧泉河、松村河、姜村河和馬牧河，《水經注》的這段話沒有涉及。

縣。戰國秦漢和魏晉南北朝，涅縣的縣治一直在今武鄉故城鎮。

(2) 兩漢，也只有涅縣，沒有武鄉。當時的涅縣，範圍相當大，除今武鄉西部和沁縣北部，還包括今武鄉東部和榆社、左權。

(3) 西晉初年，涅縣一分為三，分成涅縣、武鄉、轑陽三個縣。此時才有武鄉。涅縣是今武鄉西部和沁縣北部，武鄉是今武鄉東部和榆社，轑陽是今左權。當時的武鄉縣城，不在今武鄉境內，而在今榆社的社城鎮。

(4) 武鄉地位上升，取代涅縣，成為上述四縣的中心，在十六國時期。石勒出生於武鄉。公元三一九年，石勒建後趙，始以武鄉為中心，設武鄉郡，轄涅縣、轑陽。但當時，涅縣還是涅縣，武鄉還是武鄉，仍是兩個縣。

(5) 北魏，武鄉郡省稱鄉郡，武鄉縣省稱鄉縣。公元四九一年，鄉縣的縣城才搬到今武鄉故縣。當時，鄉縣和涅縣也是兩個縣。公元五二九年，涅縣一度改稱陽城縣。

(6) 隋唐，上述四縣分合無定。公元五九六至六〇五年，陽城縣一度改稱甲水縣，移治今沁縣南涅水村。時至今日，當地人仍把涅河北岸的北涅水村和涅河南岸的南涅水村叫「北甲水村」和「南甲水村」。[85]

(7) 今武鄉縣是割古涅縣之北，合古武鄉之南，合併而成，無論縣名，還是轄境，都是沿襲唐代。唐代以前並不如此。

上述四縣，唐以前，分合無定，但千變萬化，始終圍繞三個地理單元：

武鄉西部和沁縣北部，戰國秦漢和魏晉南北朝一直叫涅縣，是一個地理單元。

武鄉東部和榆社，西晉以來叫武鄉，是又一個地理單元。

左權，西晉以來叫轑陽，是第三個地理單元。

這三個地理單元，古涅縣是涅水的南北兩岸，古武鄉是武鄉水的東西兩岸，古轑陽在武鄉的東面，歷史上與武鄉關係大，與涅縣關係小。

這裡所謂的「涅河兩岸」，主要指古涅縣的範圍。

（三）涅縣的古道

今日去武鄉，有高速公路和火車，穿太谷、榆社，可直達武鄉縣城，十分便捷，但古代的交通要道不是這條線。

古代的交通要道，從大同到洛陽，是走榆次、太谷、祁縣、武鄉、沁縣到長治，再經高平、晉城到洛陽。這條線是從武鄉西境的峽谷穿行。民國時期的「太大線」（太原到澤州縣大口村）或「太洛線」（太原到洛陽），以及一九四一年日本人修建後來被八路軍拆毀的「白晉鐵路」（祁縣白圭鎮到晉城），還有今二〇八國道的主要路段，都是走這條線。[86]

《武鄉新志》說，今武鄉西境，走南關、窯兒頭、土門、石窯會、分水嶺、五里鋪、良侯店、勳歡、權店九個驛站的古驛道是「太原與潞、澤之通衢，即省路之大幹也」。「潞」是長治，

[85] 涅水出分水嶺護甲山。護甲山，原名胡甲山或侯甲山，甲水即侯甲水，是涅水的別名。《水經注·汾水》：「侯甲水注之（指中都水），水發源祁縣胡甲山，有長阪，謂之胡甲領（嶺），即劉歆〈遂初賦〉所謂越侯甲而長驅者也。侯甲亦邑名也，在祁縣。」

[86] 李裕群先生說，關於這條路，文獻記載較多，東魏、北齊時期，由太原至鄴城（河北臨漳）多半就是走這條路。唐代，太原到洛陽，也是如此。如敦煌文書 P. 4648 號〈往五台山行記〉記載的由洛陽途經武鄉南石會關、北石會關至團柏口（即祁縣子洪口）到晉陽，就是如此。

「澤」是晉城（《武鄉新志》），就是這條大道。[87]

這條大道，武鄉段的九個驛站，南關北連祁縣，權店南連沁縣，是一頭一尾。分水嶺是這九站的中心，為分南鎮所在。權店是分叉口，往南是去沁縣，往東是去段村（一九四七年後的武鄉縣城）、故縣（一九四七年前的武鄉縣城）。前者是省道，後者是縣道，一條是縱道，一條是橫道。後者，是傍湼河北岸走。

古代，太原到隆德府（今長治市）的大道上有個梁侯驛。梁侯驛到底在哪兒？學者猜測在襄垣。但《宋史·李筠傳》說「張暉率先鋒自團柏谷入營梁侯驛」，說明梁侯驛離祁縣不遠。今考良侯店有北朝石窟，窟東十里有「良侯四村」，「良侯四村」來自北朝之梁侯寺（詳下），則梁侯驛即今良侯店無疑。[88]

二、石窯會石窟和良侯店石窟

今武西山區，即酈道元說的「西山」。這一帶，沿二〇八國道，有兩處石窟，一處是石窯會石窟，一處是良侯店石窟，武鄉舊志和《中國文物地圖集》山西分冊（北京：中國地圖出版社，二〇〇六年）都沒收入。石窯會石窟在分水嶺以北，良侯店石窟在分水嶺以南。

（一）石窯會石窟

窟內的佛像被當地村民彩畫一新，慘不忍睹，不知原來什麼樣，但此窟上方還有一個小龕是保存原狀。

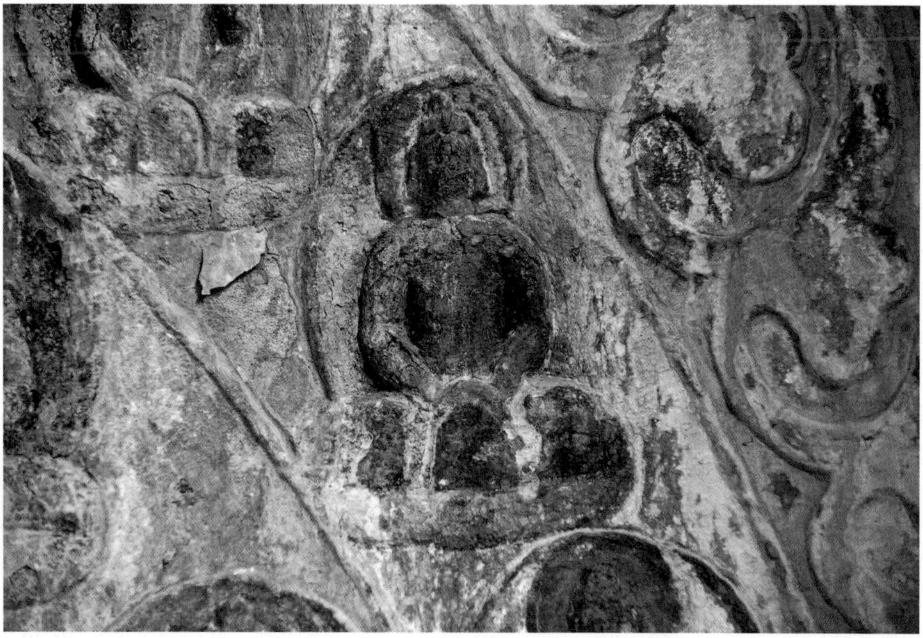

良侯店石窟（彩畫細部）

（二）良侯店石窟

窟內有六佛二菩薩（六佛是坐像，二菩薩是立像），雕刻精美，彩畫痕跡猶在，可惜面部被破壞。當地村民說，一九六四、一九八三、一九八五年，石窟遭到三次破壞。我的朋友李雲生當年給右側二佛拍過照，照片上還有頭，一九九六年，面部才全毀。

---

87 見馬生旺主編《武鄉縣誌》，九二七—九二八頁（民國版）。

88 梁侯驛，見《續資治通鑑長編》卷十、《宋史》的〈魏仁浦傳〉和〈李筠傳〉。清顧祖禹《讀史方輿紀要》引宋白說「梁侯驛在團柏南、太平驛西北」（卷四十二），這個大範圍沒有錯，但他既說梁侯驛「在今潞安府西北九十里」（卷六），又說梁侯驛在「府西北百十里」（卷四十二），猶疑不能定，位置並不可靠。顧說梁侯驛的位置，約在太平驛西北十里或三十里，後說似以今襄垣虒亭鎮當之，過於偏南。嚴耕望把梁侯驛標在銅鞮縣和太平驛之間（見氏著《唐代交通圖考》第五卷：河東河北區，台北：中央研究院歷史語言研究所專刊之八十三，一九八六年，圖十九），蓋即根據顧說，現在看來並不對。

李裕群先生來此做過調查，他認為，此窟年代可以早到北魏遷洛之前，是晉東南最早的石窟。石窟所在的山崖，崖壁上還有九個晚期小龕（唐代的小龕）。[89]這次到良侯店考察，我發現，石窟對面的山崖上也有一些佛像和題記，因為修路炸山，遭到破壞。[90]這一帶是否還有其他窟龕，還值得進一步調查。

這裡，值得注意的是，良侯店和下面要談的「良侯四村」有關。

(1) 良侯店與故城鎮北的北良侯、東良侯、南良侯（大寨）、西良侯四村同名。

(2) 從良侯店到「良侯四村」，從現在的公路繞行，相當遠，但從地圖上看，直線距離很近。我請教過北良侯的李懷璧老師，他說他父親在良侯店教過書，良侯店和西良侯之間有條小路，只有十七里，路線是：沙溝—馬圈溝—果則溝—尖溝—范家五科—西灣—西良。[91]

（三）二〇八國道沿線的寺廟

(1) 南關，有福興寺（《武鄉新志》）。[92]

(2) 分水嶺，有廣福寺（或廣福院），在會同村，碑文記載，創建於唐代，正殿是金大定四年（一一六四年）重修，今廟是明清建築。[93]又有福興寺（《武鄉新志》），與(1)同名。[94]

(3) 動歡，有雷音寺（《武鄉縣誌》乾隆版）。[95]

(4) 權店，有淨果寺（《武鄉縣誌》乾隆版）。[96]

它們是否還有更早的背景，也值得深入調查。

三、北良福源院與北朝梁侯寺

武鄉西部泉水多。福源院，在故城以北的北良侯村，過去是學校和隊部。我在那裡教過書，印象很深。此廟，廟前有臥龍泉，日夜噴湧，瀉入東晨溝水庫，風景很好。福源院是清代的名字，[97]明代叫管泉院。這兩個名字都和廟前的泉水有關。

今廟，包括正樓和東西配殿。[98]年代，《中國文物地圖集》山西分冊定在元明時期，說「創建與重修年代不詳」。[99]這裡有重新討論之必要。

[89] 參看：李裕群〈山西北朝時期小型石窟的考察與研究〉，收入巫鴻主編《漢唐之間的宗教藝術與考古》，北京：文物出版社，二〇〇〇年，二七—五五頁。

[90] 李裕群先生看過照片。他說，這是北朝遺跡。

[91] 范家五科，馬生旺主編《武鄉縣誌》七〇三頁（民國版）作「樊家五科」。

[92] 馬生旺主編《武鄉縣誌》，一〇三二頁（民國版）。又該書五二頁（康熙版）和三七九頁（乾隆版）有「南關寺」，疑非正名。

[93] 《中國文物地圖集》，山西分冊，北京：中國地圖出版社，二〇〇六年，中冊，三七八頁。馬生旺主編《武鄉縣誌》一〇三二頁（民國版）說廣福寺「在縣西會同村崗上，創自金世宗大定三年」。

[94] 馬生旺主編《武鄉縣誌》一〇三二頁（民國版）說，武鄉有兩個福興寺，「一在縣西一百里分水嶺村，一在縣西一百二十里南關鎮」。

[95] 馬生旺主編《武鄉縣誌》，三七九頁（乾隆版）。又該書五二頁（康熙版）有「動歡寺」，疑非正名。

[96] 馬生旺主編《武鄉縣誌》，三七九頁（乾隆版）。又該書五二頁（康熙版）有「權店寺」，疑非正名。

[97] 馬生旺主編《武鄉縣誌》五二頁（康熙版）有「福元寺（在縣西北）」，疑即此寺。

[98] 原來還有南房、鐘鼓樓、戲台、奶奶廟、娘娘廟、土地廟、文昌廟、觀音堂和卷棚等建築，一九四七、一九七五、一九八八年，已陸續拆除。參看：李秀碧《北良侯村志》（自印本），七六—七七頁。

[99] 見《中國文物地圖集》山西分冊，中冊，三七七—三七八頁。

福源院西配殿遺址

今廟年代，的確是元代，但到底是元代哪一年，值得研究。現在我們可以確定的是：它的西配殿是元大德七年（一三〇三年）趙城大地震後重建，重建年代大約在元泰定元年（一三二四年）和至正四年（一三四四年）之間。證據是下面介紹的元地震碑和脊刹題記。[100]

元廟之前，背景如何，大家不知道。但我從《武鄉新志》發現一條材料，可以證明，它的年代還可上溯到宋金時期。

《武鄉新志》說：

> 原建年代無稽，大定年改修。院有碑石一方，上書趙、曾、韓、歐陽銜。[101]

「大定年改修」，是在金代；「上書趙、曾、韓、歐陽銜」，與下大雲寺三佛殿的北宋石刻署銜相同。據此可以估計，所錄也是敕賜廟額的牒文，年代當在北宋治平元年（一〇六四年）左右，和大雲寺三佛殿屬同一時期。[102]

宋、金，在古建年代中已經相當早，但這還不是此廟的始建年代。《武鄉新志》說「原建年代無稽」，現在可以改寫。我們從下面介紹的北朝石刻看，此廟前身是個北朝寺廟，名字叫梁侯寺，正與梁侯驛同名。

我把廟上的文物介紹一下。

（一）「北良石佛」

「石佛」為大型菩薩像，屬北齊遺物，[103]位於福源院正樓的東側，高三・四五公尺，蓮台高〇・四四公尺，寬〇・九二公尺，通高三・八九公尺，一直是省保單位。「石佛」原來暴露在野外，背後是土崖，石像有傾倒墜落之虞。一九七五年，省裡撥款，決定將石像南移，修保護建築。當時我在老家插隊，參加過這一工程。[104]

這座「石佛」，足以上在地面上，足以下是榫卯結構，牢牢插在地面下的蓮台上，不把地面挖開，不可能移動。我們挖開「石佛」周圍的地面，結果發現：

[100] 杭侃先生看過照片。他說，從斗拱看，福源院的東配殿也是元代遺存，正樓的年代比較晚。

[101] 馬生旺主編《武鄉縣誌》，一〇三三頁（民國版）。

[102] 北良侯原有宋嘉祐八年（一〇六三年）碑一通，據村中老人回憶，碑文開頭作「夫之良侯者也，不知何代而立也」，碑文是歐陽修五十六歲所撰，正是這一時期的東西。村中還有清雍正三年的《金妝碑記》，是記佛像塗金事。參看李秀碧《北良侯村志》（自印本），七八—七九頁。

[103] 承李裕群先生指教。案：武鄉故縣西堖的所謂「丈八佛」也是北齊的大型菩薩像。

[104] 我們修蓋的保護建築，後來又被拆除，重修過一次。

(1)「石佛」是用鐵錢襯墊插在蓮台上（蓋宋代重修寺廟時用鐵錢襯墊）。
(2) 蓮台底下的地面是磚鋪的地面（只剩大約四平方公尺）。
(3) 出土了一塊北朝殘碑（詳下）。
(4) 出土了兩塊造像塔石。
(5) 出土了幾件佛頭。[105]

村民說，這一帶，時有佛頭發現。我想，「石佛」腳下即舊廟故址，它背後的地面已經塌陷在崖下。

「石佛」很美麗，惜村民無知，一九八九年竟將佛像油漆彩畫，慘不忍睹。幸好我還珍藏著一張一九七〇年代我在老家拍攝的照片，猶可窺見原貌。

更可痛惜的是，一九九八年三月三十一日凌晨兩三點，有文物販子潛入村中盜竊文物，竟將佛頭鑿下，幸被村民發現，未被盜走，但文物已遭破壞。[106]

（二）梁侯寺殘碑

即上文提到的北朝殘碑，一九七五年出土，殘長四十二公分，寬四十三‧五公分。銘文是刻在粗糙的砂石上，字跡已不太清楚，銘文作：

……□□□□滅泯滅，故視聽

……古無以知來，由發慈覺，哀

……垂跡，迦維曇靈，白淨曜權

「梁侯寺」三字摹本

梁侯寺碑（正）

梁侯寺碑（正）拓本

---

[105] 當時，我曾寫信給省裡的文物部門，報告這些發現。

[106] 據村民回憶，此廟原來還有一件紅砂石佛像，只有一公尺多高，非常精美，一九三六年被駐紮故城鎮的軍隊派人搶走，當時村民曾試圖攔阻，被開槍打傷。參看：李秀碧《北良侯村志》（自印本），七八頁。

……言之法得道，塵沙無緣，未
……□，使魔道日之復起耶？□
……非篤信㳽□，廣發弘慈，□
……沙門。梁侯寺淵禪師，久□
……心證，舍超然覺觀，慧悟□
……□之常□□慧力盈矜□
……三百人等，盡心竭力□□（正面）
……□、勇思敬。
……仁、何紹和。
……□、□□貴。
……□、□雲珍。
……□、□□雲。
……□□、□妙□、韓敬範。
……□拱、荊魄女、王歡姿、馬世妃。
……□女、勇阿徒、馬世姬、李明光。
……□好、薛妙勝、閻延光、陳元妃。
……玉、景明堂、李羅香、張榮妃。
……白光仁、勇買光、勇黑女。

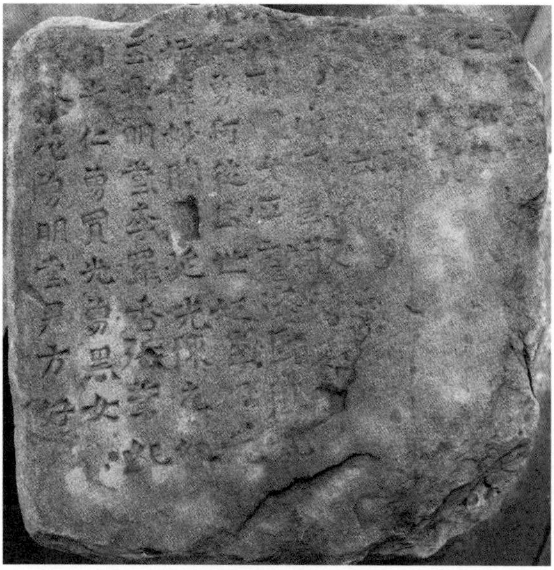

梁侯寺碑（背）

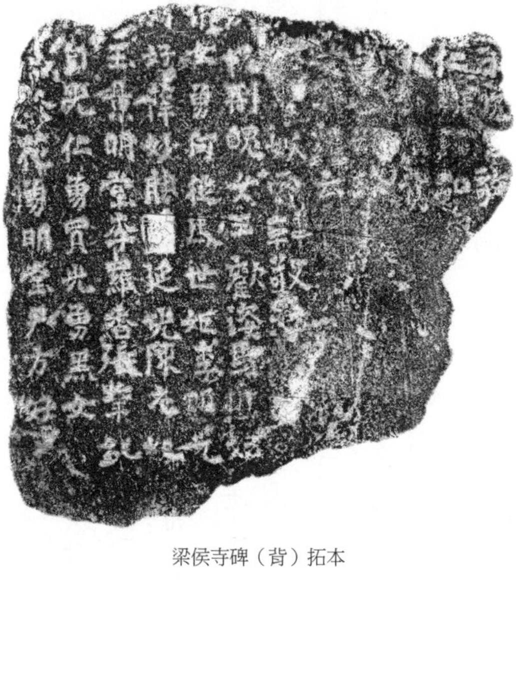

梁侯寺碑（背）拓本

……□□花、勇明堂、尹方好。（背面）

此碑太重要，它明確提到，此廟舊名「梁侯寺」。原來，「良侯」竟是「梁侯」，我們這一帶的四個村子全是得名於這座寺廟！

（三）元至正四年（一三四四年）碑

原碑破碎，只剩下半。當年，我在村中見過碑身上半左側的一塊殘石，是砌在一家房屋的房基裡，殘石文字可與碑文下半綴合。

1.碑額

（缺）

2.撰人和書者

……瑞雲禪寺〔□□□□〕傳（？）法紹禪師智珪撰，本院德聚書。（第一行）

3.碑銘

〔□□□□□□□□□□□□□□□□□□□□〕世尊處祇樹給孤獨園陀羅尼門，流出真如清靜空無相義，生諸正覺菩提頓□□〔□□□□□□□□□□□□□□□□□□□□□□〕于沙界塵區，德風西扇，偃草東從，教及神州，聲流華夏，年越二千，時惟末運，流傳（？）〔□□□□□□□□□□□□□□□□□□□□□〕原榆次縣郝都人也。母高氏忽于午夢僧徒行五（伍），人眾駢䮂（闐），幡花儼若，音樂清幽。〔□□□□□□□□□□□□□□□□□□□〕喜之，見若舊識，覺而有娠，謂父路寬密所夢。誕弥厥月，果子異常，默許出家，年甫〔□□□□□□□□□□□□□□□□奪〕席談經，驚諸耆宿。具戒之後，聽于沁州天寧潤公席次，舉為座元。鋒論無敵，講〔□□□□□□□□□□□□□□〕行，遂將正殿

元代地震碑

西堂、鐘樓南閣、僧廚寮舍、客院牛欄，不逾十載，可滿百間，開數山田〔□□□□□□□□□□□□□□□□□□□□□□〕為政數年，退辭弗往就值。大德癸卯地震，法堂催（摧）毀，師與門人道詮再架虹梁，新〔□□□□□□□□□□□□□□□□□□□□□〕新，儼如蓬島，俗壽七十有九，僧臘三十有二，證取他山之粹珉，誌旌本師之實跡。〔□□□□□〕濟選公講主來于五〔峰山□□□□□□，固〕辭之二，堅讓之三，曰師之行，唯公知實，事不獲已，姑應之云。乃為銘曰：

〔□□〕佛教來西天，偃草之風德〔□□。□□□□□〕圜，圓覺金剛顯性篇。唯師解徹體中玄，瓶瀉懸河辯才全。理州僧事數餘年，辭退歸家結〔□□。□□□□□□〕田，再新金碧率陁天。後時法駕雄雄然，老已衣盂遙勝前。我懂〈懂〉思惟不可詮，聊書梗概永為〔□〕。（第二至十三行）

4. 僧人名

(1) 第一組

尊派先師淨源，門人：

道詮—門人〔德□〕—〔尚〕座弘海；

講主道證—門人〔德□〕—〔門人〕弘深；

道諒—門人德〔□〕—門人弘闊；

道譓—門人德〔□〕—〔門人〕弘渭；

道警—門人德〔興〕—〔門人〕弘湮；

道誓—尚座〔德□〕—〔門人〕弘淅；

門人德興—〔門人〕弘洓。（第十四至二十行上部）

(2) 第二組

嗣法門人三交金仙院講主德誾、門人敬顏。

五峰山瑞雲禪寺監寺洪善，陳村吉祥院闍黎了德、首座了金、院主了偲。

岸北永寧院闍黎祥美。

邵渠村建福院尚座祥賁、講主了儀、尚座了仝、院主了例。

沁州在城天寧寺廣惠仁智大師妙教—門人：福春、福欽、福忍、福金、福演、福恭—師孫海威。

故城大雲寺講主志安。（第十四至二十行下部）

(3) 第三組

內義村□□□州住持□□……善、闍黎德柔。

法眷東良侯村洪濟院講主道〔□〕……清、門人講主弘璉。

信義慈雲院……〔師〕孫弘瑋。

法眷五谷（峪）彌陀院……□錦、講主弘秀、院主弘泰

山曲大明院……〔師〕孫尚座德慷

5.篆額者和刊立者

五峰山瑞雲禪寺洪瀛禪師篆。
故城石匠陳才、長男陳世良、次男陳世美刊。
沁州待詔馬仲賢立石，誌。

6.年款

時大元至正四年，歲次甲申子丑□……

這篇銘文很重要。

第一，它提到這座寺廟是元大德癸卯（一三〇三年）地震後重建，記錄了歷史上著名的趙城大地震。

第二，它可以證明，此廟落成於元至正四年後（一三四四年）。

第三，它提到武鄉西部的九座寺廟：三交村金仙院、五峰山瑞雲禪寺，陳村吉祥院、岸北村永寧院、邵渠村建福院、故城大雲寺、東良侯村洪濟院、五峪村彌陀院、山曲村大明院，以及沁州城內的天寧寺，說明這是一組關係密切的寺廟群。

（四）元代琉璃屋脊

福源院的西配殿還保存著元代的琉璃屋脊，非常漂亮，可惜文物販子把脊剎左右的兩塊偷走。山西古建，很多屋脊的脊剎都有文字，對寺廟斷代很重要。考察時，最好有望遠鏡。這次考

元代琉璃脊剎（正）

元代琉璃脊剎（背）

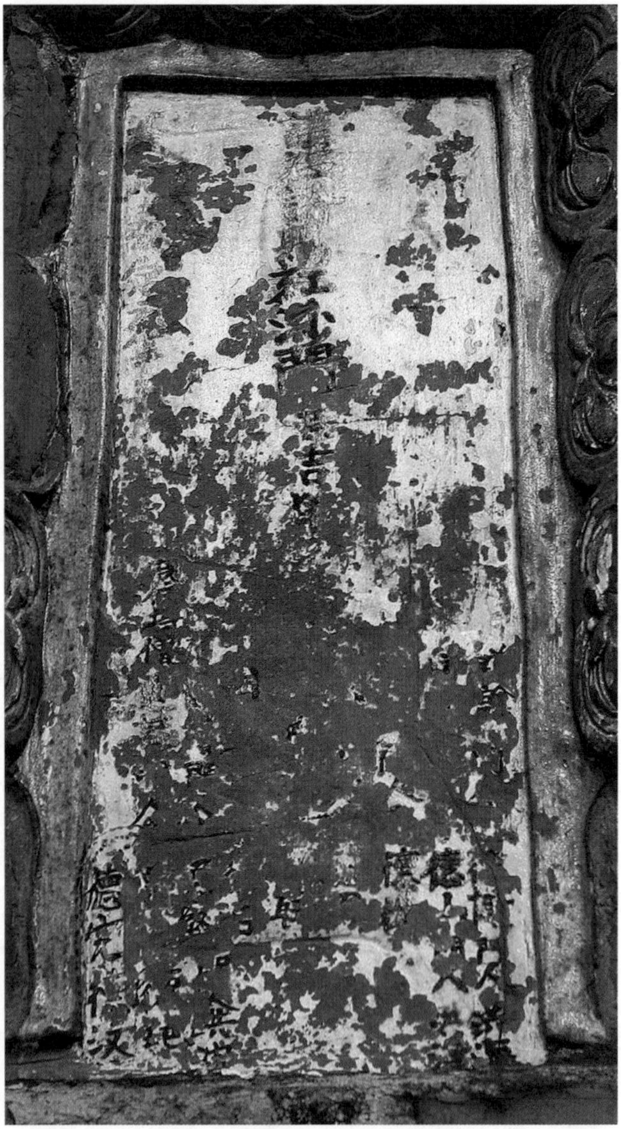
琉璃脊刹上的文字

察，我發現，福源院西殿的脊刹有明確紀年，是元泰定元年（一三二四年）。茲錄文於下：

講經賜紅沙門源吉祥〔門人〕：

道論（？）—門人德□—門人洪海（？）；

道〔□〕—〔門人〕德山—門人洪湮（？）；

〔道□〕—門人德從—〔門人洪□〕；

〔道□〕—〔門人〕德聽（？）—〔門人洪□〕；

〔道〕□—〔門人德〕□—〔門人洪〕波；

□□住持僧道誌—門人德堅（？）、德〔□〕；門人德〔□〕、德氾；〔門人〕德完、德汶。

大元泰定元年三月廿一日。（正面）

屋脊的另一處還有工匠題名，作：

喬侍照、溫（？）琉璃則（背面）

四、梁侯寺周圍的寺廟

上面已說，北良侯的村名是來自梁侯寺。當地村民說，這個村子，原來只叫良侯。它東面的村子，原來叫良侯東，現在叫東良侯；西面的村子，原來叫良侯西，現在叫西良侯；南面的村子，原來叫良侯南，現在叫大寨。[106]四個村子，是以北良侯為中心，可稱「良侯四村」。

（一）東良洪濟院

東良侯，有洪濟院，見上元碑，原來是縣保單位，現在是國保單位，我在老家時，這裡是學

[106] 這四個村子，多簡稱為北良、東良、南良、西良。南良侯村是明代末年才改名叫大寨。參看：山西省武鄉縣縣誌編纂委員會編《武鄉縣誌》，太原：山西人民出版社，一九八六年，二七頁。

校，現已騰出。寺有正殿、南殿和東西廂房。正殿是金構，南殿是元建。此廟西北角有個千佛塔，是北朝遺物，原有題記，可惜泐蝕難辨。[107]它證明，這座寺廟，前身也很古老。

(二)大水峪的瑞雲禪寺

北良侯村西的大水峪，舊有瑞雲禪寺，惜一九四七年被拆毀，改建油房。《武鄉縣誌》康熙版也提到過這個廟。[108]

(三)南良的寺廟

南良侯，現在叫大寨，據說原來也有廟。

(四)「良侯四村」周圍的其他寺廟

故城以北的地勢是西高東低、北高南低，水是東南流。故城以北的寺廟主要分佈在高寨寺河的兩岸。

「良侯四村」的東邊和南邊還有五個村子值得關注：

(1) 陳村（在北良東），有吉祥寺（《武鄉新志》），[109]見上元碑。

(2) 石仁底（在陳村南），原作「石人底」（《武鄉縣誌》乾隆版、《武鄉新志》）。[110]我一直懷疑，這個村名與「北良石佛」有關。因為北良在西北，石仁底在東南，從地勢看，正好在「北良石佛」的底下。

(3) 岸北（在石仁底南），有永寧寺（《武鄉新志》），[111]見上元碑（作「永寧院」），據廟中石刻，始建於金大定十二年（一一七二年）。[112]

(4) 高台寺（在岸北南），也有吉祥寺。[113] 此村以高台寺為名，原作「高砦寺」或「高寨寺」。「高寨寺」可能是較早的寺名。

(5) 信義（在大寨南），有慈雲寺（《武鄉縣誌》康熙版、乾隆版），見上元碑（作「慈雲院」）。[114]

五、涅河北岸的故城大雲寺（巖淨寺）

故城鎮，前身是戰國秦漢時期的涅縣，現在還有古城牆的殘牆留存地面。大雲寺，在故城鎮上，過去是糧庫，現在已騰出，近年升級為國保單位。

武鄉名賢清程林宗〈新修大雲寺記〉說：

[107] 李裕群先生說，此千佛塔是北魏時期的東西。

[108] 馬生旺主編《武鄉縣誌》，五二頁（康熙版）。

[109] 馬生旺主編《武鄉縣誌》，一〇三二—一〇三三頁（民國版）。又該書五二頁（康熙版）和三七九頁（乾隆版）有「古祥寺」，只注「在縣西」，可能即此寺，但高台寺也有「吉祥寺」（見《中國文物地圖集》山西分冊，中冊，三七九頁），同樣可能是此寺。

[110] 馬生旺主編《武鄉縣誌》，二三八頁（乾隆版）和六八八頁（民國版）。

[111] 馬生旺主編《武鄉縣誌》，一〇三二頁（民國版）。

[112] 《中國文物地圖集》山西分冊，中冊，三七七頁。

[113] 《中國文物地圖集》山西分冊，中冊，三七九頁。

[114] 馬生旺主編《武鄉縣誌》，五一頁（康熙版）、三七九頁（乾隆版）。

武鄉故城鎮，本漢涅氏縣，自遷縣於南亭川鎮（即今故縣），遂以故城名。大雲寺者，鎮之佛寺也，相傳為舊縣治所，代遠年湮，無從征信，惟殘碣有「大唐河清四年」等字，餘則漫漶矣。寺舊名嚴（岩）淨，易今名者，宋治平元年時也。[115]

程氏所說「殘碣」即下北齊造像碑，並非殘碣；「大唐河清四年」也是「大齊河清四年」之誤（唐代無「河清」年號）。寺名「嚴（岩）淨」易名「大雲」，是據下宋治平元年刻石。

現在的大雲寺，正殿叫三佛殿，為宋構金修，是寺中最早的建築。此殿既名三佛殿，應供三佛於內，現在只有一個蓮花座在正殿當中，空空如也。

這裡把有關文物介紹一下：

（一）宋治平元年刻石

此殿南牆舊有石刻，刊錄敕賜大雲寺廟額的牒文如下：

中書門下牒威勝軍：

威勝軍奏准敕勘會到武鄉縣嚴（岩）淨寺係帳存留乞賜名額牒

牒奉

勑（敕）宜賜「大雲寺」，仍令本軍飜（翻）錄勑（敕）黃，降付本

寺，依今來
勑（敕）命所定名額，牒到准
勑（敕）故牒。
治平元年四月六日
戶部侍郎參知政事趙
戶部侍郎參知政事歐陽
〔戶部侍郎參知政〕事曾
〔侍〕郎兼兵部尚書平章事韓
住持沙門　崇敏立石

署銜者，「趙」是趙概，「歐陽」是歐陽修，「曾」是曾公亮，「韓」是韓琦，都是當朝大臣。從石刻可知，這座寺廟原來叫嚴（岩）淨寺，宋治平元年（一〇六四年）才改名大雲寺。

⑪⑤ 馬生旺主編《武鄉縣誌》，九三八—九三九頁（民國版）。案：《中國文物地圖集》山西分冊說「據寺內北宋治平元年（一〇六四年）重修碑記載，該寺曾為東漢涅氏縣治所，初名『嚴（岩）淨寺』」（中冊，三七六—三七七頁）。此說有誤：(1)宋治平元年刻石不是「重修碑記」；(2)刻石也沒提到「該寺曾為東漢涅氏縣治所」。此說實出程林宗。

大雲寺敕賜廟額牒文石刻拓本

（二）三佛殿的佛頭

二〇〇五年十月，大雲寺落架重修，在此殿樑上發現金大定十五年（一一七五年）題記，可以證明此殿是宋構金修。當時，在南殿（觀音菩薩殿）的東牆根下發現這三件佛頭。佛頭現藏武鄉縣文管所，皆北朝遺物。[116]

佛頭非常大，應是三佛殿故物，身子不知埋藏何處，原來的佛像肯定相當高。這一發現證明，大雲寺的前身是北朝寺廟。

（三）北齊河清四年造像碑

即上程林宗所謂的「殘碣」，其實是完整的碑。此碑也是在南殿的東牆根下發現，銘文作：

菩薩主閻法輿，
大都主起像主傅永先，
□佛弟子侯文敬，主閻萬□，
□□主閻子嵩，七仏主閻阿紹，
卌六佛都觀主閻紹輿，

三佛殿的佛頭

□□主郭殷頭，主趙敬妃，

大像主□□和，

大銘主陳洪道，

主長勝姿，

菩薩主

李和仁、

胡容妃。（碑首）

唯大齊河清四年正月八日，邑子六十人

等，自察己身，倏如電光泡沫，猶固觀諸生

北齊造像碑

北齊造像碑拓本

116 李裕群先生看過照片。他說，這三件佛頭，兩件屬北魏時期，一件屬北齊時期。

滅，不異輪迴，何殊環轉，恐徒過一世，乃片功可記，遂躬率遍化，上為皇帝陛下、臣僚百辟，保命休延，壽同河嶽，又為師僧父母七世因緣及諸蠢類，敬造祇桓（園）精舍一區，更在西山大盧尖顛，造浮啚（圖）一區。

都唯那主閻郎仁、□胡仁、閻子勝。

都邑主陳薩保、胡要興、李敬存。

邑子閻紹興、李文和、郎敬褫、陳義賓、卜回畝、閻榮捝、閻萇保、兒元仙、李阿洪、王世和、姬天柱、陳元賓、閻宗遵、閻景畝、閻洪遵、元辟惡、傅貴捝、李洪儁、姬天念、李敬遵、王元纂、閻領先、陳萇洛、閻長子、陳定宗、鄭建業、李洪標、郭先伯、閻法貴、李寄捝、郭相貴、閻長寍、姬天宜、李和仁、牛子和、李高侶、李遵明、閻伯和、陳世遵、李遵業、王□仁、郭□□、閻乙合、張上音。（碑身）

銘文提到「大齊河清四年」，這是北齊年號，當五六五年。「敬造祇桓精舍一區」，是指在此地修蓋這座寺廟（「祇桓」即「祇園」，亦作「祇洹」）；「更在西山大盧尖顛，造浮啚（圖）一區」，是指在武鄉西境的山區一個叫「大盧尖顛」的地方另外修座塔。「大盧山顛」在什麼地方，還值得調查。

故城鎮東還有兩座廟，可附記於此：

(1) 邵渠（在故城東），有建福寺（《武鄉縣誌》康熙版），[117]見上元碑（作「建福院」）。

(2) 山交溝（在邵渠東），有金仙寺（《武鄉縣誌》康熙版、乾隆版，《武鄉新志》），[118]見上元碑（作「金仙院」）。

六、涅河南岸的寺廟

涅河南岸，現在屬於沁縣。沁縣的石窟和寺廟很多，這裡不能詳述，只談一下現在存留的三座寺廟。

（一）南涅水洪教院

南涅水村，位於爛柯山西，故城鎮東南，與武鄉的北涅水村只有一水之隔。隋初的甲水縣即設治於此，離故城鎮非常近。

[117] 馬生旺主編《武鄉縣誌》，五二頁（康熙版）。該書一〇三二頁（民國版）誤作「健佛寺」。

[118] 馬生旺主編《武鄉縣誌》，五一頁（康熙版）、三七九頁（乾隆版）和一〇三二頁（民國版）。

南涅水石刻

南涅水石刻

洪教院，在南涅水村的西邊，正好在大雲寺的南邊，現在是省保單位。此廟有前殿、過殿、正殿。正殿是金構，其餘是明清建築，院額「敕賜洪教之院」，是金大定六年（一一六六年）起的名字。[119]

此廟正殿牆上有〈南涅水洪教院記〉，是元至元八年（一二七一年）刻石。其中提到「昔洪教，乃沁州天寧、萬壽之法屬」，應與沁州城內的天寧寺有關。[120]北良福源院的元代地震碑也提到過天寧寺。

一九五九年出土的南涅水石刻，就是發現於洪教院後的荒丘山（一個小土丘）。這批石刻，是以造像塔為主，有七百六十多件，時間跨度很大，包括北魏、東魏、北齊、隋、唐、宋各個時期。年代最早是北魏永平三年（五一〇年），最晚是北宋天聖九年（一〇三一年）。它們的出土可以證明，洪教寺的前身也是北朝寺廟。[121]

南涅水石刻，一九六二年被搬到沁縣南邊的二郎山，建石刻館。這批石刻，數量大，雕刻精，完全夠得上國保水平，可惜搬離原址，失去申報國保的資格。

（二）開村普照寺

在沁縣縣城西，院內只有一個大殿，現在是國保單位。此廟始建於北魏太和十二年（四八八年），今廟是金大定年間重修。[122]

（三）郭村大雲院

在開村西，正殿為金構，始建年代不詳，現在也是國保單位。[123]

院內有《大雲禪院之記》碑，碑額刻金

陽公嶺村造像塔

[119]《中國文物地圖集》山西分冊，中冊，三八九—三九〇頁。

[120]《中國文物地圖集》山西分冊，中冊，三九〇頁；梁曉光主編《沁州碑銘集》，沁縣書法協會印，二〇〇三年，一一九—一二〇頁。

[121]《中國文物地圖集》山西分冊，中冊，三九六頁。李裕群先生說，這批石刻，以北魏、東魏、北齊造像為主，多方形造像石塔，北齊則出現單體佛、菩薩大型立像。

[122]《中國文物地圖集》山西分冊，中冊，三八九頁。

[123]《中國文物地圖集》山西分冊，中冊，三八九頁。

崇慶元年（一二一二年）禮部牒文。[124]

據碑文記載，此廟是金大定二十年（一一八〇年）敕賜廟額為「大雲禪院」。

沁縣寺廟多有這種碑刻，如：

(1)《靈岩院敕黃記碑》，有大定五年（一一六五年）禮部牒文。[125]

(2)《洪濟寺碑》，有大定二十年（一一八〇年）禮部牒文。[126]

(3)《修建昭慶院碑》，有大定二十九年（一一八九年）禮部牒文。[127]

七、總結

（一）中國古建山西多，山西古建晉東南多。晉東南的古建，唐代的罕見（僅有平順天台庵），真正屬於宋代的也少，但宋構金修、金構元修的例子比較多，很多都是金大定年間的遺存（金元明清，武鄉屬沁州管轄）。元大德七年（一三〇三年），趙城大地震，對古建造成大破壞，很多古建是一三〇三年後重建。宋元建築，就像宋元善本，非常寶貴。涅河兩岸的寺廟是很好的標本。

（二）涅河兩岸的寺廟群，彼此有密切關係。如良侯店石窟所在的良侯店與福源院、洪濟院所在的「良侯四村」同以良侯為地名。它們都是得名於北朝時期的梁侯寺。梁侯寺，宋代叫什麼，還不太清楚，但敕賜廟額與大雲寺同時。梁侯寺和梁侯寺周圍的寺廟，大雲寺和洪教院，以及其他一些寺廟，構成一個寺廟群。

（三）涅河兩岸，與寺廟共存，往往有北朝石窟和北朝石刻，如石窯會石窟、良侯店石窟、福源院的石菩薩、洪濟院的千佛塔、大雲寺的佛頭和北齊造像碑，洪教院的南涅水石刻，很多都是北朝遺物。它們的存在可以說明，上述古建雖為宋金以來的遺存，但前面還有北朝時期的寺廟。

（四）涅河兩岸的寺廟群，集中在大同到洛陽的古道兩旁。這條大道，在長治地區旁出，有若干支路，匯總於黎城、涉縣，從滏口陘（太行八陘之一）穿越太行山，進入河北南部。再經武安、峰峰礦區和磁縣，通往邯鄲、臨漳和安陽。大同的佛教藝術，無論南傳，走太原去洛陽的古道，還是東傳，走黎城去鄴城的古道，都是以這一帶為樞紐。

我相信，這個例子對研究晉東南地區的古建、石窟和石刻有一定參考價值。這裡，只是竭我所能，對有關材料和有關線索作初步介紹，期望引起學界的關注。

我不是專門研究古建和石刻的學者，疏漏訛誤在所難免。說錯的地方，請批評指正。

附記：

本文寫成後，曾求正於若干學者。碑文釋文，請趙超先生斧正；石窟、石刻，得李裕群先生指點；古建，也聽取過杭侃和鍾曉青先生的意見。十月二十八至二十九日，重訪涅河兩岸，武鄉縣文管所的老所長王照騫先生同行。三十日，王先生給我看了他收藏的老照片和碑拓，其中有張

124《中國文物地圖集》山西分冊，中冊，三八九頁；梁曉光主編《沁州碑銘集》，一一七—一一九頁。案：此碑上半經改製，碑陰加刻新的銘文，成為烈士碑。

125《中國文物地圖集》山西分冊，中冊，三八七頁。

126《中國文物地圖集》山西分冊，中冊，三九〇頁；梁曉光主編《沁州碑銘集》，一一三—一一五頁。

127《中國文物地圖集》山西分冊，中冊，三九七—三九八頁；梁曉光主編《沁州碑銘集》，一一二頁。

照片是一九八二年陽公嶺村發現的造像塔，與南涅水出土的造像塔風格相近。三十一日，承山西省博物院李勇副院長慨允，我在他們的庫房和展廳看過原物。他們的幫助，我銘感於心，附綴數言，以誌謝忱。

二〇〇九年四月十五日寫於北京藍旗營寓所

（原載《中國歷史文物》二〇一〇年第三期）

滹沱河上（任超 攝）

滹沱考

「滹沱」，古書稱引，或作「虖池」（《周禮·夏官·職方》），或作「呼池」（《戰國策·秦一》），或作「惡池」（《禮記·禮器》），或作「呼沱」（《戰國策·燕一》），或作「魯沱」（《元和郡縣誌》卷十七），其實一也。

古以「滹沱」為名者，最著名的是滹沱河。上述名稱是滹沱河的五種異名。它們音近通假，寫法不同，指的是同一條河流。

滹沱河，源出山西北部繁峙縣東北的泰戲山。由繁峙縣折而西南流，經代縣、原平、定襄，復折而東南流，從五台、盂縣之間，穿越太行山，入河北。在河北境內，東南流，再東北流，經平山、靈壽、正定、藁城、晉州、深澤、安平、饒陽，至獻縣，合於子牙河，東北流，最後從天津入海。這條河經常氾濫，清人說「畿輔為患之水，莫如盧溝、滹沱二河」（《陶廬雜錄》卷五）。《禮記·禮器》：「晉人將有事于河，必先有事于惡池。」「惡池」即「滹沱」。祭河必先祭滹沱，可見很重要。滹沱河分兩段。山西境內的一段屬并州之地，是匈奴、鮮卑、蒙古等北方民族南下，與中原諸夏長期爭奪的地區。河北境內的一段橫於井陘口上方，是分割南北的要津，據河而守，可阻斷南北往來。鮮虞、中山就是盤踞於這一流域。特別是中山國，經考古發掘和調查，有很多發現。它的都城（靈壽古城）和王陵，就坐落在河北平山縣滹沱河的北岸。遺址背山帶河，確為形勝之地。歷史上，凡北方民族南下，或從山西向華北平原東進，都要與中原諸夏爭奪這條河流。

歷年發掘，河北境內的考古文化，石家莊以北是一種面貌，石家莊以南是又一種面貌。其實，山西境內、陝西境內和甘肅境內也有類似的分界。

有意思的是，古以滹沱為名者，還不止於此。

首先，今甘肅境內也有以滹沱為名的地名。《漢書・平帝紀》說「（元始二年夏），罷安定呼池苑，以為安民縣，起官寺市里，募徙貧民，縣次給食」，這裡的「安定呼池苑」有兩種可能，一種指安定郡（治所在高平，即今寧夏固原市）有呼池苑，一種指安定縣（今甘肅省涇川縣北，位於涇水北岸）有呼池苑。「呼池苑」即「滹沱苑」。「安民縣」，大概是西漢末和東漢初臨時設置，後省併，所以《漢書・地理志》《續漢書・郡國志》均無記載。史籍提到安民縣，除《漢書・平帝紀》，還有兩條，一條是袁宏《後漢紀》卷五，提到漢光武帝建武六年「中郎將來歙堅領眾軍在安民」；一條是《水經注・渭水上》提到「中郎將來歙與祭遵所部護軍王忠、右輔將軍朱寵，將二千人，皆持鹵刀斧，自安民縣之楊城（元始二年，平帝罷安定滹沱苑，以為安民縣），[128]從番須、回中，伐樹木，開山道，至略陽。夜襲擊囂據守將金梁等，皆殺之，因保其城」。這兩條材料都沒講安民縣的具體位置。裘錫圭先生認為「安定呼池苑」的「安定」指安定縣，罷苑新置的安民縣就在安定縣附近。[129]我理解，他是想把呼池苑與要冊湫的距離拉近（詳下）。這只是推測，還有待進一步考察和驗證。我懷疑，「安定呼池苑」是指安定郡的呼池苑，其位置在安定郡的範圍之內，毫無問題，但具體位置還有待考定。安定郡，西漢治所在高平縣，東漢治所在臨涇縣（今甘肅鎮原縣東

[128] 用括號括起的話屬於「注中注」。

[129] 裘錫圭〈詛楚文「亞駝」考〉，《文物》一九九八年第四期，一五—一八頁轉二七頁。

南），¹³⁰二縣皆西漢所置（見《漢書·地理志》），不可能是安民縣。安民縣，我們從〈平帝紀〉的原文看，原來是呼池苑，作為皇家園林，很可能是單獨一塊，並不屬於這兩個縣。元始二年夏，因為郡國大旱，平帝才罷呼池苑，利用苑內空地，安置貧民。其官寺市里皆新設，絕不是改名，所以不大可能在這兩個縣的範圍裡。如果說它是由這兩個縣中的一個分割，析地而建，未免疊床架屋。復考來歙、祭遵襲略陽，戰事在天水郡。《後漢紀》卷五說來歙軍屯安民，祭遵軍屯汧（今陝西隴縣南），《水經注·渭水上》說二將合襲略陽（今甘肅秦安縣東北），是「從番須、回中，伐樹木，開山道」。似安民與汧相距不遠。問題還值得進一步探討。

其次，宋代出土的《詛楚文》石刻（舊稱「秦誓文」），也與滹沱有關。它有三件，《巫咸文》出於岐陽（今陝西岐山、鳳翔一帶），是祭上古神巫巫咸；《大沉厥湫文》出於朝那（今寧夏固原東南），是祭烏水（今清水河）源頭的湫淵（漢武諸祠有湫淵祠）；《亞駝文》出於要冊湫（今甘肅正寧縣東），是祭「亞駝」，唐代仍有祭祀。宋代學者指出，銘文「亞駝」就是滹沱河（《西溪叢語》卷上、《廣川書跋》卷四），很對，但考其地在今山西靈丘則誤，陳昭容先生和裘錫圭先生有詳細討論，可參看。[131]《亞駝文》的出土地點是要冊湫，位置在甘肅省的最東端，附近河流是泥水（今馬蓮河）。銘文「亞駝」，有三種可能，一種可能是自北注入涇河的泥水，一種可能是涇河本身（如果是這樣，則「亞駝」為涇水的別名），一種可能是烏水（「烏」與「亞」音近可通，則與湫淵有關）。從道理上講，第一種可能較大，但也不能作為定論。上述三個地點，朝那在安定郡，要冊湫在北地郡，岐陽在右扶風，但實際位置，彼此鄰近。從地圖上看，朝那、要冊湫、岐陽是個倒三角形，朝那是左上角，要冊湫是右上角，岐陽是下角。三個地點，相距不遠。要冊湫和呼池苑是什麼關係，這個問題還是謎。

另外，我們還想提到的是，在今陝西境內，秦漢時期的上郡，其治所膚施（今陝西榆林東南），從古文字角度看，也可讀為「滹沱」。「膚（膚）施」的「膚」，和「虖」「滹」等字都是從虍得聲，「沱」同「池」，也與「施」可通假。這個地名雖非水名，卻是白狄故地，與春秋鮮虞和戰國中山似有歷史淵源。司馬遷講北方戎狄，曾說「晉文公攘戎翟，居于河西圁、洛之間，號曰赤翟、白翟」（《史記·匈奴列傳》），赤狄、白狄如何分佈，已難詳考。《史記正義》引《括地志》說「潞州本赤狄地。延、銀、綏三州白翟地」（〈匈奴列傳〉），唐代潞州是今山西長治一帶，銀州是今陝西榆林一帶，綏州是今陝西綏德一帶，延州是今陝西延安一帶。它所說「延、銀、綏三州白翟地」，相當秦漢的上郡之地。司馬遷記項羽入關，「分天下，立諸將為侯王」，封「董翳為翟王，王上郡，都高奴」（《史記·項羽本紀》），也是以「翟」稱上郡之地。我們都知道，鮮虞、中山是白狄在中原腹地建立的強大國家，從公元前六世紀到公元前三世紀，一直盤踞在滹沱河畔。很多學者認為，他們來自今山、陝二省。值得注意的是，司馬遷講中山之亡，說「（趙惠文王）三年，滅中山，遷其王于膚施。北地方從，代道大通」（《史記·趙世家》），趙滅中山，中山的最後一代國君（姓名不詳），竟被遷走，送到膚施。[132]那裡是空曠荒涼之地。漢征西域，曾把龜茲降人安置在今榆林以北，也在這一帶。上文提到，膚施是白狄的故鄉。趙把中山的亡國之君遷到

---

[130] 據《續漢書·郡國志》，東漢安定郡是以臨涇縣為治所，而無安定縣，或安定縣已併入臨涇縣。

[131] 陳昭容〈從秦系文字演變的觀點論〈詛楚文〉的真偽及其相關問題〉，《中央研究院歷史語言研究所集刊》第六十二本第四分，五七四—五七六、六〇二頁，台北，一九九三年四月；上引裘錫圭文。案：陳說，可參看其新作《秦系文字研究》，台北：中央研究院歷史語言研究所，二〇〇三年，第四章（二一三—二四六頁）。

[132] 這段話，唐宋地志反覆引用，很多人以為，這位中山君是被遷到延安。其實，膚施移治延安是隋大業三年以後的事，戰國秦漢的膚施是在榆林的東南。

這裡，恐怕不是偶然。[133]虜施、滹沱二名，其間之關係耐人尋味。

讀先秦史籍和《史記・匈奴列傳》，我們都能感受到，大漠草原與黃土高原、華北平原為鄰，夷、夏交爭，南北推移，甘肅、寧夏、陝西、山西、河北五省區是主要舞台，特別是這一地區的北部。河西的甘、寧是一塊，黃河三圍的陝西是一塊，河東的山西是一塊，太行以東的河北是一塊。很多人都以為，夷、夏之界是漢長城，其實不然。早期中國，三代王都主要分佈在北緯三十四至三十五度之間，今天水、寶雞、咸陽、西安、洛陽、鄭州基本是在這兩條線之間。它的北部有大量戎狄，情況與五胡十六國相似。諸夏攘夷，主要是把他們的勢力推到北緯三十八度以北，今石家莊、太原、榆林、青銅峽和武威，基本是在這條線上。過了這條線，從考古遺物看，北方色彩很濃。再往北，到北緯四十一度左右，中原地區的影響更弱，幾乎消滅。再以北，則完全是胡地。秦昭襄王、秦始皇兩拒戎胡，再修長城，基本上是把戎狄從北緯三十四度推到三十八度，再推到四十一度，四十一度是最後的分界線。秦漢之際，中國內亂，情況倒過來，匈奴又盡收河南故地，把漢胡分界線推回到北緯三十八度，以朝那、虜施為界，並東侵燕、代（〈匈奴列傳〉）。[134]漢武帝第三次拒胡，再把這條線推回去，也還是不能改變這一帶是漢胡雜居的局面。漢代的邊郡，甘肅境內的敦煌、酒泉、張掖、武威四郡，陝西境內的北地、上郡、朔方、雲中四郡，山西境內的雁門、代二郡，河北、遼寧境內的上谷、漁陽、右北平、遼東、遼西五郡，原來都是各種戎狄，以及匈奴、東胡的故地。河北中部的常山、中山、真定，也是白狄國家鮮虞、中山的故地。甘肅、陝西、山西、河北都有滹沱，恐怕就是以此為背景。我很懷疑，它是北方民族留下的地名，惜含義不得而詳。[135]

最後，順便說一下，今《毛詩》的《小雅・白華》有「滮池北流」句，鄭玄箋說是「豐鎬之間水北流」，齊、魯、韓三家詩作「滮沱北流」，《說文解字》卷十一上水部：「滮，水流皃。從水彪省聲，詩曰：『滮沱北流。』」同三家本（所謂「從水彪省聲」，似乎是調停《毛詩》與三家詩）。《水經注・渭水下》說「鄗水又北流，西北注，與彪池水合。水出鄗池西，而北流于鄗」，也說豐鎬之間有此水。「滤池」「滮沱」不詳孰是（「滤」是幽部字，「滮」是魚部字）。如果後者是本來名稱，則這也是一條以「滹沱」為名的河流。

二〇〇四年十一月十七日寫於北京藍旗營寓所

（原載陝西師範大學、寶雞青銅器博物館編《黃盛璋先生八秩華誕紀念文集》，北京：中國教育文化出版社，二〇〇五年，三四五—三四八頁）

133 戰國中期，趙國曾佔有山西北部和陝西北部，包括膚施。

134 《史記・匈奴列傳》：「冠帶戰國七，而三國邊于匈奴。」秦昭襄王滅義渠，置隴西、北地、上郡，築秦長城，是其一；趙武靈王北破林胡、樓煩，置雲中、雁門、代郡，築趙長城，是其二；燕將秦開破東胡，置上谷、漁陽、右北平、遼西、遼東，築燕長城，是其三。秦滅六國後，蒙恬悉收河南地，因河為塞，築四十四縣臨河，移罪犯戍邊，修直道，通九原至雲陽，修長城，起臨洮至遼東，把三國的邊境連為一線。但漢初北邊失守，「諸秦所徙適（謫）戍邊者皆復去，于是匈奴得寬，復稍度（渡）河南與中國界于故塞」，「悉復收秦所使蒙恬所奪匈奴地者，與漢關故河南塞，至朝那、膚施，遂侵燕、代」。案：上文所說三條線，只是大致劃分，實際的漢胡分界線大體是一條西低東高的斜線，而且是曲線。朝那的位置在三十六度線上，膚施的位置在三十八度線上。秦昭襄王長城就是一條這樣的斜線，適與三十八度線匹配。而秦始皇長城和漢武帝長城則與四十一度線匹配。

135 《七修類稿》卷三十四有「釋疑字樣」條，專門討論一字二音的「程語」（即專有名詞），其中把「滹沱」與「冒頓」「閼氏」「龜茲」「月支」「身毒」一類詞列在一起。我們懷疑，它也許是戎狄、匈奴部族的詞語。

補記：

上文的三個地名，「滹沱」「膚施」和「亞駝」，「滹」是曉母魚部字，「膚」是幫母魚部字（原作「膚」，從虍得聲），「亞」是影母魚部字，可通假。「沱」是定母歌部字，「施」是書母歌部字，「駝」是定母歌部字，可通假。我懷疑，它們是以「駱駝」為名的河流名。早期，駱駝對漢人是外來動物。東漢牟融引古諺：「少所見，多所怪，見橐駝曰馬腫背。」（《古詩源》卷一）。「橐駝」（亦作「橐佗」「橐駞」「驝駝」「馲駝」），舊讀「駱駝」（亦作「駱駞」），和「駱駝」是同一個詞，估計是外來語，而不一定是因為它「背肉似橐」（《史記．匈奴列傳》「其奇畜則橐駞」索隱引韋昭說），或能「負橐囊而馱物」（《漢書．匈奴傳上》「其奇畜則橐佗」顏師古注）。「駱」是來母鐸部字，與上「滹」「膚」「亞」等字讀音相近，後面的「駝」字也同於「亞駝」。承林梅村先生告，駱駝在印歐語系的西域方言中是讀Uti，發音正與「亞駝」相近。

中山王墓出土山字形器

再說滹沱——趙惠文王遷中山王於膚施考

一、趙遷中山的膚施不是上郡膚施

四年前，我寫過篇短文，叫〈滹沱考〉，話題是從一條北方的河說起。[136]我發現，中國的北方，黃河流域，與蒙古草原鄰近，有一類地名值得注意。它們隱隱約約，總是與泉水、河流或湖泊有關，這就是「滹沱」。古書中的「虖池」、「呼池」、「惡池」、「呼沱」、「魯池」，都是它的別名。

古書中，與「滹沱」有關的地名主要有：

(1) 今山西、河北境內的滹沱河。此水源出山西北部的繁峙，從恆山和五台山之間的忻定盆地西南行，經代縣、原平，然後往東折，婉轉前行，經定襄、五台、盂縣，穿越太行山，到達河北平山，再從平山，繼續東行，合於子牙河，從天津入海，大家最熟悉。

(2) 今陝西北部的膚施，即所謂上郡膚施。這個膚施是戰國秦漢的膚施城，不是隋唐以來的膚施城。前者在今榆林東南無定河的北岸，後者在今延安市。這裡是說前者。膚可讀滹，施可讀沱。我懷疑，膚施也是滹沱的別名，古稱奢延水（也叫朔方水）的無定河，古代可能也叫滹沱。

(3) 今甘肅境內的滹沱。宋代出土的《詛楚文》，包括《巫咸文》、《大沉厥湫文》和《亞駝

慮虒古城

文》。《巫咸文》是祭古代著名的神巫巫咸，出土於岐陽（今陝西扶風、鳳翔一帶）；《大沉厥湫文》是祭烏水（今清水河）的源頭湫淵，出土於朝那（今寧夏固原市的東南）；《亞駝文》是祭亞駝，出土於要冊湫（今甘肅省正寧縣東），附近有泥水（今馬蓮河）。學者考證，亞駝就是滹沱的別名，估計是當地的水名。

(4) 今寧夏境內的滹沱苑。此苑也叫「安定呼池苑」，是西漢安定郡的皇家園林。安定郡的治所在高平，即今寧夏固原市。

這些地點，從河北中部到晉北到陝北到甘肅到寧夏，大體平行，主要在北緯三十六至三十八度的範圍裡。

北緯三十八度線很重要，是漢胡拉鋸的大致分界線。此線以北，胡佔優；此線以南，漢佔優。我懷疑，「滹沱」是北方民族南下在農牧過渡帶留下的一串地名。

[136] 李零〈滹沱考〉，收入陝西師範大學、寶雞青銅器博物館編《黃盛璋先生八秩華誕紀念文集》，北京：中國教育文化出版社，二〇〇五年，三四五—三四八頁。

這篇短文提到趙惠文王滅中山，遷其王於膚施。這個問題和滹沱有關。史學界的一般看法是，這個膚施是陝西北部的膚施，即上郡膚施。拙文也採用了這一說法。

最近，重新思考這一問題，我發現，這一說法很有問題，中山王遷居的膚施，從道理上講，不可能在陝西，而應當在山西，它絕不可能是上郡膚施。

下面是我們的討論。

二、中山國的靈壽古城位於滹沱河上

戰國時期的國家，中山最特殊。它是獨立於中原諸夏有如孤島的少數民族國家。這個國家從哪兒來？它和春秋鮮虞是什麼關係，還不太清楚。中山多難，幾次亡國，有關記載，時斷時續，前後怎麼銜接，也存在問題。

二十世紀七〇年代，河北平山縣的靈壽古城，發現很轟動，很多歷史之謎由此揭開。[137]中山是姬姓的白狄國家，既非世居中原的諸夏，也不同於遊蕩草原的北方民族，無論地理位置，還是文化面貌，都介於二者之間，具有亦彼亦此的特點。我到石家莊看文物，有好幾次，印象最深是這一點。它的出土物，既有三晉的特點（如銅禮器的風格），也有北方草原地區的特點（如出土的小金虎）。

[137] 李學勤、李零〈平山三器與中山國史的若干問題〉，《考古學報》一九七九年第二期，一四七—一七〇頁；李零〈平山三器與中山國史的若干問題〉（草稿），收入氏著《李零自選集》，桂林：廣西師範大學出版社，一九九八年，一九五—二一二頁。

滹沱河（陳新宇 攝）

它的地理位置很重要，一是橫在漢胡分界線上，正好擋住了趙從邯鄲北上的通道；二是卡在井陘口上，也不利於趙國的東西交通（連接晉陽的路線，即今石太線所經）；三是塞住了趙國順滹沱河直撲晉北的路線。

趙人說，「中山在我腹心」。趙國北上，一定要滅中山。

這個國家的國君，從出土發現看，戰國以來，前後有七代：中山文公、中山武公、中山桓公（後被追稱為王）、中山成公（正式稱王）、中山王嚳、中山嗣君好蚉、中山王尚。

中山文公和中山武公，都於顧，是頭兩代，沒材料，不必討論。後面五代，是從桓公復國開始。

桓公以來的中山國都於靈壽。[138]五個中山君，前三個葬於靈壽，後兩個死在外面。桓公墓（M7）和桓公夫人墓（M8）在城北，未發掘。成公墓（M6）在城南，它西邊有三座墓：M3、M4、M5，報告叫「王族墓」，四座墓都已發掘。王嚳墓（M1）和哀后墓（M2）在城的西牆外，也已發掘。

王嚳墓出過一件《兆域圖》（鑄於銅版上），是營建該墓的設計圖。圖上五座墓，中間是王墓，左右各有王后墓一座、夫人墓一座。但實際只修了兩座墓，一座是王嚳墓，一座是它東邊的哀后墓（哀后稱謚，說明王還沒死她就死了），其他配偶都沒葬在這裡。[139]

中山國的最後兩代是被趙國攻滅，中山嗣君好蚉逃亡齊國，死在齊；中山王尚被趙國俘虜，遷於膚施。

我到靈壽古城訪問過兩次。此城背山面河：城北和城西是山，屬於太行山脈，滹沱河很寬，正好穿過它的南面。王嚳墓的葬船坑出土過四條大船。這些船，估計就是用於渡河或在這條河上航行。[140]

研究中山國，離不開滹沱河。

三、中山王遷居的膚施是滹沱河上游的慮虒

趙惠文王滅中山，見《史記·趙世家》，原文是「（趙惠文王）三年，滅中山，遷其王于膚施，起靈壽，北地方從，代道大通」，[141]意思是，趙滅中山後，靈壽以北的「北地」才被趙國全部佔領，通往代地（即今河北蔚縣一帶）的南北大道才被徹底打通。趙惠文王三年是公元前二九六年。

這段話，唐宋地志反覆引用，很有名。《史記集解》引徐廣說，謂膚施「在上郡」，是誤解的開始。從此，大家都以為，司馬遷說的膚施就是上郡膚施。《史記正義》說，這個膚施是「今延州膚施縣也」，更是拿唐宋的膚施當早期的膚施。其實，膚施移治延安是隋大業三年（六〇七年）以後的事，早先的膚施是在榆林的東南。膚施，本來是魏國的河西之地。《史記·秦本紀》：「（秦惠文王前元）十年，張儀相秦，魏納上郡十五縣。」[142]這是秦置上郡的開始。是年為公元前三二八年。

---

[138] 趙滅中山後，靈壽成為趙邑。一九八六年，山西高平出土過一件「寧壽令」戟，就是趙滅中山後的遺物。銘文「十六年」是趙惠文王十六年（公元前二八三年），「寧壽」即靈壽。參看：郭一峰、張廣善〈高平縣出土「寧壽令戟」考〉，《文物季刊》一九九二年第四期，六九—七一頁。

[139] 河北省文物研究所編《礜墓——戰國中山國國王之墓》，北京：文物出版社，一九九五年；河北省文物研究所編《戰國中山國靈壽城——一九七五—一九九三年考古發掘報告》，北京：文物出版社，二〇〇五年。

[140] 《礜墓——戰國中山國國王之墓》，上冊，第九五—一〇〇頁，三二七—三三二頁。

[141] 《史記》，北京：中華書局，一九五九年，第六冊，一八一三頁。

[142] 《史記》，北京：中華書局，一九五九年，第一冊，二〇六頁。

公元前三二八年，榆林的膚施從魏地變成秦地，它是上郡的郡治所在，一直被秦佔領。公元前二九六年，這個膚施還在秦的手裡，未曾易主。這一點，無論如何，沒法推翻。證據不僅是文獻，還有出土物。出土秦戈多記置用之所。現在，我們已經有十幾件上郡戈。這些戈可以排年，學者考證，大體上是秦惠文王後期到秦昭襄王晚年的器物。[143]它們可以證明，趙惠文王滅中山時，上郡膚施確是秦地。這也就是說，趙遷中山王，根本不可能遷到這裡。

司馬遷說的膚施，如果不是這個膚施，又是哪個膚施？我說是趙國的膚施。

趙國也有膚施，過去不明白，現在很清楚。

趙國的膚施，其實就是滹沱河上游的慮虒。

《漢書・地理志上》太原郡有慮虒縣，顏師古注：「音盧夷。」後世訛為「驢夷」。這個地名，自漢以後，使用時間很長，隋大業初才改名為五台（因山得名），故城在今山西五台縣台城鎮東北約一千公尺。[144]

清乾隆三十七年（一七七二年）曲阜孔繼涵得漢慮俿尺，就是帶這一地名的出土物。[145]

四、語言學的考慮

一般以為，慮虒是漢代才有的地名，其實不然。戰國時期，這個地名就存在。戰國趙幣有膚虎布，學者指出，銘文「膚虎」就是《漢書・地理志上》的慮虒。[146]

膚虎即膚施，膚施即慮虒，從文字學和音韻學的角度看，完全可以成立。

我們先說膚和慮。上古音，膚是幫母魚部字，慮是來母魚部字，可以通假。古文字材料也可證明這一點：

(1) 肤（膚）、濾（慮）二字含有共同的聲旁：盧，這個字是盧（盧）的本字，本來就有來母的讀法。

(2) 現在以盧為聲旁的字，古文字往往都是以膚為聲符。[147]

其次，再說虎、俿、虒和施：

(1) 虎，膚虎的虎可能是虒字的省文。[148]

---

[143] 陳平〈試論戰國型秦兵的年代及相關問題〉、〈內蒙伊盟新出十五年上郡守壽戈銘考〉、〈遼陽新出四十年上郡守起戈銘補釋〉，收入氏著《燕秦文化研究》，北京：燕山出版社，二〇〇三年，二二二—二四三、二四八—二五一、二五二—二五四頁。

[144] 中國國家文物局主編、山西省文物局編製《中國文物地圖集》山西分冊，北京：中國地圖出版社，二〇〇六年，中，五七七頁。

[145] 參看：清王先謙《漢書補注》，北京：書目文獻出版社，一九九五年，上冊，六六四頁。漢慮俿尺，銘文作「慮俿銅尺，建初六年八月十五日造」，見容庚《秦漢金文錄》，北平，一九三一年，卷三，五頁正。

[146] 裘錫圭〈戰國貨幣考〉（十二篇），第五篇「慮虒布考」，收入氏著《古文字論集》，北京：中華書局，一九九二年，四二九—四五三頁。

[147] 參看：容庚《金文編》，北京：中華書局，一九八五年，二八〇頁：〇六九九（臚，即膚字），二九六：〇七一三（莒，從竹從膚）；三四〇頁：〇七八八（盧，從皿從膚），七四〇頁：一八三七（瀘，從水從膚），七六八頁：一九〇八（閭，從門從膚）；九一三頁：二二三七（鑪，或借盧為鑪，或從金從膚）。又何琳儀《戰國古文字典》（北京：中華書局，一九九八年，上冊，四四九—四五三頁）也收了這一類字。案：膚不從胃，慮不從思。上引裘錫圭文已指出，許慎說慮字從思不可信。

[148] 裘錫圭〈戰國貨幣考〉（十二篇），第五篇「慮虒布考」的注釋。

(2) 虒，《墨子・經說上》用為虎字，漢慮虒尺用為虒字。

(3) 虒，戰國就有，[149]漢代常與虎混用。[150]

這三個字，都可讀為虒。

虒是心母支部字，施是書母歌部字，它們的關係是通假關係。前人指出，「歌部和支部在《詩》韻裡是分劃很清楚的兩部」，「但是在晚周的時候已經有跟支部相通的例子」，「到西漢時期歌支兩部相葉更為普遍。幾乎支部的字都跟歌部字押韻」。[151]《韓非子・十過》「晉平公觴之于施夷之台」，《太平御覽》卷五七九引「施夷」作「虒祁」，正是施、虒相通的例子。

趙國的膚施，在今山西五台縣東北，位於滹沱河上游，靈壽古城的西北。兩地之間，其實並不遠，直線距離，大約只有一百公里。趙滅中山，把中山王遷到這裡，最合適。

我的看法，這個地方才是司馬遷所謂「遷其君于膚施」的「膚施」。它和陝西的膚施一樣，也與滹沱有關。

滹沱這個詞，我懷疑是外來語。

我很奇怪，它的發音，竟然和「駱駝」相似。

駱駝也叫橐駝（或作橐它、橐他、橐佗）。有學者認為，橐駝是匈奴語，古音類似dada或tata，後來叫駱駝、馲駝，是變聲母d、t為l。[152]

膚虎（虒）、膚施的膚，古代讀如盧或慮，也是以l為聲母。

滹沱與駱駝會不會有關？這是我想提出的問題。

駱駝，戰國已有人騎駝燈，山西、湖北都出過。對漢地的居民來說，這是一種外來的動物，很有異域風情。古人說，他們不認識這種奇怪的動物，只能用「馬腫背」打比方，「少所見，多所怪，見槖駝言馬腫背」。[153]亞洲的駱駝是雙峰駱駝，分佈於中亞和蒙古草原，在蒙古草原是很普通的動物。

如此說不誤，滹沱河就是駱駝河。

二〇〇八年七月二十九日寫於北京藍旗營寓所

（原載《中華文史論叢》二〇〇八年第四期）

[149] 何琳儀《戰國古文字典》，上冊，七七〇頁。

[150] 裘錫圭〈戰國貨幣考〉（十二篇），第五篇「虒虒布考」的注釋。

[151] 羅常培、周祖謨《漢魏晉南北朝韻部演變研究》，北京：科學出版社，一九五八年，二四—二八頁。

[152] 史有為《外來詞——異文化的使者》，上海：上海辭書出版社，二〇〇四年，一一〇—一一一頁。

[153] 沈德潛《古詩源》，北京：中華書局，一九六三年，三〇頁。

靖邊楊橋畔出土東漢陶罐，紋飾類似太極圖

陝北筆記（上）——讀《漢書・地理志》上郡

二〇一三年八月十二至十八日，自西安北上，走馬觀花，遊十三縣市：銅川、黃陵、延安、延長、延川、清澗、綏德、米脂、子洲、橫山、靖邊、榆林、神木，沿途看山川形勢，看考古遺址，看博物館，看私人收藏，歸讀《水經注》、《漢書・地理志》、考古資料、古文字資料和有關研究，[154]寫成這份筆記。

這次考察，以上郡、西河兩郡的漢縣為主，涉及陝西、山西和內蒙古。凡漢因秦縣，皆注「秦縣」。今地，凡在陝西境內者，多用省稱，只標縣市名，不標省名。

一、上郡的大河

上郡地名，聚訟紛紜，有如亂麻，主要原因是水系理不清，水系理不清，則城址難以卡定。所以，我們先從水系說起。

[154] 參看楊守敬、熊會貞《水經注疏》，段熙仲點校、陳橋驛複校，南京：江蘇古籍出版社，一九八九年；周振鶴《漢書地理志匯釋》（下簡稱《匯釋》），合肥：安徽教育出版社，二〇〇六年；吳鎮烽〈秦晉兩省東漢畫像石題記集釋〉，《考古與文物》二〇〇六年第一期，五三—六九頁；王有為《由漢圜水、圜陰及圜陽看陝北榆林地區兩漢城址分佈》，西北大學碩士學位論文，二〇〇七年五月；白茚駿《陝北榆林地區漢代城址研究》，西北大學碩士學位論文，二〇一〇年六月。

《史記・匈奴列傳》說「赤翟、白翟」居「河西圁、洛之間」。赤翟、白翟即赤狄、白狄。白狄姬姓，和周人有關。赤狄媿姓，和商周鬼方、懷姓九宗有關。[155]上郡是狄族活動的重要舞台，楚漢之際，一度叫翟國。其大河首推圁、洛。圁、洛即無定河和洛河。無定河在上郡北，洛河在上郡南，是上郡最重要的兩條河。

(一)上郡北部的大河

1. 禿尾河

禿尾河是古代什麼水，過去不清楚。酈道元講黃河山陝段，頭一條大河是湳水。湳水以下，奢延水以上，大河有三條，一條是端水，一條是諸次水，一條是湯水。湳水是納林川和黃甫川，[156]奢延水是無定河，沒問題。問題是，中間三條河是什麼河。我認為，從酈道元的敘述順序看，端水是窟野河，諸次水是禿尾河，湯水是佳蘆河。窟野河和佳蘆河，主要跟西河郡有關，放在下篇談。這裡只談禿尾河。為什麼我說禿尾河是諸次水，這個問題要討論一下。酈道元講諸次水，我們要注意，此水是與龜茲、榆林塞並敘。龜茲是上郡最北的縣，榆林塞在龜茲北，諸次水是上郡最北的河，這點很清楚。《水經注》卷三〈河水三〉：「河水又南，諸次之水入焉。水出上郡諸次山。……其水東逕榆林塞，世又謂之榆林山，即《漢書》所謂榆溪舊塞者也。自溪西去，悉榆柳之藪矣，緣歷沙陵，屆龜茲縣西北，故謂廣長榆也。……其水東入長城，小榆水合焉。歷澗西北，窮谷其源也。又東合首積水，水西出首積溪，東注諸次水，又東注於河。」他說的「諸次水」，一般認為是佳蘆水，但佳蘆水偏南，不可能經過龜茲西北的榆林塞，也不可能東入長城。我認為，他說的這條河，從種種跡象看，只能是禿尾河。這次到石峁古城考察，車過大堡當遺址（堡當，蒙語的意思是「草灘」），在采兔溝附近右轉，我們是傍著禿尾河走。穿越長城處，河岸右手有一條河，遠處長城逶迤，正是傍著此水走，我想這就是「小榆水」了。「首積水」則是其下游的另一支流。石峁古城在高家堡鎮東北，遺址在山梁上，時代屬龍山時期，位置處於長城線上的古石城分佈帶。它分內外二城，內城有「皇城台」，如後世宮城，外城類似東周外郭城。城門有甕城、馬面，牆體用紝木加固，給人的印象是非常「現代」。長城一線，自古就有壘石為城、樹榆為塞的傳統。此城年代早，對探討長城的起源很重要。[157]上郡龜茲縣的榆林塞在此水上。

2. 無定河（參看《水經注·河水三》）

無定河，古代有兩個名字，一名圁水，一名奢延水。酈道元講圁水，在《水經注》河水過圁陽條下，涉及白土、鴻門、圁陰、圁陽四縣，重點講圁陽縣；講奢延水，在《水經注》河水過離石條下，涉及奢延、龜茲、膚施，重點講膚施縣。蓋其上游有兩個源頭，各以源頭命名之。其北源為「白土城圁谷」，圁水出焉；南源為「奢延城西南赤沙阜」，奢延水出焉。圁水東流，經圁陰、圁陽，二城得名於水，故酈道元述於「西河圁陽縣」下。奢延水，「俗因縣土，謂之奢延水，又謂之朔方水矣」，水是因城而名，故酈道元述於「奢延水」下。白土在內蒙古烏審旗陶利鎮附近，奢延在內蒙古鄂托克前旗城川鎮附近。無定河上游是兩條河，圁水出西北，奢延水出西南。前者是納林

155 漢族有四大背景。白狄姬姓，與周同姓。赤狄媿姓，與周通婚。二族來自內蒙古。羌胡來自青藏，是姜姓的背景。獫狁來自西域，為允姓所出。

156 府谷境內的大河只有納林川和黃甫川，這是頭一條大河。它下面的清水川、木瓜川、孤山川、石馬川都比較小。

157 長城是中國特色，但不是中國獨有。羅馬帝國和波斯帝國也都在其北境築長城，防禦所謂北方蠻族。

河（蒙語作「納林格勒」，意思是細小的河），自西北往東南流，源頭在白土城。奢延水是紅柳河的支流，自西南往東北流，源頭在奢延城。紅柳河很長，源頭是靖邊南白於山。二水在鄂爾多斯地區，本來是兩條河，臨入陝西前，才並為一條河。這條河，蒙其上游之名，既可叫圁水，也可叫奢延水。酈道元講水，有「並受通稱之例」，名字雖然是兩個，其實是同一條河。過去，大家被這兩個名字繞糊塗，以為奢延水是無定河，圁水是另一條河，在無定河北面的神木境內，或以窟野河當之（楊守敬），或以禿尾河當之（如譚其驤），這是導致一系列地名搬家的主要原因。如譚其驤主編的《中國歷史地圖集》（中華地圖學社，一九七五年）第二冊：二〇—二一頁，就把白土、鴻門、圁陰、圁陽四縣標在禿尾河上。現在大家都已明白，圁水和奢延水是同一條河，就是現在的無定河（唐代已有此名）。這是認識上的大突破。無定河穿越秦長城後，它是經橫山、米脂、綏德，在清澗入河。這一段，從西到東，有五個漢縣：膚施、鴻門、圁陰（或圜陰）、平周、圁陽（或圜陽），與黃河東岸、山西一側的隰成、藺、離石、皋狼、中陽隔河相望。我把前者叫「膚施五縣」，後者叫「離石五縣」（詳下）。這十個縣，除膚施屬上郡，其他都屬西河郡。漢上郡白土、奢延、膚施三縣在此水上。

無定河有五大支流。

(1) 蘆河（參看《水經注》卷三）

源出靖邊南白於山，在橫山縣城北，上注無定河。此河是無定河入陝後首注無定河的大河，酈道元叫神銜水。他說，「圁水出上郡白土縣圁谷，東逕其縣南，……東至長城，與神銜水合」，是講圁水合神銜水，「縣南」指白土縣南。下文，「水出縣南神銜山，出峽，東至長城，入于圁」，是講神銜水合圁水，「縣南」指縣境以南，只表示方向，指蘆河的源頭遠在白土縣以南。酈道元說的神銜水，學者有各種猜測，其實最合適，還是今蘆河。它源出靖邊南白於山，北流，過今靖邊縣城，東行，在楊橋畔附近穿秦長城，然後沿秦長城內側，在橫山縣城北，注入無定河，與酈道元的描述最符合。上郡陽周縣在此水上。

(2) 海流兔河（參看《水經注》卷三）

海流兔河，源出內蒙古烏審旗東南巴彥柴達木鎮（海流兔廟），東南流，在榆林市東南角和橫山縣西北角交界處，注入無定河。海流兔河是蒙語河名（蒙語地名多以「兔」字為後綴）。這條河是大河，但研究榆林地區的古城址，很少有人提到這條河。我懷疑，酈道元提到的帝原水，很可能在海流兔河以東，也許比較小。問題恐怕還要做進一步研究。舊說帝原水是榆溪河，乍看似乎很合理，但仔細推敲，與《水經注》的描述並不符合。吳鎮烽說，榆溪河是梁水，不是帝原水，這是對的。[158]我們要注意，酈道元講帝原水，是在奢延水節。他講奢延水，先講源頭，即奢延城。講完奢延城，有支流四。這四條河，前兩條可能在奢延縣境，後兩條可能在龜茲縣境。溫泉水「源西北，出沙溪，而東南流，注奢延水」，在無定河過統萬城前。黑水「水出奢延縣黑澗，東南歷沙陵，注奢延水」。酈道元說，統萬城在奢延水之北、「黑水之南」，似乎黑水是納林河的別名。今納林河注入無定河後，其南面的河正叫黑河。交蘭水「水出龜茲縣交蘭谷，東南流，注奢延水」，我懷疑，這條河就是現在的海流兔河。鏡波水「水源出南邪山南谷，東北流，注于奢延水」，顯然在無定河南。酈道元講完這四條河，才講帝原水。他講帝原水，是為了講膚施城。膚施以東，他是放在前

[158] 上引吳鎮烽文，六七頁。

面講圁水的部份。[159]班固說，膚施四祠，其中有帝原水祠。帝原水顯然是膚施的標誌，應該跟膚施擱一塊兒，放在西段，而不是跟圁陰的位置擱一塊兒，擱在東段。我們要注意，酈道元之所以把同一條河分兩處講，除區別源頭，還有一個用意，是區別上郡和西河郡。他講奢延水，主要講西段，從奢延到膚施；講圁水，主要講東段，從鴻門到圁陰、圁陽。前者是上郡段，後者是西河段。我想，帝原水絕不可能在西河段，而只能在上郡段，與膚施故城比較近。酈道元說，帝原水「西北出龜茲縣，東南流，縣因處龜茲降胡著稱。又東南，注奢延水。又東，逕膚施縣南」。我理解，他說的「西北出龜茲縣」，不是說此水源出龜茲縣城（榆溪河的源頭是榆林市北的萬兔海子，不是這座城），而是說它源出龜茲縣境。當時的龜茲縣，範圍比較大，約與今榆林市相當（不包括榆林市的下轄縣）。「又東南，注奢延水。又東，逕膚施縣南」，則是說此水東南流，注無定河，往東走一點，縣城就在無定河的北岸。因此我懷疑，上郡膚施縣應在無定河北、海流兔河以東、秦長城以內某條河的旁邊（詳下）。這跟大家的看法不一樣。

(3) 榆溪河（參看《水經注》卷三）

源出榆林市北小壕兔鎮的萬兔海子，自北而南，在榆林市榆陽區魚河鎮的王沙坬（坬是低地），下注無定河。魚河鎮，對面是橫山縣黨岔鎮。西河圁陰縣就在黨岔鎮（詳下）。榆溪河（也叫榆林河），水名得自塞名（秦漢故塞多以榆為名，不止一處）。榆溪河與無定河交匯後，無定河東南流，與榆溪河並成一順兒，好像榆溪河的延續。酈道元講圁陰，是放在圁水節，先講白水城，再講神銜水。講完神銜水，他是跳過膚施城和帝原水（放在下奢延水節講），先講鴻門縣，再講圁陰、圁陽，這些都是西河郡的縣。他說：「圁水又東，梁水注之，水出西北梁谷，東南流，注圁水。又東，逕圁陰縣北。」顯然是把圁陰放在梁水與圁水交匯處講，並把圁陰的位置放在圁水南岸。他說的梁水，毫無疑問，就是榆溪河。過去，大家之所以把上郡膚施縣安在魚河鎮，主要就是因為，錯把榆溪河當成了帝原水。漢上郡龜茲縣和西河圁陰縣都在此水上。

(4) 大理河（參看《水經注》卷三）

源出靖邊東南，在無定河下，橫流，在綏德注入東南流的無定河。此河即酈道元提到的平水，確實是一條平流的水。他說，平水「出西北平溪，東南入奢延水」。今子洲縣位於這條河上。無定河和大理河，古代的名字很形象。圜者圓也，平者直也。兩者合在一起，好像上弧下弦一張弓。圜水是弓背，平水是弓弦。圁陰、圁陽改圜陰、圜陽，固然屬於通假（圁與圜古音相近），但也包含了意義上的變化，比原來更能顯示它的形狀特點。

(5) 淮寧河（參看《水經注》卷三）

源出子長北，在大理河下，橫流，也在綏德縣注入東南流的無定河。此河即酈道元提到的走馬水。他說，奢延水「又東，走馬水注之。水出西南長城北陽周縣故城南橋山」。這裡的「西南長城」，應指靖邊縣境內的秦長城。[160]這段話的意思是什麼？我理解，這是說走馬水的源頭在橋山，橋山在陽周故城南，陽周故城在靖邊長城北。這對判斷上郡陽周城和橋山的位置很重要。

---

159 他講奢延水，最後一句話是「自下亦為通稱也」，原文似乎是說，自此節以下，他是以「奢延水」為今無定河的統稱，圁水只是它的別名。酈道元講圁水，今本放在湳水後，不合順序，似乎應在奢延水後。

160 秦長城自寧夏入陝西，頭一站是定邊，第二站是靖邊。它是從靖邊南，先朝北走，到靖邊縣城，再向東拐，過楊橋畔，然後沿蘆河北上，橫穿山西境，奔榆林、神木。靖邊境內的長城是陝北長城的西南段，橫山、榆林、神木境內的長城是陝北長城的東北段。

（二）上郡南部的大河

1. 洛河

源出定邊南梁山，從西北往東南流，在大荔、華陰交界處、華倉遺址北流入渭河。洛水有二，河南洛水和陝西洛水，前者入河，後者入渭。河南洛水見《水經注》卷十五，陝西洛水見《水經注》卷十九結尾。酈道元講渭水，講到最後，只有一句話，「洛水入焉。」公元前四〇九年，秦簡公塹洛為防。這是秦晉爭奪的生命線。陝西大河，除渭河橫行，黃河縱流，往往斜行，東南流，洛河以上的河多入河，洛河以下的河多入渭。兩周秦漢，國都皆橫陳於渭河流域。如汧渭之會有陳倉（雍城、岐周居其東），涇渭之會有咸陽、長安，洛渭之會有華陰（潼關居其東）。今有吳起、甘泉、富縣、黃陵四縣在洛河上。漢上郡洛都、襄洛二縣可能在此水上。

洛河支流，主要有兩條：

(1) 葫蘆河

源出甘肅華池北田莊村。酈道元沒有提到這條河。葫蘆河與洛河交匯處是今洛川縣。

(2) 沮河（《水經注》卷十六〈沮水〉）

源出黃陵縣西北子午嶺上的沮源關。此河與《詩經・大雅・綿》所說沮水無關，是另一條沮水。沮河與洛河交匯處是今黃陵縣。漢上郡淺水縣在此水上。

2. 延河

古稱區水，源出靖邊南，東南流，在延長縣注河，酈道元叫清水。《水經注》卷三〈河水

延長：水中出石油

三〉：「清水又東，逕高奴縣，合豐林水，〈地理志〉謂之洧水也。」高奴縣在延安市寶塔區中心，延河北岸。豐林水即豐富川，東南流，在李家渠鎮注入延河，赫連勃勃的豐林城就建在此鎮以東的周家灣。延河過高奴城，左合豐富川，向東流，經姚店鎮、甘谷驛鎮，流入延長縣。酈道元說延河東段，《漢書・地理志》叫洧水。今本《漢書・地理志》謂高奴縣「有洧水，可爇（燃）」。有人以為，既言洧水可燃，洧水就是石油。但酈道元引之，「可」上還有「肥」字，意思是說，洧水富含油脂，油脂可燃，仍把洧水當水名。延長出石油，自古有名。一九〇七年，中國的第一口石油鑽井，「延一井」，就打在延長縣城，現在陝西延長石油集團仍在延長採石油。石油，唐段成式《酉陽雜俎》卷十叫「石脂水」，宋沈括《夢溪筆談》卷二四叫「石油」。此次考察，有延長石油集團的專家陪同，我們曾於延長安溝河目睹水中岩縫出石油，足證古人之言不虛。漢上郡高奴縣在此水上。

3. 雲岩河（參看《水經注》卷三〈河水三〉）

此河分上下兩段，上游流經延安市麻洞川鎮，舊稱麻洞川，今稱汾川河；下游流經宜川縣雲岩鎮，才叫雲岩河。這是現在的劃分。古人有另一種劃分，是以黑水、白水分。《水經注》卷三〈河水三〉：「黑水出定陽縣西山，二源奇發，同瀉一壑。東南流，逕其縣北，又東南流，右合定水，俗謂之白水也。水出其縣南山定水谷，東逕定陽故城南。應劭曰：縣在定水之陽也。定水又東，注于黑水，亂流東南，入于河。」黑水、白水怎麼分？主要看它們的源頭。今延安市有南泥灣鎮。這個南泥灣，現在因一九四一年八路軍三五九旅在此搞大生產運動而大出其名，古代很重要。雲岩河有兩個源頭，一個源頭在此鎮以西，一個源頭在此鎮以南。黑水的源頭在延安西，其水東南流，流到南泥灣，算告一段落。此鎮以南七・五公里有崂山，崂山東麓有九龍泉。九龍泉從右手方向匯入，繼續向東南流，最後在宜川入河。接下來這一段叫白水。白水即古定水。漢上郡定陽縣在定水上。定陽的意思是說在定水北岸，估計就在南泥灣鎮附近。

4. 漆水河和石川河（參看《水經注》卷十六）

此漆水河非涇西漆水河，與彬縣水簾河、麟游漆水河、岐山横水河無關。《水經注》有兩漆水，一見〈漆水〉，一見〈沮水〉，都在卷十六。這裡的漆水是〈沮水〉篇的漆水。此河源出銅川市北，與沮水合，進入富平縣，叫石川河。石川河東南流，在臨潼東北入渭。漢上郡漆垣縣在漆水河上。

二、上郡的演變

陝西地圖像個跪坐之人，臉朝西北（匈奴），背對黃河，屁股坐在渭河、秦嶺上。秦漢帝國，所有國都都在渭河流域。上郡和西河郡是它的北部屏障。

上郡諸縣，有個最大特點，它是傍著秦直道。其北部有長城斜穿其境，邊防重鎮是在長城線上，其他邊城，以障塞相連，散佈在長城外的毛烏素沙漠裡。南部不一樣，城邑多在洛河、延河、雲岩河和漆水河上，大體是沿秦直道的內側走。

上郡亦稱上地。秦惠文王十年（前三二八年），魏納上郡十五縣於秦，秦始擴其東境於黃河西岸。秦設上郡於秦昭王三年（前三〇四年）。楚義帝元年（前二〇六年）正月，秦亡，項羽分關中之地為四國，封董翳（故秦將）為翟王，王上郡。當年八月，董翳降漢。班固注：「秦置。高帝元年更為翟國，七月復故。」「七月」當作「八月」。

西漢上郡，早期因秦。元朔四年（前一二五年），武帝把上郡一分為二，西部不變，東部析為西河郡。上郡近胡，有匈歸都尉，班固注：「匈歸都尉治塞外匈歸障，屬并州。」顏師古注：「匈歸者，言匈奴歸附。」上郡住著不少匈奴移民，是個漢胡混居的地區。

東漢永和五年（一四〇年），漢畏胡勢，上郡遷夏陽（今韓城），是向東南方向撤退。

上郡之地，有秦直道縱貫南北，乃古代的「國防高速」，其他道路，還有許多。今高速路，銅川至延安是一條道，延安至榆林是兩條道，仍可反映古道的大致走向。南道，銅川至延安，走漢上郡地。北道分岔，西路走漢上郡地，東路走漢西河地。上郡居民點稀，西河郡居民點密。東路比西路更重要。

三、上郡二十三縣

膚施：疑在橫山西北與榆林東南交界處，秦長城和無定河的夾角裡。[161]班固注：「有五龍山、帝原水、黃帝祠四所。」

【案】膚施是上郡首縣，為上郡治所。上郡二十三縣，此縣最重要，但誰也說不清它到底在哪裡，令人遺憾。舊說膚施在榆林魚河堡，主要是因為把帝原水當成榆溪河，以為膚施故城一定在榆溪河與無定河的夾角裡。但現在大家都已知道，榆溪河與無定河的交匯處是漢圁陰縣，膚施還在它的西面，肯定不在這一帶。吳鎮烽懷疑，膚施在靖邊楊橋畔的龍眼城，[162]雖把膚施放在西邊，比起舊說把它放在東邊好，但這個位置又太偏西南，遠離無定河，也不符合古人的描述。尋找膚施，班固說的膚施四祠是重要線索。《漢書‧郊祀志》說，漢宣帝「立五龍山仙人祠及黃帝、天神、帝原水，凡四祠于膚施」。對比可知，班注遺天神祠。五龍山仙人祠，山在橫山城殿鎮五龍山村，高出地面七十公尺，山上有廟（前身是唐代的法雲寺），是膚施境內的第一名山。[163]黃帝祠與黃帝陵有關。黃帝陵在陽周橋山。我們從考古發現看，龍眼城才是陽周（詳下）。祠、廟如果比鄰，則黃帝祠可能在橫山西南。帝原水，東南流，注無定河，是膚施境內的第一名川。上文已說，此水可能是海流兔河以東的某條河。我懷疑，可能即喇嘛塔梁以東的那條河。[164]這一山一水一廟，可以卡定膚施縣的大致範圍。我看，今橫山、榆林間，只有一個地方最符合這一條件，這就是秦長城和無定河的夾角。今橫山縣的西部，縣城在蘆河上，秦長城和兩道明長城夾河而上，包著它的西北兩面，[165]五龍山在其東，我想，這一塊就是膚施縣的南部，而膚施縣的北部，一定是榆林市的西南角。鄜道元說，膚施城在帝原水和奢延水交匯處以東，奢延水是從膚施縣南流過，可見城在北岸。上郡別名增山，酈道元引司馬彪說：「增山者，上郡之別名也。」增有積高累重之義。增山者，猶言重巒疊嶂。今橫山縣南有橫山山脈，平均海拔一千四百公尺，縣名雖晚出（一九一四年），但以山名縣，正合古義，可以反映膚施的地形地貌。它的位置，估計應在秦長城和無定河的交叉點。長城線上，北有龜茲，南有陽周，它是中心。無定河上，西有白土、奢延，東有圜陰、圜陽，它也是中心。上文提到無定河上有「膚施五縣」。我把它們從西到東排了個順序：膚施第一，鴻門第二，圜陰第三，平周第四，圜陽第五。這五縣，膚施屬上郡，鴻門、圜陰、平周、圜陽屬西河，兩郡界線在膚施、鴻門之間，可見沒法把膚施放在鴻門以東。另外，順便說一下，古代叫膚施的地名不止一處。《史記・趙世家》：「（趙惠文王）三年，滅中山，遷其王于膚施。」前人都說，這個膚施就是上郡膚施，不對。這個問題，我討論過。[166]趙遷中山王於膚施，那個膚施是山西五台的慮虒城。中山是滹沱河上的國家，慮虒在滹沱河上游，靈壽在滹沱河下游，趙遷其君，只是把他從下游遷到上游，

---

[161] 這裡的秦長城指秦昭王長城，現存遺跡時斷時續，明長城可以反映它的大致走向。

[162] 上引吳鎮烽文，五八—五九頁。

[163] 《水經注》卷三〈河水三〉：「司馬彪曰：增山者，上郡之別名也。東入五龍山，〈地理志〉曰：縣有五龍山、帝原水，自下亦為通稱也。歷長城東，出于赤翟、白翟之中。」這段話比較費解，「東入五龍山」也許是說增山東入五龍山。

[164] 今榆林市西南角，海流兔河上有紅石橋鎮，鎮東有古城界遺址。此城在秦長城外。膚施古城應在秦長城內，估計還在其東，大約在波羅堡對面。

[165] 明長城，不但修西牆，設懷遠堡（即今縣所在），還在無定河南岸加北牆，設波羅、響水二堡，把它的西北兩面全包起來。

[166] 李零〈滹沱考〉，《黃盛璋先生八秩華誕紀念文集》，北京：中國教育文化出版社，三四五—三四七頁；〈再說滹沱〉，《中華文史論叢》二〇〇八年第四期，二五—三三頁。

陽周，龍眼城遺址出土漢代陶罐

並不是說，把他送到陝北。更何況，當時上郡屬秦，膚施是秦縣。

獨樂：今地待考。班固注：「有鹽官。」

【案】周振鶴說：「治今陝西橫山縣東。」（《匯釋》三七六頁）舊多懷疑，獨樂可能在米脂一帶，但吳鎮烽據漢畫像石題記考證，米脂一帶的漢縣有平周。[167]榆林地區富藏岩鹽，主要分佈在榆林、米脂、綏德、佳縣、吳堡，儲量達六萬億噸，佔全國儲量的一半。

陽周：秦縣，疑即靖邊楊橋畔的龍眼城。後漢省。班固注：「橋山在南，有黃帝冢。莽曰上陵時。」

【案】蒙恬常住上郡，死葬陽周城，見《史記》的〈項羽本紀〉、〈李斯列傳〉、〈蒙恬列傳〉，說明陽周必在膚施附近。「陽周」見秦兵器，如北京故宮博物院藏陽周矛（兩件）。[168]陽周有黃帝陵。《水經注》卷三〈河水三〉：「陽周縣故城南橋山，昔二世賜蒙恬死于此。王莽更名上陵時，山上有黃帝冢故也。帝崩，惟弓箭存焉，故世稱黃帝仙矣。」此陵不是黃陵縣的黃帝陵，而是與膚施為鄰的黃帝陵。龍眼城在靖邊楊橋畔鎮楊橋畔村龍眼水庫北側，位於蘆河北岸、秦長城內側，是個長一千三百公尺，寬六百公尺的大城。遺址出土過一件東漢陶罐，銘文作「陽周塞司馬」。這次在靖邊文管會看庫房，有幸見到這件陶罐。很多學者認為陽周就是這座古城。我認為，從地理形勢看，此說最合理。楊橋畔，今名緣何而起，值得調查，或即陽周橋山之謂也。

木禾：今地待考。後漢省。

【案】木禾，或以樹木為嘉禾？[169]

平都：或與平水（大理河）有關。後漢省。

【案】趙有平都，在山西忻州，與此無關。周振鶴說：「治所當在今陝西子長縣西南。」（《匯釋》，三七七頁）這裡的平都或與平水有關。平水是大理河，流經今子洲縣境，在膚施以南。遼寧博物館藏平都矛，矛上刻有四個地名，「平都」是第一。[170]

淺水：在黃陵西北沮河北岸。班固注：「莽曰廣信。」後漢省。

京室：即白水縣北粟邑城。班固注：「莽曰積粟。」後漢省。

【案】「京室」者，崇屋廣廈之謂也，疑指倉儲之所。《水經注》卷十六〈沮水〉說，沮水「又東，逕粟邑縣故城北，王莽更名粟城也」。這兩條皆與沮河有關。

洛都：秦縣，或與洛水有關。後漢省。班固注：「莽曰卑順。」

【案】洛水沿岸是上郡西北到關中的大通道。今有洛川，在洛水之上。洛川，後秦建初八年（前三九三年）置，不知是否與洛都有關。「洛都」見秦兵器，如十二年上郡守壽戈，[171]內刻「洛都、洛、平陸」，胡刻「廣衍、洛都」和「歐」。

[167] 上引吳鎮烽文，五三—六九頁。

[168] 中國社會科學院考古研究所編《殷周金文集成》，北京：中華書局，二〇〇七年，第八冊，一一四六三、一一四六四。

[169] 榆林地區，長城以外，地勢平緩，多風沙草灘地，植被以耐寒耐旱的紅柳（檉柳）、枳芨（芨芨草）、蛤蟆草（白刺）為主，與內蒙古相似。因為樹少，所以貴之。我相信，植樹造林，不自今日始。古代移民戍邊，一樣植樹造林，如所謂榆塞，就是樹榆為塞。

[170] 《殷周金文集成》，第八冊，一一五四二。

[171] 《殷周金文集成》，第七冊，一一四〇四。

白土：漢初已有，見〈高祖本紀〉、〈韓信盧綰列傳〉，疑在內蒙古烏審旗陶利鎮（蘇布日廟，也叫陶利蘇木）附近。班固注：「圜水出西，東入河。莽曰黃土。」顏師古注：「圜音銀。」

【案】班固注是講無定河的流向：圜水出白土西，為一頭；東流入河，為一尾。顏師古注則把「圜水」讀成「圁水」。《水經注》卷三〈河水三〉：「圁水出白土縣圁谷東，東逕其縣南。」酈道元講得很清楚，圁水出圁谷，圁谷在白土西，圁水出圁谷，流經白土縣南，可見白土在無定河上游，離它的北源很近。《史記・匈奴列傳》正義引《括地志》：「白土故城在鹽州白池東北三百九十里。」鹽州白池在陝西定邊西，白土故城在其東北，方向很對，「三百九十里」，距離也合適。關於白土，有兩種誤解，一說白土即統萬城，一說白土即神木大堡當漢城。榆林地區多白城，如統萬城就是用白色三合土夯築，其南有村，叫白城則。但《史記・三王世家》褚先生曰，謂諸侯王始封者受土於天子之社，歸立國社，「封于東方者取青土，封于南方者取赤土，封于西方者取白土，封于北方者取黑土，封于上方者取黃土」。「白土」只是五行說的方色之一。王莽改白土為黃土，正是附會五行說的方色。五行說，白色代表西方，黃色代表中央，白色換黃色，象徵中國勝西方。可見白土以白土為名，未必與牆土之色有關，只是表示城在西方而已。白土即神木大堡當漢城，其說蓋襲譚其驤，以禿尾河為圁水。圁水不是禿尾河，上已辯明，這裡不再多說。[172]

襄洛：今地待考。後漢省。班固注：「莽曰上黨亭。」

【案】周振鶴說：「治所當在今富縣西北。」（《匯釋》，三七八頁）襄洛可能也與洛水有關，富縣正在洛水上。北魏孝文帝改襄洛為襄樂，遷於甘肅寧縣，非此。

原都：今地待考。後漢省。

【案】「原都」見《史記・孝景本紀》，漢初已有。

漆垣：秦縣，在銅川漆河畔。班固注：「莽曰漆牆。」後漢省。

【案】垣、牆同訓。「漆垣」見於秦兵器，如遼寧省博物館藏漆垣戈。[173]秦上郡守監造的兵器多出漆垣工師之手，銘文「漆垣」可以省稱「漆」。

奢延：在內蒙古鄂托克前旗城川鎮（城川蘇木）附近。班固注：「莽曰奢節。」

【案】奢延是無定河南源，附近有奢延澤。奢延，估計是匈奴語，含義不詳。「奢延」改「奢節」，延者伸也，節者止也，含義相反。「奢節」可能指對過分的行為加以限制。《水經注》卷三〈河水三〉：「（河水）又南，奢延水注之。水西出奢延縣西南赤沙阜，東北流。……俗因縣土，謂之奢延水，又謂之朔方水矣。」照此描述，奢延水在奢延城西南，奢延城在奢延水東北，水是因城而名。今城川鎮東北有唐宥州城址，不知是否建於漢城遺址上。

雕陰：秦縣，在富縣北。顏師古注：「雕山在西南。」

【案】雕陰曾為戰國魏縣，見《史記》的〈魏世家〉、〈蘇秦列傳〉，秦奪之。該縣西南有雕山，雕陰在雕山北，故名。

推邪：今地待考。班固注：「莽曰排邪。」後漢省。

【案】推、排同訓，俱有辟除、驅斥之義，「推邪」「排邪」猶言辟邪。

楨林：舊說在內蒙古準格爾旗西南。後漢省。

高望：秦縣，在內蒙古烏審旗北。後漢省。班固注：「北部都尉治。莽曰堅寧。」

---

[172] 內蒙古伊金霍洛旗阿勒騰席熱鎮車家渠村四社西南一公里有一小城（邊長只有兩百三十公尺），見中國國家文物局主編《中國文物地圖集》內蒙古自治區分冊，北京：文物出版社，二〇〇三年，下冊，五九四頁。有人把這個小城定為上郡白土縣故城，也不可信。

[173] 《殷周金文集成》，第七冊，一〇九三五。

【案】漢代邊郡常設都尉，按方向分部，治部下障塞。上郡有北部都尉二、屬國都尉一。高望是北部都尉的治所。「高望」見秦兵器，如北京故宮博物院藏高望矛（兩件）和一九八一年河北省正定縣出土高望戈，就是北部都尉的兵器。[174]又九年𢦔丘令戈也有這個地名。[175]

雕陰道：在甘泉縣西，位於雕陰和高奴之間。後漢省。

龜茲：即榆林市北的古城灘古城。班固注：「屬國都尉治。有鹽官。」顏師古注：「龜茲國人來降附者，處之於此，故以名云。」

【案】漢代邊郡常設屬國都尉。屬國是安置歸義降胡的地方，漢從新疆遷龜茲民於此城，也屬於這種性質。「屬國」，本作「屬邦」。「屬邦」常見秦兵器，漢代避諱，改為「屬國」。古城灘古城，在榆林市青雲鎮古城灘村，是榆林地區現已發現規模最大的漢城（周長四千八百公尺）。《水經注》卷三〈河水三〉：「河水又南，諸次之水入焉。水出上郡諸次山。……其水東逕榆林塞，世又謂之榆林山，即《漢書》所謂榆溪舊塞者也。自溪西去，悉榆柳之藪矣，緣歷沙陵，屆龜茲縣西北，故謂廣長榆也。」酈道元提到龜茲，是與榆林塞並說。他說的「諸次水」，一般認為是佳蘆水，但佳蘆水偏南，上游不及長城，似乎不可能東逕榆林塞。上面已經澄清，此水應是禿尾河。「榆林塞」，不是縣，只是塞。這個塞是龜茲縣的塞，位置應在古城灘古城的西北，位於禿尾河上。這個榆林塞和現在的榆林是什麼關係，中間沒有線索。學者認為，今榆林城是從明榆林寨發展而來，早先根本沒有榆林城。早先只有三座古城以榆為名，一是趙武靈王時的榆中，二是蒙恬、衛青時的榆溪塞，三是隋以來的勝州榆林城。[176]勝州榆林城即著名的十二連城（在準格爾旗北，離托克托不遠），年代太晚，酈道元不可能提到。王恢以此塞為榆林塞，蘇林以此塞為榆中，酈道元俱以為非。他說，榆溪塞應在朔方郡的陰山，榆中應在金城（甘肅蘭州），都不在上郡的範圍之內。

但他並不否認，龜茲西北有榆林塞。

定陽：秦縣，上文考證，其地在古定水北岸，即今延安東南的南泥灣。顏師古注引應劭說：「在定水之陽。」

【案】定陽見《戰國策・齊策五》，戰國已有。「定陽」見秦兵器，如北京故宮博物院藏□年上郡守戈。[177]

高奴：秦縣，在延安市寶塔區橋兒溝鎮尹家溝村西。

【案】高奴城規模較大（長一千公尺，寬九百公尺）。「高奴」見於秦兵器，如高奴矛，[178]以及七年上郡守間戈。[179]秦上郡守監造的兵器多出於高奴工師和漆垣工師之手，銘文「高奴」可以省稱「高」。一九六四年西安市高窯村出土高奴權，[180]一九七九年旬邑縣出土高奴簋，[181]也是高奴製造。

望松：今地待考。後漢省。班固注：「北部都尉治。」

【案】雲中郡有兩東部都尉、兩西部都尉、兩中部都尉。王先謙《補注》：「一郡二北部，蓋

[174] 《殷周金文集成》，第八冊，一一四九二、一一四九三；樊瑞平、王巧蓮〈正定縣文物保管所收藏的兩件戰國有銘銅戈〉，《文物》一九九九年第四期，八七—八八頁。
[175] 《殷周金文集成》，第七冊，一一三一三。
[176] 侯仁之、袁樾方〈風沙威脅不可怕，「榆林三遷」是謠傳——從考古發現論證陝北榆林城的起源和地區發展〉，《文物》一九七六年第二期，六六—七二轉八六頁。
[177] 《殷周金文集成》，第七冊，一一三六三。
[178] 《殷周金文集成》，第八冊，一一四七三。
[179] 陶正剛〈山西屯留出土一件「平周戈」〉，《文物》一九八七年第八期，六一—六二頁。
[180] 陝西省博物館〈西安市西郊高窯村秦高奴銅石權〉，《文物》一九六四年第九期，四二—四五頁。
[181] 盧建國〈陝西銅川發現戰國銅器〉，《文物》一九八五年第五期，四四—四六頁。

誤文。」未必。

宜都：在高望附近。後漢省。班固注：「莽曰堅寧小邑。」

【案】王先謙《補注》：「縣無四字為名者，疑小字衍。」不對。堅寧即上高望，宜都是高望附近的小城。

四、小結

以上二十三縣，似可分為四區：[182]

（一）鄂爾多斯地區南部（在秦長城外，多障塞，是漢胡爭奪區）

1. 準格爾旗：楨林。
2. 烏審旗：高望、望松、宜都、白土。
3. 鄂托克前旗：奢延。

（二）榆林地區（在秦長城沿線）

1. 秦長城榆林段：龜茲。
2. 秦長城榆林至橫山段：膚施。
3. 秦長城靖邊段：陽周。

這三個城，上面已說，龜茲、陽周都是一等大城。膚施的規模應該不在其下。

（三）延安地區

1. 子長：平都。
2. 延安：高奴、定陽。
3. 甘泉：雕陰道。
4. 富縣：雕陰。
5. 黃陵：淺水。
6. 疑在洛水上：洛川、襄洛。

（四）銅川地區

1. 白水：京室。
2. 銅川：漆垣。

（五）其他：獨樂、木禾、原都、推邪。

這二十三縣，廣施很重要，可惜至今沒有找到相應的城址。

（原載《九州》第五輯，北京：商務印書館，二〇一四年）

---

182 這二十三縣，有十縣見於張家山漢簡《二年律令》的〈金布律・秩律〉。它們是高奴、雕陰、洛都、漆垣、定陽、陽周、原都、平都、高望、雕陰道。參看張家山二四七號漢墓竹簡整理小組編《張家山漢墓竹簡（二四七號墓）》，北京：文物出版社，二〇〇一年，一九二—二〇三頁。

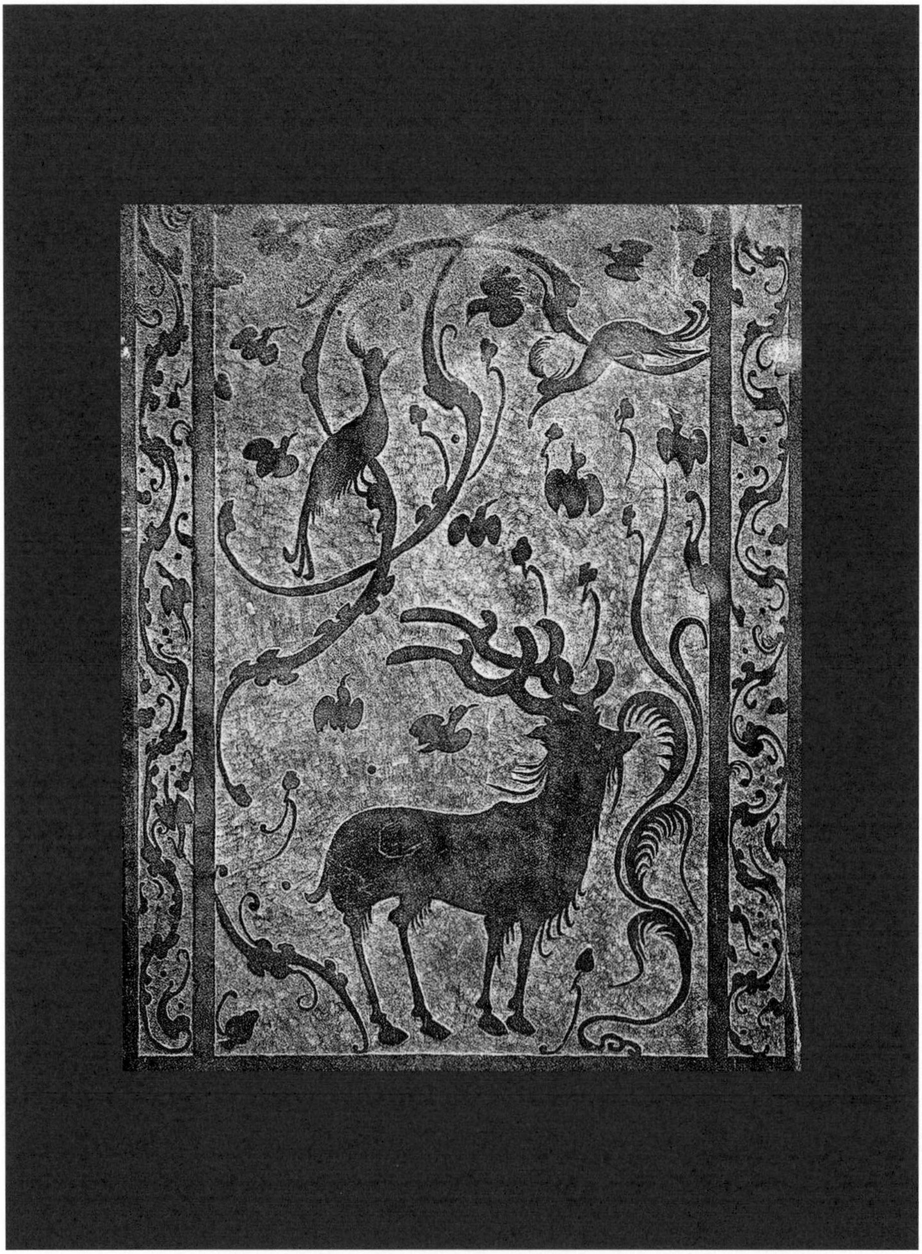

陝北畫像石

陝北筆記（下）——讀《漢書・地理志》西河郡

一、西河郡的大河

西河郡，所謂西河，本來是三晉，特別是魏國的概念。「西」指三晉以西，「西河」是三晉以西的黃河兩岸。黃河之水，自西往東流，有個大拐彎，上凸如几字形。西河諸縣，主要分佈在這個几字形的東半。有些在黃河內蒙段的南岸，有些在黃河山陝段的兩岸。

酈道元講西河郡的大河，其敘述順序是：湳水、端水、諸次水、陵水、湯水、離石水、奢延水、龍泉水、契水、大蛇水、辱水、區水、定水。其對應今水主要是：

1. 納林川和黃甫川（在黃河西岸）

這是同一條河的上下兩段。此河源出內蒙古準格爾旗點畔溝，在山西府谷縣黃甫鎮川口村入河。納林川是此河上游，指它流經準格爾旗的一段；黃甫川是此河下游，指它流經府谷縣的一段。湳水是納林川和黃甫川的統稱。《水經注》卷三〈河水三〉：「河水又右，得湳水口。水出西河郡美稷縣，東南流。……其水俗亦謂之為遄波水，東南流入長城東。咸水出長城西咸谷，東入湳水。湳水又東南，渾波水出西北窮谷，東南流注于湳水。湳水又東，逕西河富昌縣故城南，王莽之富成也。

湳水又東流，入于河。」黃河經內蒙古高原，向南轉，折向陝西、山西間的峽谷，頭一條支流就是這條河。漢西河富昌、美稷二縣在此水上。美稷縣在納林川上，富昌縣在黃甫川上。

2. 窟野河（在黃河西岸）

今神木縣在窟野河上。窟野河是古代什麼河，一向不清楚。酈道元講完湳水講端水。從敘述順序看，端水應即窟野河。《水經注》卷三〈河水三〉：「河水又東，端水入焉。水西出號山，……而東流注于河。」窟野河，上游在內蒙古準格爾旗，叫烏蘭木倫河（蒙語的意思是「紅色的河」）。特牛川是這條河的支流。漢西河廣衍縣即在此川上。

3. 禿尾河（在黃河西岸）

酈道元叫諸次水。舊說諸次水是佳蘆河，不對。諸次水是禿尾河，說見上篇。

4. 佳蘆河（在黃河西岸）

源出榆林西北，在今佳縣佳蘆鎮入河。我們從酈道元的敘述順序看，佳蘆河應是諸次水下面的另一條河流，即酈道元所謂的湯水。《水經注》卷三〈河水三〉：「河水又南，湯水注之。《山海經》曰：水出上申之山，上無草木，而多硌石，下多榛楛。湯水出焉，東流注于河也。」佳蘆河是佳縣境內的大河。佳縣舊作葭縣，佳蘆河舊作葭蘆河。古無葭縣，金設葭州，明設葭縣，才有佳縣。今縣於唐代屬銀州地，漢代可能是圜陰縣的渡口。佳縣的對面是山西臨縣。兩縣往來，交通要道是佳縣佳蘆鎮和臨縣克虎鎮。

5. 湫水河（黃河東岸）

源出山西興縣東南，在山西臨縣磧口鎮大同磧入河。黃河流經大同磧，突然收窄，水勢湍急。湫水河，酈道元叫陵水。《水經注》卷三〈河水三〉：「河水又南，陵水注之。水出陵川北溪，南逕其川，西轉入河。」一九四八年，毛澤東從陝西去山西，本想從佳縣渡河，為了避敵耳目，特意把渡口選在佳縣南境外，從吳堡岔上鄉川口村登舟，在臨縣磧口鎮高家塔村上岸。登岸處即湫水河入河處。漢西河臨水縣在此水上，現在叫臨縣。

6. 無定河綏德段（在黃河西岸）

無定河是橫穿上郡、西河兩郡的大河，說見上篇。漢「圜施五縣」在無定河上，除圜施屬上郡，其他四縣屬西河郡，圜陽是最後一縣。圜陽在綏德（詳下）。吳堡在綏德東。古無吳堡，金設吳堡縣，才有吳堡。今縣於唐代屬綏州地，漢代可能是圜陽縣的渡口。吳堡對面是山西柳林。兩縣往來，交通要道是吳堡宋家川鎮和柳林軍渡村。

7. 三川河（在黃河東岸）

源出方山東北離石山（赤堅嶺），酈道元叫離石水。《水經注》卷三〈河水三〉：「河水又南得離石水口，水出離石北山，南流逕離石縣故城西。……其水又南出西轉，逕隰城縣故城南。……其水西流，注于河也。」三川河包括北川河、東川河、南川河。北川河是三川河的幹流，流經離石，從柳林交口鎮入河。東川河（分大東川和小東川）和南川河是北川河的支流。漢「離石五縣」，離石、皋狼、藺、隰成在北川河上，中陽在南川河上。這五縣都屬於西河郡。

8. 無定河清澗段（在黃河西岸）

古無清澗，北宋設清澗城（寬州城），金設清澗縣，才有清澗。今縣於唐代屬綏州，漢代屬圜陽。無定河在清澗入河，入河處叫河口村。其北有渡口，陝西一側叫辛關，山西一側叫東辛關。一九三六年，毛澤東率紅軍東征，就是從辛關渡河。這一渡口，兩岸多商代遺址（與鬼方有關）。李家崖商代城址就在辛關附近。石樓出商代銅器，義牒最多。義牒鎮就在東辛關附近。

9. 屈產河（黃河東岸）

源出山西石樓東南，在柳林下塌上村入河（劉志丹烈士殉難處在附近），酈道元叫龍泉水。《水經注》卷三〈河水三〉：「縣有龍泉，出城東南道左山下牧馬川，上多產名駒，駿同滇池天馬河。其水西北流，至其城東南，土軍水出道左高山，西南注之。龍泉水又北，屈逕其城東，西北入于河。」漢西河土軍縣在這條河上。酈道元講完龍泉水，還提到兩條河：契水和大蛇水，因為和下面的討論無關，這裡不再談。

10. 秀延河和清澗河（在黃河西岸）

源出子長縣，經清澗、延川，從延川入河，酈道元叫秀延水。今子長段仍叫秀延河，清澗、延長段則叫清澗河。《水經注》卷三〈河水三〉：「河水又南，右納辱水。……其水東流注于河，俗謂之秀延水。」

這十條大河，全是與西河諸縣有關的河，俱見《水經注》卷三〈河水三〉。這些河都是龍門口以上的河。龍門口以下，要看《水經注》卷四〈河水四〉。後者提到一條河：「赤水出西北罷谷，東流謂之赤石川，東入于河。河水又南合蒲水，西則兩源俱發，俱導一山，出西河陰山縣，王莽之山寧也。」赤水源出黃龍縣中部，在宜川壺口鎮的縣川口入河。漢陰山縣屬西河郡，卻跟這條河有關，附記於此。

二、西河郡的演變

班固注：「武帝元朔四年置。南部都尉治塞外翁龍、埤是。莽曰歸新。屬并州。」漢代的西河郡，是漢武帝元朔四年（前一二五年）始置，舊屬上郡。西河郡不僅有北部都尉和西部都尉，這裡還提到南部都尉，其治所在翁龍、埤是二塞。

西河，本來是三晉魏國的地理概念，指黃河山陝段西岸。秦奪西河後，把它併入秦國的上郡。秦國的上郡，不僅包括整個陝北，還包括黃河內蒙段南岸（古人也稱「河南」）。秦國沒有西河郡。漢西河諸縣，見下引秦兵器，往往與秦上郡守有關。

漢代的西河郡，主要與黃河有關，不僅包括黃河南岸和西岸本來屬於秦上郡的縣，也包括黃河東岸秦人奪取的趙縣。

三、西河郡三十六縣

富昌：在府谷古城鎮。班固注：「有鹽官。莽曰富成。」

【案】古城鎮在準格爾旗東南、府谷縣西北，正好在它們的邊界上，既是陝西省的東北角，也是漢西河郡的東北角。古城鎮有兩個古城址，一個在鎮北古城村，年代早一點（戰國至西漢）；一個在鎮東前城村，年代晚一點（漢代）。古城城址小（邊長五百公尺），前城城址大（五十萬平方公尺），疑即時間略有早晚的兩個富昌城。《水經注》卷三〈河水三〉講湳水，提到此城。《漢書‧地理志》，首縣多為郡治，富昌也如此。

騶虞：今地待考。後漢省。

【案】騶虞是以獸苑為縣名。疑是塞外邊城。

鵠澤：今地待考。後漢省。

【案】鵠澤是以湖泊為縣名，鴻鵠集焉。疑是塞外邊城。

平定：舊說在富昌附近，現在從考古發現看，學者懷疑，杭錦旗西的霍洛柴登古城就是漢平定城。班固注：「莽曰陰平亭。」

【案】據《東觀漢記》記載，西河郡曾治平定，應該是座大城。霍洛柴登古城在杭錦旗西的浩繞柴達木蘇木（浩繞召），在整個鄂爾多斯地區，是規模最大的漢城（長一千四百四十六公尺，寬一千一百公尺）。城內出土「西河農令」銅印，也說明這裡曾是西河郡。莽縣或以亭名為縣名，下文有慈平亭、五原亭。此城西北還有一座漢城，敖楞布拉格古城，是個長五百三十公尺，寬五百公尺的城。

美稷：即內蒙古準格爾旗的納林古城。班固注：「屬國都尉治。」

【案】納林古城在納林鄉西北、納林川東岸，是個長四百一十公尺，寬三百六十公尺的城。納林川是黃甫川的上游，美稷在富昌西北。此縣是西河郡屬國都尉的治所，類似上郡龜茲，也是安置歸化民的地方。縣以農作物為名，很可能是農墾區。稷是穈子，美稷是其品質優良者。

中陽：秦縣，在山西中陽。

【案】中陽見《史記・趙世家》，初為趙邑，秦奪之。三晉貨幣有中陽布。「中陽」屢見秦兵器，如中國歷史博物館藏中陽戈、中陽矛，戈銘一面作「中陽」，一面作「饒」，矛銘一面作「中陽」，一面看不清。[183] 一九八三年內蒙古清水河縣拐子上古城出土中陽戈，胡刻大字「廣衍」，內刻小字「中陽」；[184] 一九八五年內蒙古伊金霍洛旗紅慶河鄉哈什拉村牛家渠出土十五年上郡守壽戈，[185] 內刻大字「中陽」和小字「西都」，還有一些磨損的字。中陽是「離石五縣」之一。我把這五縣從東到西排了個順序：離石最東，是五縣核心，排第一；皋狼在離石西北，排第二；中陽在離石南，排第三；藺在離石西，排第四；隰成在藺西，近河，排第五。

樂街：今地待考。班固注：「莽曰截虜。」

【案】「截虜」指阻截戎胡，疑是塞外邊城。

---

[183] 《殷周金文集成》，第七冊，一〇九八六；第八冊，一一四九四。案：矛銘，原釋「中陽」「卒人」，後者看不太清，似乎不是「卒人」。

[184] 烏蘭察布盟文物工作站〈內蒙古清水河縣拐子上古城發現秦兵器〉，《文物》一九八七年第八期，六三—六四轉七六頁。

[185] 陳平、楊震〈內蒙伊盟新出十五年上郡守壽戈銘考〉，《考古》一九九〇年第六期，五五〇—五五三頁；《殷周金文集成》，第七冊，一一四〇五。案：出土地即下虎猛縣。

徒經：今地待考。後漢省。班固注：「莽曰廉恥。」

皋狼：秦縣，在山西呂梁市離石區西北。

【案】皋狼，初為趙縣，秦奪之。此縣初名宅皋狼，周成王封趙氏於此，是趙國的故都。宅皋狼也叫蔡皋狼。《戰國策・趙一》、《韓非子・十過》提到知伯使人之趙，請蔡皋狼之地。皋狼是「離石五縣」第二縣。

大成：即內蒙古杭錦旗勝利鄉的古城梁古城。班固注：「莽曰好成。」

【案】「大成」、「好成」可讀「大城」、「好城」。古城梁古城是個長四百五十公尺，寬四百公尺的城，在上郡、西河兩郡的邊城中應該算一等大城。

廣田：今地待考。後漢省。班固注：「莽曰廣翰。」

【案】《史記・匈奴列傳》：「又北益廣田至眩雷為塞。」從語氣看，廣田必是漢地北境的邊城之一。縣以廣田為名，或許是農墾區。

圜陰：在橫山黨岔鎮南莊村。班固注：「惠帝五年置。莽曰方陰。」顏師古注：「圜，字本作圁，縣在圁水之陰，因以為名也。王莽改為方陰，則是當時已誤為圜字。今有銀州、銀水，即是舊名猶存，但字變耳。」

【案】圜陰設於漢初，在圁陽後。圁陽，戰國已有（見下圜陽）。圜陰、圁陽，初作圁陰、圁陽，改於何時，值得注意。圜者圓也，從袁得聲，袁與言古音相近，可以通假。顏師古以為王莽時，圁已寫成圜，否則不會改圜為方。這話很有啟發性。其實，改字的年代，從考古發現看，還要更早。例如張家山漢簡《二年律令》的〈金布律〉就已提到「圜陽」，說明至少呂后二年（前一八六年）前後，這種寫法就已出現。[186]我認為，圁改圜不僅是通假，也包含意義上的變化。圁水出

圜陰城，唐銀州城遺址出土磚志

「圜陰城」三字摹本

圁谷，最初只是地名，改字是為了形容河道的形狀。圁，後世又易為銀字。唐銀州、銀水，銀即圁字之變。唐代銀州，即漢代圁陰，銀水即漢代圁水。唐銀州城在榆溪河與無定河的交匯處。北岸是榆林魚河鎮王沙坬（坬是低地），南岸是橫山黨岔鎮銀灣（岔是兩河分岔處，灣是河道轉彎處）。黨岔鎮有二城，唐銀州城在山上，是西城或上城；漢圜陰城在山下，是東城或下城。漢城在無定河南岸，屬於圁水之陰，故名圁陰（後改圜陰）。唐城出土過兩方墓誌，一方是石志（此次未能看到），一方是磚志，兩種銘文都提到「圜陰」（這次考察，只見到後者），可見山下漢城是圜陰。現在，大家都已認識到，漢圜陰城跟唐銀州城有淵源關係，圜陰之圜、銀州之銀，字本作圁。圜陰在什麼地方，已經毫無問題。問題只是在於，它的範圍有多大。我的看法是，圁陰主要在橫山東

186 參看張家山二四七號漢墓竹簡整理小組編《張家山漢墓竹簡（二四七號墓）》，一九五頁。

（甚至包括米脂、佳縣的一部份），並不包括橫山西。橫山西，主要是膚施縣的地盤。圜陰是「膚施五縣」的第三縣。

益闌：今地待考。班固注：「莽曰香闌。」

【案】闌可讀蘭。《續漢書・地理志》作「益蘭」。

平周：秦縣，舊說在山西介休西，吳鎮烽考證，漢代平周在米脂縣境內。[187]

【案】三晉貨幣有平州布。平州即平周。平周見《史記》的〈魏世家〉、〈張儀傳〉，與曲沃並提。這個平周是戰國魏縣，與秦漢平周未必是一回事。平周見秦兵器，如平周矛，[188]以及七年上郡守間戈、廿五年上郡守厝戈、卌年上郡守起戈。[189]宋薛尚功《歷代鐘鼎彝器款識法帖》卷十九有平周鉦，釋文作「平周金銅鉦，重六斤八兩，平定五年受。圜陰」。這是和平周有關的漢代銅器。[190]一九七八年米脂官莊出土過一件漢畫像石，題記作「永和四年九月十日癸酉，河內山陽尉西河平周壽貴里牛季平造作千萬歲室宅」。吳鎮烽指出，墓主牛季平是歸葬故里，「西河平周壽貴里」就是他的故里。可見漢代平周是從河東搬到了河西。漢代平周亦作平州，如漢將軍路博德就是西河平州人。平周是「膚施五縣」的第四縣。

鴻門：在膚施、圁陰二縣間，有鴻門亭當其路。班固注：「有天封苑火井祠，火從地出也。」

【案】榆林地區屬鄂爾多斯油田，地下富含石油天然氣，古代就有發現，今歸中國石油長慶油田公司開採。《漢書・郊祀志》載漢宣帝神爵元年（前六一年）「祠天封苑火井祠于鴻門」。鴻門的位置很重要，不僅關係到中國油氣井的發現史，也關係到漢代的祠畤分佈。《水經注》卷三〈河水三〉：「圁水又東，逕鴻門縣，縣故鴻門亭。《地理風俗記》：『圁陰縣西五十里有鴻門亭、天封苑火井廟，火從地中出。』」《地理風俗記》是東漢應劭作，他明確提到鴻門亭的位置在圁陰縣西五十里。舊說鴻門在神木西南，是誤以圁水為禿尾河。現在，既然我們已經知道，圁陰在橫山黨岔鎮，則以道里計，鴻門的位置大約在今白界、響水一帶。鴻門是「膚施五縣」的第二縣。

藺：秦縣，在山西柳林北。

【案】藺，初為趙邑，趙武靈王時，秦奪之。《戰國策》、《史記》多次提到離石、藺，可見與離石比鄰。遼寧省博物館藏十一年閔令趙狽矛，[191]三晉貨幣有閔布，閔即藺。藺是「離石五縣」的第四縣。

宣武：今地待考，疑在鄂爾多斯地區。後漢省。班固注：「莽曰討貉。」

【案】「宣武」是耀武揚威，「討貉」是征討戎胡，必在邊塞之地。

千章：可能在內蒙古杭錦旗東南阿門其日格鄉一帶。今本「千章」是「干章」之誤。後漢省。

【案】一九七六年內蒙古杭錦旗阿門其日格公社（今阿門其日格鄉）軍圖大隊七小隊出土過一件漢干章銅漏，[192]壺身銘文作「干章銅漏一，重卅二斤，和平二年四月造」，樑上銘文作「中陽銅漏」，壺底銘文作「干章」，簡報據《漢書・地理志》，把銘文「干章」釋為「千章」。陳雍糾其

[187] 上引吳鎮烽文，六八—六九頁。
[188] 《殷周金文集成》，第八冊，一一四六五—一一四六七。
[189] 陶正剛〈山西屯留出土一件「平周戈」〉，《文物》一九八七年第八期，六一—六二頁；河南省文物研究所〈河南登封八方村出土五件銅戈〉，《華夏考古》一九九一年第三期，二九—三二頁；鄒寶庫〈釋遼陽出土的一件秦戈銘文〉，《考古》一九九二年第八期，七五七頁。
[190] 漢無「平定」年號，疑文有誤，「受」字可能是「造」字之誤。
[191] 《殷周金文集成》，第八冊，一一五六一。
[192] 伊克昭盟文物工作站〈內蒙古伊克昭盟發現西漢銅漏〉，《考古》一九七八年第五期，三一七轉三七一頁；《殷周金文集成》，第八冊，一一四〇四。

謬，指出釋文「千章」實為「干章」之誤，《漢書・地理志》反而錯誤，應據銘文訂正。[193]

增山：舊說在內蒙古鄂爾多斯市東勝區西北。後漢省。班固注：「有道西出眩雷塞，北部都尉治。」

【案】上郡增山，乃膚施別名。西河郡有另一增山，可能是借用其名。此縣是西河郡北部都尉的治所，有道西出，通眩雷塞。眩雷塞是障塞名。今東勝西有漢城遺址三：元圪旦城址（在罕台鄉）、寨子梁城址（在漫賴鄉）和莫日古慶城址（在漫賴鄉），規模都比較小。莫日古慶城址最大，也只有長三百公尺，寬一百五十公尺。

圜陽：秦縣，疑在綏德四十里鋪一帶。

【案】圜陽，原作圁陽，初為魏邑，秦奪之，設置在圁陰前。三晉貨幣有音昜布，音昜即圁陽。[194]「圁陽」見下引廣衍矛（見廣衍縣），[195]銘文原釋「□陽。廣衍，上武」，第一字缺釋，今從照片辨認，明顯從口，方圍中的筆劃，似為言字，而非睘字。「上武」是「上郡武庫」的省稱。「廣衍」即下廣衍縣。可見秦的上郡已有這個縣。圁陽在圁水東。水之北或水之東曰陽。榆林地區出土漢畫像石，以綏德最多；而綏德，以四十里鋪最多。今綏德縣在無定河西岸，四十里鋪在縣城北，正在無定河東岸。其榜題多見「西河圜陽」字樣，可見圜陽就在這一帶。圜陽是「膚施五縣」的第五縣。

廣衍：即內蒙古準格爾旗的烏日圖高勒古城。

【案】廣、衍互訓，都有「大」義。城在準格爾旗烏日圖高勒鄉川掌村，位於牸牛川上。遺址殘存東、北牆，東牆殘長三百九十公尺，北牆殘長八十七公尺。牸牛川是窟野河的支流。該城附近出土過三件帶「廣衍」銘文的器物：上塔墓地出土過秦十二年上郡守壽戈和廣衍矛（戈、矛相配，

圁陽，烏日圖高勒古城出土廣衍矛

西河圜陽，見綏德四十里鋪漢畫像石墓銘文

可能是一套），八垧梁—壕賴梁墓地出土過一件陶壺。[196]上引中陽戈（見中陽縣）也有這個地名。

武車：今地待考。後漢省。班固注：「莽曰桓車。」

【案】「武車」見《禮記・曲禮上》：「兵車不式，武車綏旌，德車結旌。」孔穎達疏：「武車亦革路也。取其建兵刃即云兵車，取其威猛即云武車也。」「桓車」，古人常以「桓桓」形容武士的威猛。《詩・周頌》有〈桓〉篇，序云：「〈桓〉，講武類禡也。〈桓〉，武志也。」此地可能是車師駐屯處。

虎猛：即內蒙古伊金霍洛旗的紅慶河古城。後漢省。班固注：「西部都尉治。」

[193] 陳雍〈「千章銅漏」辨正〉，《北方文物》一九九四年第三期，一二六頁。

[194] 參看裘錫圭〈戰國貨幣考（十二篇）〉第十篇，收入《裘錫圭學術文集》，上海：復旦大學出版社，二〇一二年，第三卷，二二一—二二二頁。

[195] 崔璿〈秦漢廣衍故城及其附近的墓葬〉，《文物》一九七七年第五期，二五—三七頁；《殷周金文集成》，第八冊，一一五〇九。

[196] 崔璿〈秦漢廣衍故城及其附近的墓葬〉，圖版三，一、三—五；《殷周金文集成》，第七冊，一一四〇四、第八冊，一一五〇九。

【案】虎猛見《漢書・匈奴傳》。西河郡有西部都尉，治所在虎猛，虎猛有制虜塞。此城較小（長一百三十六公尺，寬一百三十公尺）。

離石：秦縣，在山西呂梁市離石區。

【案】三晉貨幣有離石布。離石屢見《戰國策》、《史記》，常與藺並提。二邑初為趙縣，趙肅侯時，秦奪之。離石在古代很重要。《水經》講黃河山陝段，先講圁陽，後講離石。圁陽即綏德，在黃河西岸。河對岸有「離石五縣」。五縣之中，離石最重要。東漢永和五年（一四〇年），西河郡就是搬到這裡。離石是「離石五縣」的第一縣。

谷羅：舊說在內蒙古準格爾旗境內：一說在準格爾旗西南，一說在準格爾旗納林鄉，疑即該旗的榆樹壕古城。後漢省。班固注：「武澤在西北。」

【案】東漢，谷羅省，併入美稷。美稷古城在準格爾旗西南納林鄉，谷羅不可能在納林鄉，而應在它附近。榆樹壕古城在準格爾旗暖水鄉榆樹壕村，位於準格爾旗與達拉特旗交界處（有秦長城從這裡穿過），與美稷古城相距不遠（大約只有三十公里）。此城規模較大（長五百公尺，寬四百公尺），疑即漢谷羅城。武澤，本作虎澤。唐代避諱，改成武澤。虎澤是湖泊名，在內蒙古達拉特旗東南，正好在此城西北。

饒：今地待考。後漢省。班固注：「莽曰饒衍。」

【案】饒、衍互訓，詞義相近。「饒」見上引中陽矛（見中陽縣）。

方利：今地待考。後漢省。班固注：「莽曰廣德。」

隰成：秦縣，在山西柳林，對岸是陝西吳堡。後漢省。班固注：「莽曰慈平亭。」

【案】隰成即隰城，初為趙縣，秦奪之。《續漢書・郡國志》作「隰城」。隰者低濕，乃近河之地。成同城，戰國文字往往把成寫成城。隰成在柳林西，離黃河最近。莽改「慈平亭」，可能是用離河最近的渡口作縣名。三晉貨幣有隰成布，隰字省去阜旁。秦兵器則作「濕成」，如上引平都矛（見平都縣）有四個地名，其中第二作「濕成」，就是這裡的隰成。秦漢隰城是沿用趙縣隰城，與鄭縣隰城（見《左傳》、《國語》）無關。隰成是「離石五縣」的第四縣。

臨水：秦縣，在山西臨縣，對岸是陝西佳縣。後漢省。班固注：「莽曰（堅）〔監〕水。」

【案】臨水即古臨縣，以其近河，故稱「臨水」。莽改「臨水」為「監水」，臨與堅、監為通假字。「監水」可讀「鑑水」。此縣初為趙縣，秦奪之。它與隰成類似，也是山陝間的要津。臨水在「離石五縣」北。

土軍：秦縣，在山西石樓，對岸是陝西清澗，隋以來始稱石樓。後漢省。

【案】出土銅器有土匀錍（一九七四年山西省太原市太原電解廠揀選），銘文作「土匀，容三斗錍」。[197]三晉貨幣有土匀布。土匀即土軍，初為趙縣，秦奪之。土軍在「離石五縣」南。

西都：秦縣，估計在山西中陽附近。後漢省。班固注：「莽曰五原亭。」

【案】西都初為趙縣，秦奪之。《史記・趙世家》：「（趙武靈王）十年，秦取我西都及中陽」（〈秦本紀〉、〈六國年表〉作「中都」、「西陽」，是錯寫），「西都」與「中陽」並提，可見兩者比鄰。三晉貨幣有西都布。「西都」也見秦兵器，如元年郚令戈。[198]上引十五年上郡守壽戈（見中陽縣），「西都」亦與「中陽」並見。

平陸：秦縣，疑在離石東。

[197] 胡振祺〈太原揀選到土匀錍〉，《文物》一九八一年第八期，八八頁。《殷周金文集成》，第六冊，九九七七。

[198] 《殷周金文集成》，第七冊，一一三六〇。

【案】上引十二年上郡守壽戈（見廣衍縣）有「平陸」。平陸疑即平陵。平陵也叫大陵、大陸，初為晉邑，後為趙縣，原在今山西文水、交城一帶。漢平陸縣屬西河郡，可能偏西，疑在離石東。[199]

陰山：在陝西宜川，對岸是山西吉縣。後漢省。班固注：「莽曰山寧。」

【案】吉縣，古名北屈。黃河兩岸各有一壺口鎮。著名的壺口瀑布就在這一帶。

鯢是：今地待考。後漢省。班固注：「莽曰伏鯢。」

【案】「鯢是」可讀「鯢氏」。

博陵：今地待考。後漢省。班固注：「莽曰助桓。」

【案】上引高望矛（見高望縣），除「高望」，還刻「博」字。後面這個字，可能就是博陵的省稱。

鹽官：或在吳堡。後漢省。

【案】富昌設有鹽官。這個鹽官可能是另一鹽官。西河郡，繁華地區分佈在圜陽、離石道。吳堡李家原出土過西河太守鹽官掾賈孝卿墓畫像石。[200]疑此鹽官或在吳堡。

五、小結

上述三十六縣，似可分為兩區。[201]

（一）黃河內蒙古段南部（在內蒙古鄂爾多斯地區北部，地處上郡北，是漢胡爭奪區，多障

塞）

1. 準格爾旗：美稷、廣衍、谷羅、富昌（富昌在準格爾旗東南界外）。
2. 鄂爾多斯市東勝區：增山。
3. 伊金霍洛旗：虎猛。
4. 杭錦旗：平定、大成、干章。
5. 估計在此範圍內：騶虞、鵠澤、樂街、宣武、武車。

（二）黃河山陝段兩岸（西岸屬陝西榆林地區，東岸屬山西呂梁地區，地處上郡東，前身是秦趙爭奪區）[202]

1. 黃河西岸，陝西佳縣：圜陰。對岸，山西臨縣：臨水。
2. 黃河西岸，陝西橫山：鴻門、圜陰；米脂：平周；綏德：圜陽、鹽官。對岸，山西離石：離石、藺、皋狼；柳林：隰成；中陽：中陽、西都。平陸可能在「離石五縣」附近。
3. 黃河西岸，陝西清澗：圜陽。對岸，山西石樓：土軍。
4. 黃河西岸，陝西宜川：陰山。對岸，山西吉縣：北屈。
5. 估計在此範圍內：觬是、博陵。

---

[199] 齊地也有平陸，如《殷周金文集成》第七冊：一〇九二五、一〇九二六的平陸戈和一一〇五六的平陸左戟就是齊兵器。
[200] 李林等《陝北漢代畫像石》，西安：陝西人民出版社，一九九五年，二二〇頁：六四五。
[201] 這三十六縣，有七縣見於張家山漢簡《二年律令》的〈金布律·秩律〉。它們是：圜陽、平陸、饒、平周、西都、中陽、廣衍。參看張家山二四七號漢墓竹簡整理小組編《張家山漢墓竹簡（二四七號墓）》，一九二—二〇三頁。
[202] 但漢西河陰山縣，屬陝西延安地區。

（三）其他

徒經、廣田、益閬、饒、方利。

這三十六縣，圜陽很重要，可惜至今沒有找到相應的城址。

二〇一三年九月一日寫於北京藍旗營寓所

鞅椑榼

鞅椑榼底部的銘文

雍州日記

上學期講《禹貢》，忽然對雍州備感興趣。九州，螺旋排列，始於冀而終於雍。雍州西界在黑水、三危，北界在弱水、流沙，在九州中是最西最北的一州。黑水是哪條水？三危是哪座山？從甘肅到陝西怎麼走？周、秦、戎是什麼關係？早就想實地考察一下。徐天進（北大考古文博學院中國考古學研究中心主任）邀我參加他組織的中英聯合絲綢之路考察團，起點敦煌，終點寶雞，正好。

八月二十一日，晴。

天進給我的名單共二十二人：牛津大學八人，北京大學七人，人民大學一人，陝西考古研究院二人，寧夏文物考古所一人，甘肅文物考古所三人，考察日程為十五天。

北京飛敦煌，只有早上六點四十分一班。四點，任超來接。五點到第三航站，黎海超（徐天進的博士生）、張弛（北大考古文博學院副院長）和羅森（Jessica Rawson，牛津大學副校長）一行先後到。羅森送新作一篇。九點五十分到敦煌，陳建立（北大考古文博學院教授）來接。

從機場去市裡，順道看佛爺廟墓群。兩座魏晉墓，一座原地保存，一座自外遷來，都是用彩繪的畫像磚券砌。這種墓在河西走廊很流行。

這是一大片戈壁灘，不僅埋古人，也埋今人，寂寥空闊。古墓，墳丘四周起壟，圍成塋圈，風沙磨礪，仍然留有痕跡。今墓，也有塋圈，與古墓相似，但墳頭包磚，一圈一圈，整整齊齊，前面有墓碑，後面有圍屏。張弛說，內地人想永垂不朽的，不妨埋這裡，法老待遇——木乃伊。

遠山朦朧，我問當地人，這是何山，答曰三危山。原來這就是《禹貢》中的三危山。

宿太陽國際大酒店。

兩點三十分，看敦煌市博物館。看完博物館，買書。我提議看黨河。黨河在城西，用橡皮壩攔蓄，水面寬闊。中國縣市多如此。原來這就是《禹貢》中的雍州黑水（梁州也有黑水）。

回賓館，時間還早，逛集市，看土特產：肉蓯蓉、鎖陽、鳴山大棗、李廣杏。這裡有戈壁瑪瑙，都是小塊，最小一種，酷似葡萄乾，號稱葡萄乾瑪瑙。羅森買瑪瑙，她對奇石美玉有特殊愛好。

晚飯，驢肉、黃麵、啤酒。羅森考察，興趣在中國考古的外部環境，最後落實在中西異同，他們在飯桌上熱烈討論。我埋頭吃飯，Chris Gosden（牛津大學考古所所長）忽然向我發問，曰中西異同何在，予率爾對，中國傳統是一政府而多宗教，歐洲傳統是一宗教而多政府，他大呼perfect，說我的歸納最精闢。

〔備課〕

雍州，地跨陝、甘、寧三省，但不包括陝南山區。陝南山區屬於梁州，古人一向把它跟巴蜀視為一區。陝、甘、寧三省，甘肅、寧夏是頭，陝西是尾。陝西五條大河，汧、渭的源頭在甘肅，涇河的源頭在寧夏，洛河的源頭在陝北，河出青海，經甘肅、寧夏、內蒙古，與渭水相匯，古人以為河出積石，積石山也在甘肅。陝西的關中平原，即八百里秦川，主要是渭河流域。汧渭之會在寶

三危山

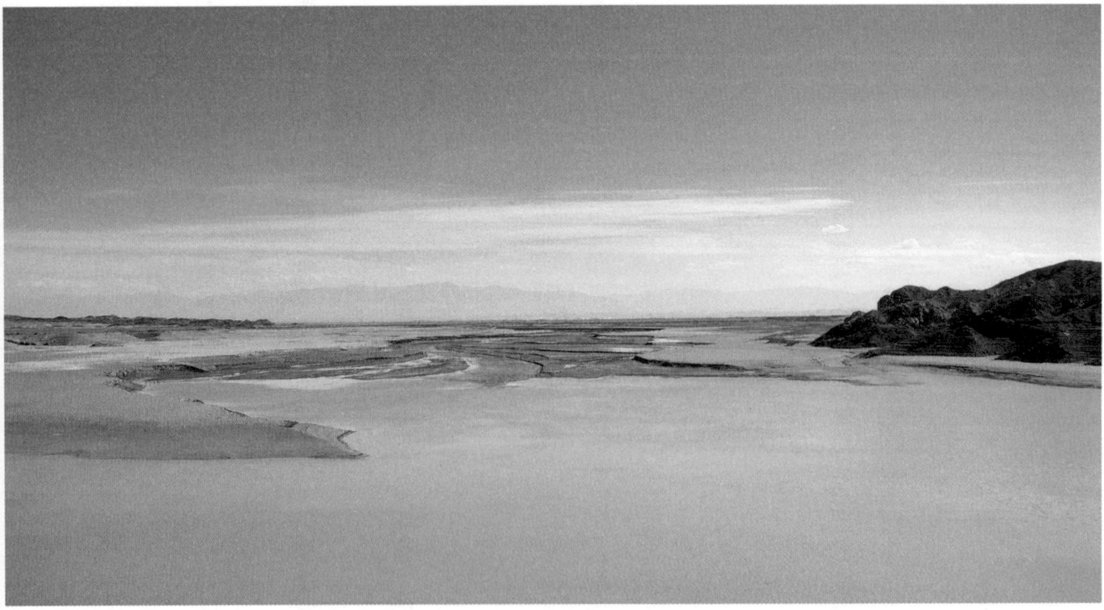

黨河

雞，涇渭之會在咸陽、西安，洛渭之會在華陰，河渭之會在潼關。

甘肅，元代立省，省名是合甘州（張掖）、肅州（酒泉）而稱之。甘肅的簡稱是隴。隴是隴山，寧夏段叫六盤山。古人以面南背北定左右，左為東，右為西。隴山是陝、甘、寧三省的分界線，甘肅在隴山以西，為隴右，陝西在隴山以東，為隴左。古人說的關隴，關是關中，隴是甘肅。

甘肅省的省會在蘭州。黃河從青海發源，七拐八繞，穿蘭州北上，往寧夏、內蒙流。黃河以西，漢設敦煌、酒泉、張掖、武威四郡，稱河西四郡。敦煌、酒泉二郡相當今酒泉市（包嘉峪關市），張掖郡相當今張掖、金昌二市，武威郡相當今武威市。武威市以東，可分四大塊。隴中是白銀、蘭州、臨夏、定西、天水五市，秦設隴西郡，西漢分屬金城、天水、隴西三郡。隴東是慶陽、平涼二市，秦屬北地郡，西漢分屬北地、安定二郡，與陝北、寧夏為一區。隴南挨著陝西、四川，秦為白馬氐羌所居，西漢設武都郡。甘南，挨著四川、青海，有一部份曾屬西漢金城郡、隴西郡，現在是藏族自治州。

看地圖，甘肅省的形狀好像一根骨頭棒，兩頭大，中間細。酒泉市（包嘉峪關市）是一個大頭，在西北；蘭州、定西、天水三市及其兩側是一個大頭，在東南；張掖、金昌、武威三市夾中間，連接兩頭。三個地區，三種氣候，三種環境。地理學家以烏鞘嶺為界，把烏鞘嶺以西稱為河西走廊。

甘肅的山，河西走廊，兩邊是山，中間是路。馬鬃山（也叫北山）在肅北北部，合黎山在高台、臨澤、張掖，龍首山在山丹，這是北邊的山。南邊的山，阿爾金山在阿克塞，屬崑崙山脈，東面是祁連山脈。祁連山脈分三段。鷹嘴山、野馬山、野馬南山、黨河南山在肅北南部，為第一段。托來山、托來南山、走廊南山、冷龍嶺在肅南，為第二段。烏鞘嶺（冷龍嶺支脈）在天祝，為第三段。祁連山以東，東有隴山、秦嶺，南有阿尼瑪卿山、迭山。合黎山見《禹貢》，其最高峰在東頭，現在叫東大山。阿尼瑪卿山是藏族的神山，《禹貢》叫積石山。此外，《禹貢》還提到三危山和朱圉山。朱圉山在甘谷。三危山，地圖多標在莫高窟附近，好像一座孤零零的山，其實不然，這是很長的一道山。

甘肅的河，烏鞘嶺以西，肅北南部和玉門、瓜州有疏勒河，肅北南部和敦煌有黨河，阿克塞有大小哈勒騰河，肅南、嘉峪關、酒泉、金塔有北大河，張掖、臨澤、高台、金塔有黑河。這些河都發源於祁連山南麓，從南往北流，或從東南往西北流，屬於內陸河，跟四瀆的流向相反。北大河，青海上游段叫托來河。黑河，金塔至額濟納段叫弱水。民勤縣的石羊河是黑河的支流。烏鞘嶺以東，西有黃河和黃河的支流洮河、夏河，東有涇河、渭河，南有嘉陵江和嘉陵江的支流西漢水和白龍江。黨河即《禹貢》黑水。黑河即《禹貢》弱水。西漢水即《禹貢》的潛水，白龍江即《禹貢》的桓水。《禹貢》以為河出積石，渭出鳥鼠。積石山即阿尼瑪卿山，在甘南。鳥鼠山在渭源縣。

甘肅的湖，阿克塞有大小蘇干湖，是大小哈拉騰河所匯。民勤縣有青土湖，是石羊河所匯（已經乾涸）。青土湖即《禹貢》豬野澤。

甘肅的路，東西方向的通衢大道是兩關七州連成一條線：敦煌（沙州）—瓜州—玉門（玉門關）—嘉峪關—酒泉（肅州）—張掖（甘州）—武威（涼州）—蘭州—天水（秦州）。甘肅去新疆兩條道：一條出玉門關，走柳園—星星峽—哈密（漢伊吾），沿天山（北山）南麓和北麓走；一條出陽關，經羅布泊，沿崑崙山（南山）北麓走。甘肅去陝西，要從清水、張家川，翻隴山，沿千河（即汧水）走。甘肅去內蒙古兩條道，一條沿額濟納河走，一條沿黃河走。甘肅去青海兩條道，一條走阿克塞，一條走蘭州。甘肅去四川，要先到寶雞或漢中，再從陳倉道或褒斜道走。

近出《絲綢之路——中國—波斯文化交流史》（〔法〕阿里・瑪札海里著，耿昇譯）有〈沙哈魯遣使中國記〉，述明永樂年間波斯使團來中國，正好提到從新疆經甘肅、陝西到北京的沿途見聞。

八月二十二日，晴。

上午，乘車去敦煌研究院，見樊錦詩院長，參觀莫高窟。時間有限，樊院長替我們挑了一些窟，讓我們分中英兩組分別參觀。驅車南行，至莫高窟。停車場在大泉河東岸，莫高窟在大泉河西岸。莫高窟一側，山上有塔。停車場東面是三危山，山上有亭。莫高窟，年代最早的中心柱窟與山西造像塔相似。壁畫，人臉發黑處，經專家檢測，其實是用一種含砷的顏料，年久顏色發生變化。特意看三二三窟《張騫出使西域圖》中的祭天金人。參觀途中，徐天進到。來時沒注意，歸途才發現，三危山一直在右手，很長。這是第二次見三危山。

中午，樊院長請飯，合影留念。

下午，參觀保護研究所。焦南峰（陝西考古院前院長）到。下一個節目是Chris Gosden和Mark Pollard（牛津考古實驗所所長）做報告。Gosden提到我在飯桌上的話。報告後，乘車去數字化展示中心，看敦煌影片二，各二十分鐘，出品人是樊院長。羅森說，第二個片子比第一個好。

飯後，再逛夜市，跟徐天進、焦南峰、張弛看幾家古董店。

王子今（人大歷史學院教授）不能來。

〔備課〕

現在，我們的位置是在甘肅省酒泉市下的敦煌市，河西走廊的最西頭。地貌以戈壁、沙漠為主，綠洲只是幾個點，比較荒涼。

甘肅是絲綢之路的交通要衝，北有蒙古高原，南有青藏高原，西有新疆，東有周秦漢唐的中心陝西省。自古以來，有無數民族，從各個方向穿行於此，你來我往，互為主客。歷史上，氐羌、西戎、烏孫、月氏、匈奴、突厥，以及五涼、西夏、蒙元、滿清，都在這片土地上留下了他們的歷史痕跡，現在也是漢、藏、蒙、回、哈、東鄉、裕固、保安、撒拉等族共同的家園。人是最重要的歷史遺產。

甘肅省的民族分佈特點是漢族佔大路，少數民族佔兩廂。酒泉市，地廣人稀，三市四縣加一塊，面積為十九萬兩千平方公里，相當英倫三島的百分之七十，但人口只有一百零九萬。敦煌、瓜州、玉門、嘉峪關（不屬酒泉）、酒泉一線是漢族聚居區，南北兩邊是少數民族聚居區。前者是農區，後者是牧區。整個酒泉市，土地面積，肅北最大，阿克塞其次，兩縣加一塊兒，佔酒泉市的一半以上，但前者只有一萬三千人，後者只有一萬人。

肅北是蒙古族自治縣，蒙古族只有五千人，屬西部蒙古的和碩特部和土爾扈特部，明代叫瓦剌，清代叫厄魯特，西人叫卡爾梅克人。肅北，顧名思義，應在肅州以北，也就是酒泉市的東南部，但它分兩大塊，一塊在敦煌、瓜州、玉門以北，一塊在敦煌、瓜州、玉門以南，縣城（黨城灣鎮）反而在肅北南部。黨城是黨河所經。

阿克塞是哈薩克族自治縣，哈薩克族是一九三六至一九三九年從新疆遷來，只有四千人。那裡有兩山兩水兩大湖，風景極好，我很想到那裡看看，但日程表上沒有這個縣。阿爾金山和祁連山之間的山口，叫當金山口。當金一詞，可能與黨河有關。黨河是蒙語黨金格勒（格勒即河）的省稱。穿越這個山口，翻越賽什騰山，是去青海格爾木、德令哈的路。

八月二十三日，晴。

上午，看漢長城、小方盤城、大方盤城。一路看到的遠山是阿爾金山。阿爾金山比三危山高大，山頂覆蓋白雪。

漢長城是漢武帝長城。遺址景區只選其中一小段。牆體用沙土夾紅柳、胡楊、蘆葦、羅布麻，一層層夯築，很矮很薄，好像農村的院牆。其西頭有當谷燧遺址，夯層很厚，北面的洋水海子已乾涸見底，只剩鹽鹼底子，白花花一片，南面有積薪若干堆，地面也有鹽鹼。景區入口處有小屋，可供休息。買書，吃瓜。

小方盤城在上述景區的東南，很近。障屋四四方方，有西、北二門。周圍有若干風化台地，北面可見若干小湖和水窪。景區有商店和展廳。展廳有《敦煌漢長城分佈示意圖》，從圖上看，漢長城呈丁字形，橫牆沿疏勒河南岸夯築，縱牆穿小方盤城，南接陽關。小方盤城在漢長城內，位置在橫牆和縱牆交叉點的南面，前面有很多湖泊，大方盤城在橫牆和縱牆交叉點的東面。

大方盤城，位置在小方盤城東北，前臨疏勒河，比小方盤城大得多，也高得多。此城也叫河倉城，據說是放糧草。糧草是順疏勒河漕運而至？

中午，驅車到陽關遺址附近的龍勒村，旁邊是陽關葡萄觀光園。陽關屬漢龍勒縣，龍勒縣治壽

小方盤城遺址

昌城。公路兩旁皆葡萄架，我們在葡萄架下吃飯，葡萄很甜。

陽關遺址在村南的古董灘上。古董灘經常出古物，故名。景區有個新修的城，城裡有個博物館，沒看。坐電瓶車去遺址，首先看見的是個烽燧墩台。墩台高高在上，很美。墩台南有廊、亭各一，供人憑弔。遠山是阿爾金山，眼前空無一物，只有廊前立石，寫著「陽關故址」，供遊人照相。

陽關遺址東有漢壽昌城遺址，東南有渥窪池，即所謂漢武帝得天馬處，來不及去。

歸途，提議看黨河水庫。我第一個登上大壩，庫中蓄水甚少，近於乾涸。敦煌有「引哈濟黨」工程，「哈」是阿克塞縣的大小哈勒騰河，「黨」是黨河，不知何時完工。

大方盤城遺址

陽關遺址

返回市裡，接羅豐（寧夏文物考古所所長），前往瓜州。高速路分兩條道，右手有一道黑山，綿延不絕，一直到瓜州。這是第三次見三危山。

晚宿睿辰賓館。

〔備課〕

疏勒河，漢代叫籍端水。歷史上，疏勒河曾流入羅布泊（漢稱鹽澤，唐稱蒲昌海），後世退縮。

黨河，漢代叫氐置水，前涼叫甘泉水。氐置水，疑與驛道有關。氐是氐羌之氐，置是郵驛（相當後世遞鋪），氐置可能在青海西部進入甘肅的通道上，或與肅北的黨城有關，或與阿克塞的當金山口有關。歷史上，此水曾流入疏勒河，後世退縮。《禹貢》說雍州黑水入於南海，南海是什麼湖？眾說紛紜。有人說是羅布泊，有人說是哈拉淖爾（蒙語「黑湖」，與青海哈拉湖同名），有人說是蘇干湖。羅布泊或哈拉淖爾在疏勒河遠端，位於黨河東；大小蘇干湖在黨河南，與黨河並不相連。問題還值得進一步研究。

三危山，上網看地圖，是祁連山的西段，從敦煌到瓜州，很長，其北麓如刀切，筆直筆直，遮在最前面，後面是肅北南部的四道山，莫高窟恰好位於它的西端。

鎖陽城遺址

八月二十四日，晴。

早飯分別吃，吃蘭州拉麵。

上午，看兔葫蘆遺址。據說中午沒地方吃飯，因而在街上買了餅子、水果。出縣城，沿疏勒河北岸，一直往東走，車過雙塔水庫，折而南，至雙塔村下車。遺址在雙塔村西南。這裡很荒涼，到處是沙丘。發掘者陳國科（甘肅省文物考古研究所業務辦公室主任）拿著全球定位系統（Global Positioning System, GPS），帶著大家找遺址。大家在毒日頭下滿地亂轉，尋找陶片、石器、金屬殘件，走了很遠。我把長袖脫了，皮服曬得生疼。兔葫蘆是什麼意思？新疆也有這類地名，如伊吾縣有吐葫蘆，或說吐火羅之訛。

中午，在雙塔村吃餅子、葡萄。

下午，去鎖陽城。城在縣城東南。景區入口處在遺址北，一進景區，到處都是鎖陽。我們在敦煌看過的鎖陽是這種植物的根莖。

此城分內外城，外城包內城。外城西北有一

塔爾寺遺址

堡子。坐電瓶車，穿外城，沿內城西側轉到內城西南角，登觀景台，眺望全城。內城有甕城四、馬面若干，西北角立角墩，城中有一道南北隔牆，把內城分為東西兩部份。然後去塔爾寺。寺在城外，東北方向。

傍晚，回到城裡，看瓜州縣博物館。博物館有兩個展室，東西很少，兔葫蘆遺址的東西有一點兒，其他比較晚。

晚飯，文物局李宏偉局長請客，有羊肉、甜瓜。瓜分青白二色，青色的叫西州蜜，白色的叫銀地白。瓜州吃瓜，很有紀念意義。天進說，這是最好吃的一頓飯。

睿辰賓館太新，有裝修味，羅豐和我換住榆林賓館。焦南峰說，他可以陪我們。榆林賓館有新舊兩家，舊的三星，新的四星，我們住舊的。

〔備課〕

西州蜜二十五號是新疆維吾爾自治區瓜

果開發研究中心開發。中心在鄯善縣，屬吐魯番地區。吐魯番，古稱西州。銀地白則是白蘭瓜，一九四四年由美國副總統華萊士從美國引進，故亦名華萊士。

瓜州本指敦煌。《左傳》說，瓜州有姜姓之戎（也叫姜戎）、允姓之戎（也叫陸渾戎、陰戎），杜預注說，「瓜州，今燉煌」。我們在的這個縣，唐以來才叫瓜州。唐瓜州郡，不在敦煌，而在漢冥安縣、西晉晉昌縣，即剛才去過的鎖陽城。今縣，城在淵泉鎮，是漢淵泉縣所在。瓜州是唐代舊稱，清以來一直叫安西，二〇〇六年才改回，仍叫瓜州。《左傳》中的姜姓之戎是落腳於山西，允姓之戎是落腳於河南，離這裡非常遠。顧頡剛懷疑，他們不可能從敦煌遷來，路太遠，恐怕來自秦嶺山區（《史林雜識・瓜州》）。他說，瓜州之瓜，與我們吃的蜜瓜無關，意思是陝西、四川人說的瓜，即傻瓜。很多人給他提供消息，說秦嶺山區有當地稱為「瓜人」者，呆傻矮小，讓他興奮不已。總之，經他考證，瓜州就是傻瓜州。此說過於離奇，學者不之信。瓜州位於河西走廊的通衢大道，唐設玉門關。唐玉門關在雙塔堡，已經淹在雙塔水庫裡。鎖陽城在其西南。

八月二十五日，晴。

上午，去馬鬃山玉礦遺址。一路上，偶見牛羊，幾乎看不到人。遺址在肅北北部馬鬃山鎮西北二十公里，三普發現，四次發掘。肅北北部與外蒙接界，是甘肅唯一設有邊境口岸的地方。過銀凹峽邊防站，辦手續花了不少時間。肅北北部那麼大，除馬鬃山鎮，居然只有一個明水鎮，在甘肅與新疆的邊界上。

中午，在鎮上吃飯，敬酒，一輪一輪，花了不少時間。韓縣長特意從肅北南部，驅車四百多公里，遠道趕來。明鎮長是蒙古族，晚一點兒到，又是一個輪迴。上廁所回來，蒙古族姑娘在唱歌，唱的是「雖然不能用母語來訴說」（《父親的草原，母親的河》），但她們會說蒙語。我向她們請教附近的山水名。她們說，疏勒河是「高地的河」，黨河的黨是「黨金洪太吉」的省稱，「黨金洪太吉」即黨金皇太極，黨金是人名，阿爾金山是「後面的山」，蘇干湖是「紅柳湖」，哈勒騰河是「黑河」。上網查一下，疏勒非蒙古語，乃突厥語「有水」，阿爾金山是蒙語「長柏樹的山」。

下午，韓縣長、明鎮長帶電視台的人陪同，前往遺址。這裡坑坑窪窪，到處是礦坑和石料堆，探方蓋著塑膠布，被風吹得破破爛爛。昨天，這裡下過一場雨，非常難得，據說還有冰雹。

晚上，趕到玉門，與王輝（甘肅文物考古所所長）、吳小紅（北大考古文博學院副院長）會合。會議在陽光酒店開，我們的人分住兩處，國人住新蓋的陽光酒店，外賓住老舊的玉門賓館，在另一處。我已入住陽光酒店，房間不夠，被換到玉門賓館。他們說我是外賓待遇。

八月二十六日，晴。

全天開會：火燒溝與玉門歷史文化國際學術研討會。會議室在樓上，電梯經常壞。

王輝介紹甘肅考古概況，羅森講中國考古的外來背景，吳小紅講火燒溝年代，陳建立講火燒溝金屬，陳國科講西城驛遺址，焦南峰講秦十大王陵區。火燒溝遺址的年代，吳小紅給出的四組數據是：三七三〇至三六三〇年，三六三〇至三六五〇年，三五五〇至三五三〇年，三五三〇至三四〇〇年。劉常生論古玉門關在玉門市赤金峽，西北大學李并成駁之，認為最早的玉門關不在玉門市，而在嘉峪關市石關峽，石關峽既是宋玉門關所在，也是最早的玉門關所在，說劉不講學術規範，未引他的〈石關峽：最早的玉門關與最晚的玉門關〉（二〇〇五年）。

記者採訪，請老同學王仁湘代勞。

聊天中，羅森概括，說中國文化有四大特點：一是規模大；二是大規模重複製作，分工系統複雜；三是文字系統發達，官僚化管理發達；四是重禮儀，禮儀與西方理解的宗教不完全一樣。她與雷德侯合作。雷德侯的《萬物》就是講第二點。

〔備課〕

玉門關，其名與漢輸玉石有關。古玉門關指敦煌玉門關以前的玉門關，即年代最早的玉門關。這個玉門關在哪裡，其說有二，一說在玉門市赤金峽，一說在嘉峪關石關峽。玉門人希望在玉門，嘉峪關人希望在嘉峪關。劉常生是玉門人，他主第二說，這是舊說，很多學者都持此說（如王國維）。李并成說是新說，在他之前已有人討論，如潘俊生、潘竟虎〈漢玉石障地理位置及玉門關變遷考〉（二〇〇四年）。〈變遷考〉認為，漢玉門關最初在石關峽，關在嘉峪關北黑山上（黑山也叫玉石山），城在明長城外，與明長城平行，即所謂玉石障。太初二年（前一〇三年）後，玉門關遷敦煌，這是第二個玉門關。小方盤城，其實是東漢玉門關的陰關，陽關在其南，是玉門關的陽關。唐玉門關在瓜州雙塔堡，這是第三個玉門關。李并成說，宋代也有玉門關，他不同意。古玉門關到底在哪裡，還需要有更多的考古證據，但學者推測，玉門關最初在東面，後來向西擴張，才推進到敦煌，唐以來內縮，先縮到瓜州，後縮到今玉門市或嘉峪關市，這個大趨勢還是合乎情理。

八月二十七日，晴。

上午，看古董灘遺址、砂鍋梁遺址、火燒溝遺址。

古董灘遺址在花海鎮西北小康村附近，有春秋戰國時期的古城殘牆。

砂鍋梁遺址在小金灣鄉附近，是個四壩文化和騸馬類型的遺址。小金灣鄉有清真寺，居民戴小白帽，初以為回民，原來是東鄉族。

火燒溝遺址在清泉鄉三一二國道旁，遺址是因蓋學校而發現，現在校舍空空，只有後院住著文保所的人。

中午，在清泉鎮吃羊肉。昨天，王輝推薦，果然很好，羊肉又嫩又爛。本來，打算全天在外看遺址，忽然接通知，大家務必趕回賓館，參加閉幕式，並安排了羅森講話。羅森不太高興。我勸她說，市裡很重視，這個面子還是要給的。她說她懂，只是不習慣隨便更改計劃。車回賓館，到處都是鮮花，到處都是標語，連街上的出租車，頂燈都滾動著歡迎這次大會的標語。

下午，三點三十至四點三十分回賓館休息。五點上會，參加閉幕式。牛津女士都精心打扮，盛裝出現。李并成發言，慷慨激昂，為把玉門打造成中國的石油儲備基地獻計獻策。王輝發言，作會議總結。羅森發言，表示感謝。

〔備課〕

甘肅的少數民族，來自三個方向：南邊的青海、四川，西邊的新疆、中亞，北邊的蒙古高原和西伯利亞，族源複雜，種類繁多。歷史上，烏孫、月氏、匈奴都曾佔據河西走廊，但月氏趕走烏孫，匈奴趕走月氏，漢族趕走匈奴，他們只是匆匆過客。氐羌系各族不同，從先秦的西戎，到唐代的吐蕃，到宋代的西夏，到現代的藏族、羌族，對甘肅一直影響很大。現代甘肅的少數民族多與元朝統治下的民族融合有關。如蒙族、藏族、土族、裕固族都信喇嘛教，但蒙族說蒙語，藏族說藏語，土族語屬蒙古語族，西部裕固語屬突厥語族，東部裕固語屬蒙古語族；回族、東鄉族、保安族、撒拉族都信伊斯蘭教，但回族說漢語，東鄉族、保安族說蒙語，撒拉語屬突厥語族。

中國古代的族經常是小族依附大族，古人叫歸化。漢晉官印多氐、羌、匈奴各部率善歸義印就是很好的見證。歷史上的大族，如匈奴、蒙古、鮮卑、突厥，都是籠統的名稱，經常是一族之名下，混雜著許多不同的族群，體質、語言、宗教、文化，情況很複雜。看看現代的情況，就能明白古代的道理。

八月二十八日，晴。

上午，看嘉峪關。明長城，嘉峪關是頭，山海關是尾。山海關，旅遊非常熱鬧，這裡也很紅火，有雜技表演、空中滑翔和騎駱駝。

中午，在市裡吃飯。飲食不習慣，羅森病。她說，西方人不習慣中國的湯湯水水，中國的三足炊器就是為了湯湯水水。她想吃麵包、餅乾、咖啡、酸奶。

下午，去果園——新城墓群，看魏晉墓二。墓群在嘉峪關市東北。

然後，去酒泉市肅州區，看酒泉市博物館。先到一處，仿古建築，佔地甚廣，以為酒泉市博物館，進門一問，是個私人博物館，叫絲綢之路博物館，沒看。進入市區，找真正的酒泉市博物館，原來新館還在施工，只有部份文物在酒泉圖書館。酒泉圖書館，文物在二樓陳列，多為魏晉墓所出，並有宋代投壺和肅州城模型。

然後，去高台縣，看高台縣博物館。展品多為駱駝城所出，有魏晉銘旌和魏晉帛書。帛書字很小，長篇大論，據說與《論語》有關，光線昏暗，未能細看。中國工農紅軍西路軍紀念館在高台縣，未能看。

然後，去張掖市甘州區，看西城驛遺址。遺址在張掖市西北明永鄉下崖村西北，位於黑河西岸，年代為馬廠晚期到四壩早期，距今四千一百至三千六百年。二〇一〇年以來，一直在發掘。遺址有兩個名，令人疑惑。傍晚在考古工作站吃瓜。夜行，進張掖市，宿國防賓館。裝修氣味大，開窗而睡。

〔備課〕

西城驛遺址，保護標誌作黑水國遺址。黑水國是當地俗稱，以遺址東側的黑水而名，據說是烏孫國都城，後被匈奴佔領，漢武帝奪之，設觻得縣，為張掖郡治所，當地人也叫老甘州。遺址有南北二城，據說北城築於漢，南城築於唐，唐叫鞏筆驛，元叫西城驛，明叫小沙河驛。

八月二十九日，上午雨，下午晴。

五點起，房間裡有一本《解讀甘肅》，作者陶明，翻了一遍。

上午，雨中看西夏大佛寺。寺內有全國最大的臥佛（三十四・五公尺）。寺後有明須彌千佛塔和清山西會館。會館供著關老爺，中國的武聖和財神，牌坊有字：威震華夏。柱上有字：漢朝忠義無雙士，自古英雄第一人。然後，經山丹、永昌去武威。在山丹縣看山丹縣博物館（艾黎捐贈文物陳列館）。展品有甲骨、印章、《圓明園圖》、《大清萬年一統全圖》拓片等。買圖冊二。雨還在下。

中午，在山丹縣吃午飯。

下午，在武威看文廟、西夏博物館。以前跟羅泰來過，西夏博物館是新館，有張仃題的篆字館名。

文廟是明代建築。東路文昌閣，中路大成殿，西路儒學院。文昌閣有文昌像，大成殿有孔子和孔子弟子像。儒學院空白。

西夏博物館，有元代四體錢幣照片，正文為漢字：至元通寶，背文，穿上穿下為八思巴文，穿右為察合台文，穿左為西夏文。敦煌研究院藏《六字真言碑》，用梵、藏、漢、西夏、八思巴、回鶻六體書寫，同雲台過街塔。這是最早的「五族共和」。

宿雲翔國際酒店，樓下有紅胖子雕塑。

羅森一直要我找個時間講地理。晚八點在七樓講地理，大意見下。

〔備課〕

(1) 中國地形，以瑷琿—騰衝切割線分兩塊，西北高，東南低。中國疆域，漢族和少數民族各佔一半，歷史也是各佔一半。

(2) 中國疆域，等於清本部十八省（西人叫China Proper）加拉鐵摩爾說的四大邊疆（東北、蒙古、新疆、青藏），兩者各佔一半。本部十八省是以《禹貢》九州和秦帝國的疆域為基礎，比較穩定，四大邊疆，時有伸縮。中國疆域是西北打東南、東南抗西北的結果，不打不成交，誰都離不開誰。擴張是被動擴張。童恩正說的半月形地帶只是一半，中國的沿海是另一個半月形地帶。中國西北，背後有更大的西北（歐亞草原、中亞，以及阿富汗、伊朗和印度）。中國東南，背後有更大的東南（太平洋群島和東南亞）。

(3) 游牧生存圈與農業生存圈的關係，好像航船與海岸線、港口的關係。航海都是順邊溜，游牧生存圈的發達地區都是與農業生存圈鄰近的地區。蒙古，內蒙為前，外蒙為後；青藏，也是青海為前，西藏為後。新疆，早期遺址在哈密和羅布泊，靠近甘肅。甘肅是三大邊疆與漢地的交會點和往來通道。

(4) 中國古代的戎狄。戎字常與西字連在一起，可以反映中原諸夏對他們的印象。羅森說，馬車和青銅兵器、工具和車馬器，是西伯利亞、中亞和西亞的特點。

中國早期以族姓識別不同的族。西北地區有六大姓。

姬姓：有陝西的周人、驪戎，山西的大小戎、河北的白狄（鮮虞、中山）。姬姓主要來自北方（陝北）。

媿姓：有山西的懷姓九宗，懷姓即媿姓。其先鬼方，初居內蒙河套，後來南下，進入陝西、山西，東周以來則集中在晉東南，號稱赤狄。媿姓也主要來自北方（內蒙）。

姜姓：有申、呂和姜姓之戎，學界公認，與氐、羌有關，藏、羌是氐、羌的後代。申國初在陝西，後分一支遷南陽，留在陝西的叫西申，遷居南陽的叫南申。呂國初在陝西，後來也遷南陽，太公呂尚一支封於齊。姜姓之戎，也叫姜戎，初居瓜州，後遷山西。姜姓主要來自西方（青海）。

允姓（或即妘姓）：有甘肅的允姓之戎。允姓之戎與鬼方系的媿姓各族並非一系。漢代人說，允姓之戎出自塞種（Saka），即斯基泰人（Scythians），可能與高加索人種有關。蒙古人種與高加索人種互為進退，主要在新疆和甘肅西部。允姓之戎，初居瓜州，後被秦晉遷於熊耳山南的河南嵩縣，叫陸渾戎。嵩縣在熊耳山南，古人以山北為陰，陸渾戎也叫陰戎。允姓與西周獫狁有關。獫狁也叫獯鬻、緄戎。匈奴，即漢代稱胡、西人稱為Hun者，可能也與這一支有關。允姓也主要來自西方（新疆和甘肅西部）。

姒姓：與上不同，來自東方（山西）。周人與他族聯姻，除去姜姓，還有姒姓。如文王的王后是太姒，幽王寵幸褒姒。太姒出自莘，褒姒出自褒。莘在陝西合陽，褒在陝西漢中。

嬴姓：與上不同，來自東方。他們本來是魯南、蘇北、皖北、豫東的土著，屬於東夷和南淮夷。其中一支，西遷山西者為趙，西遷甘肅者為駱嬴，秦是從駱嬴分出。

總之，研究周、秦、戎、狄四族之關係，甘肅是重鎮。

八月三十日，晴。

早起看郵件，李旻寄〈石峁與夏墟〉文。

上午，看雷台漢墓，只進一號墓，以前跟羅泰來過，沒有太大變化。展廳有銅馬、木馬等物。

出武威，去蘭州，一路看山。這一帶的山特別漂亮。過去來，它的滿臉大褶子給我留下深刻印象，現在重見，趕緊拍照，高速路上，無法停車，只能在車上拍。羅森也拍。她送我一本Orientations，登的全是給她慶壽的文章，前面有篇採訪，在車上看，很有意思。她說，她是因為小時候跟媽媽逛珠寶店才迷上文物，迷上中國，怪不得她那麼喜歡珠寶。

經古浪，入天祝，車過烏鞘嶺隧道，一共有四條。穿過烏鞘嶺隧道，進入永登，兩邊仍有山，但逐漸浮現另一種地貌，黃土原區。

張弛、吳小紅帶羅森去青海民和看喇家遺址。車入蘭州前，甘肅所派車來接。車在左手車道等，他們只能翻越高速隔離帶，看上去很危險。

過收費站，陳建立提議去一家生意火爆的店吃午飯，店名阿西婭羊肉。吃羊肉，喝蓋碗茶，花不少時間。

飯後，沿黃河南岸，去甘肅省博物館。北岸高樓林立，跟從前大不一樣。一路塞車，四點始到。與館長聯繫，同意閉館延到六點。李永平陪我看絲綢之路展廳和彩陶展廳，買書，然後一起去賓館。入住藝海大酒店。永平給我拷照片。拷完，他說太太出差剛回來，不肯留下吃飯。

晚七點三十分，跟徐天進、陳建立到對面的嵐島餐飲吃福建飯：白粥、白灼蝦。

〔備課〕

上古帝王的合法性主要靠兩個東西，一是天意，二是歷史。李旻說，上古傳說是一種歷史記憶，禹跡是龍山—二里頭時期的歷史記憶，這種記憶是以北方即高地龍山為中心。其說受邵望平影響。我想，歷史記憶，越往上越模糊，夏商的記憶很模糊，要靠考古校正，但不一定毫無史影，中國的兩次大一統（西周大一統和秦代大一統）肯定有歷史準備。西方漢學家和疑古派把歷史分成信史和傳說兩大類，一刀切下去，前者可信，後者不可信，這種二分法，恐怕有問題。事實上，歷史一直被簡化，既有美化，也有醜化，雖現代史亦不能免，同樣有文學成份，歷史和文學一直有關係。

武威的山

八月三十一日，晴。

凌晨四點三十分，有人打電話，一言不發，把我吵醒。早起看郵件，《讀書》刪掉我的寫作日期，還改了一句。

昨夜，張弛一行返回。

全天在甘肅省考古所看文物。

上午，王輝放PPT，介紹甘肅考古新發現。然後，大家討論。我的發言，大意是：馬家原墓地的出土物，總體印象，主要是戎人的東西，秦人的東西有一點兒，不多，墓中沒有楚國或其他地方的東西。比如鼎、敦、壺，這一時期，秦與中原差不多。秦僻處雍州，很長時間裡不與中原通聘問。早期秦鼎是模仿西周中期的鼎（垂腹平底，垂鱗紋、波帶紋），很保守。戰國中期以前，秦鼎多平底鼎，與中原不一樣，直到很晚才與三晉、兩周趨同，作球腹狀。馬家原的銅敦，並非楚國獨有，中原也有。銅壺也沒什麼特殊。這批東西，有件東西值得注意，這就是三號墓出土的銅繭形壺（M3:8）。繭形壺，古人叫椑榼，秦地很流行。它有一個字：鞅，銘文在器底，陽文，顯然是鑄造，不是後刻，字體與商鞅諸器的「鞅」字如出一轍，顯然是秦文字，不是六國文字。這個字是負責監造銅器的官員名還是鑄造銅器的工匠名？我看是監造銅器的官員名。如果是工匠名，應為刻銘。商鞅，前三五六年為左庶長，前三五二年為大良造，卒於前三三八年，商鞅變法在前三五六至前三三八年之間，墓地測年正在這一時間範圍內。墓地出土很多錯金銀車馬器。我懷疑，秦地流行的錯金銀車馬器（如帶「陵里」銘文的秦車馬器），以及洛陽出土的錯金銀器物，很可能是受戎人影響。

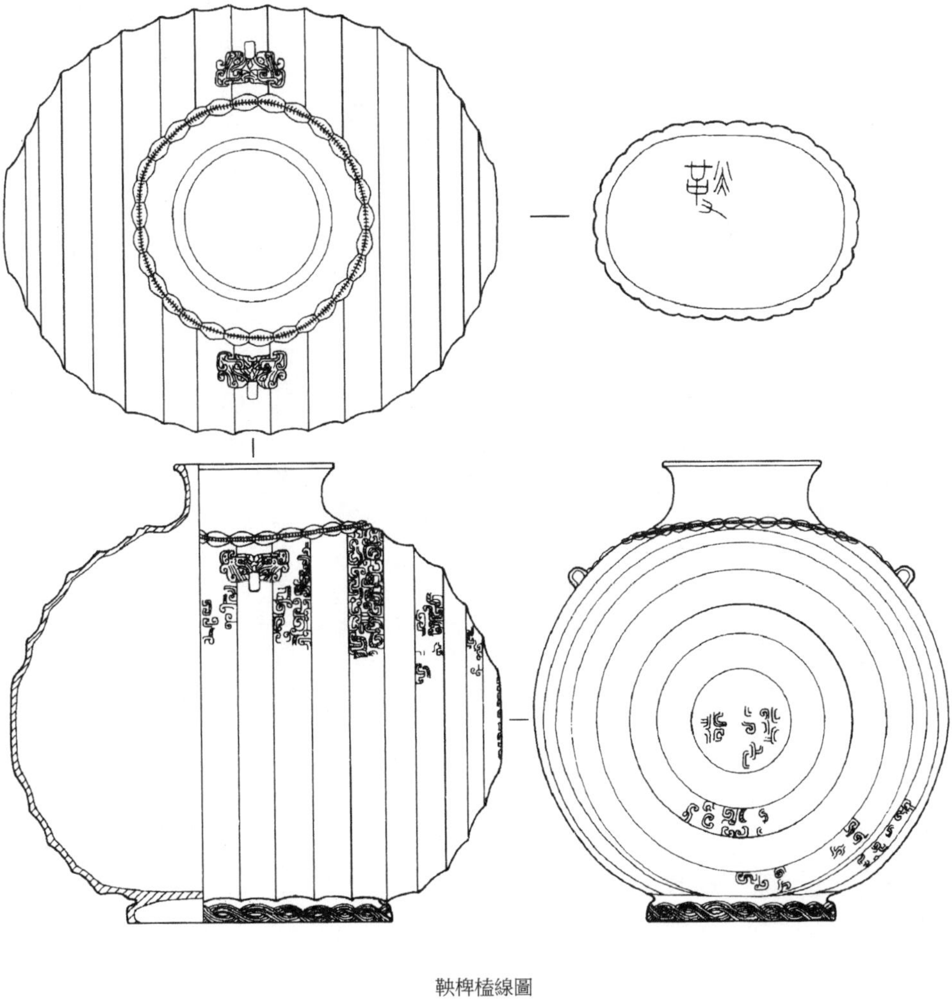

鞅椑榼線圖

中午，吃盒飯，重看PPT的某些器物，我發現馬家原的虎紋有四種，一種類似巴澤雷克（作逗號狀），一種類似納林高兔（平行波紋），一種類似西周虎紋（作菱角狀），一種類似漢代虎紋（雙鈎S形紋）。

下午，看庫房，先看馬家原的東西，後看新石器的東西。馬家原牌飾20132MM16:42為第一種虎紋，牌飾20132MM16:42為第三種虎紋。

張弛、吳小紅回北京，焦南峰回西安。寧夏考古所被和尚佔領，羅豐也趕回銀川。

〔備課〕

古書提到的西戎：

(1)《禹貢》：崑崙、析支、渠搜（舊居青海，後遷甘肅）。

(2)《左傳》：姜姓之戎（舊居瓜州，後遷山西）、允姓之戎（舊居瓜州，後遷河南）。

(3)《史記》：秦憲公伐滅的西戎：亳戎（在西安）。亳戎都蕩杜，秦武公於蕩杜設杜縣（在西安市雁塔區曲江鄉林帶路的西段兩側）。（〈秦本紀〉）

秦武公伐滅的西戎：彭衙（在白水）、邽戎（在清水）、冀戎（在甘谷）、小虢（在寶雞市陳倉區虢鎮）。（〈秦本紀〉）

秦穆公時臣服於秦的西戎八國：「自隴以西」有綿諸（在天水）、緄戎（犬戎，疑在西犬丘，即禮縣）、翟戎（在臨洮）、獂戎（在天水）；「岐、梁山、涇、漆之北」有義渠（在慶陽、平涼一帶）、大荔（在大荔）、烏氏（在固原）、朐衍（在定邊）。（〈匈奴列傳〉）。

印象：西戎諸部以氐羌系為主，背景是甘青地區的新石器文化和青銅文化。從敦煌到天水，從陝甘寧到山西、河南，到處都有他們的活動遺跡，但中心區域是河西走廊以東和青海的河湟地區。這裡不包括山戎、驪戎、大小戎。山戎是北方系。驪戎、大小戎是姬姓。

九月一日，晴。

從蘭州，經榆中、定西、隴西、武山去甘谷。

中午，到磐安鎮考古工作站吃飯，有魚。見甘肅省考古所的侯紅偉，他說在禮縣見過我和羅泰。這個院子有文昌廟，原來是小學。

下午，先看庫房，有出土秦戈，銘文作「秦公乍（作）子車」云云（「車」字以下八字看不太清），共十四字。秦穆公以子車三良為殉，《詩・秦風・黃鳥》哀之。這一發現，當然很重要。看完庫房，看工地。工地有大墓一，很深，墓壁有古人留下的腳窩。當年，我在西高泉挖秦墓，每天就是踩著腳窩上下。墓的旁邊有車馬坑。小侯說，秦墓和車馬坑的分佈規律是，墓在西北，車在東南。車馬坑是盜墓賊發現，他是先找到車馬坑，然後才找到墓。離開工地，與小侯一起去天水，路過朱圉山。此山山體呈紅色，多凹坑，很奇特。清華簡〈繫年〉說，秦的祖先到甘肅，最初在朱圉山。

到天水。天水博物館在伏羲廟內，裝修氣味很大，但展品不錯。獲展覽圖錄一冊。博物館請飯。

進市裡，宿天辰大酒店。曹瑋（秦始皇帝陵博物院院長）來電話，約扶風見面。時間不夠，放棄去禮縣。

朱圉山

九月二日，晴。

沿三〇五國道，去清水、張家川，翻隴山，去寶雞。

上午，順牛頭河，去清水縣，看清水縣博物館。展品多出白駝鎮，有不少車飾，與馬家原相似（甘肅省博物館也有一件白駝車飾，誤標西周）。看完，順後川河去張家川。小侯留在清水編圖錄。

中午，到張家川，縣城在張川鎮。見孫局長（漢族），看博物館。博物館對面是個大清真寺。孫局長說，張家川百分之七十是回族，百分之三十是漢族。

下午，看馬家原遺址。遺址在縣城西北木河鄉桃園村。考古工地在一道長原下。這裡有很多偏洞室大墓，蓋了棚子，鋪著塑料膜。村在山下，旁邊有個學校。民工說，這個村的人多來自陝西鳳翔，清代回民起義後，有不少回族從陝西遷來。

離開馬家原，走盤山路，往縣城方向走，雲影下，到處是綠色的梯田，很美。來時看見一城堡，四四方方，現在又一次看到。山下有重檐建築，路過門口，才知是宣化崗。博物館有介紹，這是哲合忍耶派的聖地。過縣城，重回三〇五國道，走恭門鎮、閻家鄉、馬鹿鄉、長寧村（附近有長寧驛），出張家川，入隴縣。隴縣段，穿關山牧場，到處是森林、草場，非常美麗，經店子上村、天成鎮，傍晚到隴縣。這條路就是著名的關隴大道，馬鹿到隴縣，叫隴馬路。天黑到寶雞，宿天辰大酒店，在附近吃飯。

〔備課〕

天水地區，外加南面的禮縣，是西戎各部的活動中心。清水縣白駝遺址、張家川縣馬家原遺址和秦安縣王家窪遺址的發現就是這批戎人的東西。

天水、甘谷是秦武公伐邽、冀戎所設的邽、冀二縣。天水不僅有邽戎，也是綿諸戎和獂戎聚集的地方。當時的邽縣包括清水縣。秦代從邽縣分出上邽縣，上邽故城在清水縣城的西北。張家川是西漢隴縣。禮縣是西垂（西犬丘）所在，大駱之族和秦莊、襄二公的都城，也是緄戎即犬戎聚集的地方。犬戎是住在西犬丘的戎。

清水、張家川靠近隴山，是關隴大道所必經。清水有秦亭村，位於清水縣城以東，秦亭鎮以西。秦亭村有北魏太和二十年殘碑（現存百家村秦樂寺）。其東北盤龍村有清道光二十二年《重修關山驛路碑》。翻過隴山，山的東側是隴縣。隴縣店子村有秦的城址和墓地，考古學界的很多學者說，這是襄公徙都汧的證據，隴縣是襄公東進建立的新都。

其實，秦在秦亭說和襄公徙都汧說都靠不住，屬於誤用文獻。三十年前，我寫過一篇〈《史記》中所見秦早期都邑葬地〉（《文史》第二十輯），已經討論過這兩種說法。

司馬遷寫《史記・秦本紀》，說非子封秦在汧渭之會。他看過很多譜牒材料，有秦人留下的《秦紀》作依據，不能輕易否定。但考古界的很多學者卻把非子的封邑定在甘肅清水縣。理由是：目前，年代最早的秦遺址是清水李崖遺址，其次是甘谷毛家坪遺址，其次是天水的西山遺址、鸞亭山遺址和大堡子山墓地。他們相信，最早的秦不在陝西，而在甘肅。秦人是從清水，翻越隴阪，沿千河，從隴縣經千陽到寶雞到鳳翔，一步步往東挪。所有文獻記載的都邑，從西到東，按年代早晚，一個蘿蔔一個坑，都能找到相應位置。

我不同意這種判斷。

第一，問題不在年代，李崖遺址和毛家坪遺址，無論是否可以早到西周中期、西周早期甚至商代，都不能證明非子封在清水。因為秦是周孝王以來才有的概念，時間在西周中晚期之交。早於這一時期，只有駱嬴一族，沒有獨立的秦嬴，我們不能把大駱之族當作秦。

第二，清水秦亭距李崖遺址還有相當距離，當地沒有任何考古證據，足以支持非子受封的秦就在秦亭。清水秦亭說出徐廣，廣為東晉人。其說晚出，並不能抹殺和代替司馬遷的說法。秦在清水說肇於秦在秦亭說，前提本身就有問題。

第三，秦亭以秦為名，這樣的地名很多，不能證明秦在秦亭。秦亭以亭為名，從地名不難判斷，只不過是古驛站。秦亭鎮舊名秦亭鋪，秦亭村舊名秦子鋪。鋪是驛站。秦亭只是關山驛路上的一個歇腳點。

至於襄公徙都汧說，我在〈《史記》中所見秦早期都邑葬地〉中也講過，此說出唐《括地志》，不僅不見於《史記》，而且《括地志》引用的《帝王世紀》也非原文，其實是誤用文獻。

現在，為了探索秦文化，考古學家做了大量工作，積累了大量資料。考古材料和文獻材料有矛盾，經常不是這兩種材料本身有矛盾，而是我們對兩者的關係吃不準，對它們的認識有矛盾。這裡，關鍵不在考古可信還是文獻可信，而在如何正確理解和運用這兩種材料，把兩者放在它們應有的位置上。這麼多年，考古材料已經推翻了司馬遷的說法嗎？我看沒有。

總之，在沒有真正可以推翻司馬遷的考古材料之前，我們應該尊重司馬遷的說法。司馬遷是座繞不過的大山。

關山牧場

九月三日，晴。

上午，先看寶雞青銅器博物館。時間倉促，秦器部份未能細看，其中有孫家南頭和鬥雞台所出。然後看石鼓山四號墓的東西。這批銅器，最最吸引人者為一件動物形尊。同出還有一件動物形尊，與之相似，但比它小一點兒，未見。此器有三種顏色，底色灰黑，底紋（陰紋）覆藍鏽，表紋（陽紋）覆綠鏽。尊作怪獸形，頭上長角，似牛似鹿，兩角間有彎曲的雙鈎，末端尖鋭，爪為虎爪，腹有魚鰭二、虎紋五道、羽紋兩道，四足與臀飾饕餮、夔龍、雙身蛇，真是什麼動物都有。這是中國最早的有翼神獸，年代比張家坡的那件早。

中午，陳建立提議，看董亞威的鑄造車間和設備。

下午，去岐山，再次路過那個用岐山做水泥的工廠，叫海螺鳳凰山水泥有限公司。到鳳雛村，看新發現的車馬坑。坑上搭了棚子。車輪有銅箍，車轄、車軎鑲綠松石。北大考古系的實習工地正式開工，孫慶偉（北大考古文博學院副院長）、雷興山（北大考古文博學院教授）帶學生實習，王占魁（陝西考古研究院研究員）、劉緒（北大考古文博學院教授）指導車馬坑發掘。曹瑋有事不能來。焦南峰來，說老盧（盧連成，當年帶我在西高泉和灃西發掘的考古學家）聯繫不上。

晚上，羅森給學生做報告，講她總結的四條。孫慶偉主持，要我給學生訓話。我簡單說了幾句，談不上訓話。大意是，第一，考古要腳踏實地，重視地理，研究我們腳下的地；第二，我把我為中華書局百年紀念寫的話改了一下，送學生。那篇題詞是「為學日益，為道日損，古書常讀常新」，我把「古書」換成「考古」。我說，考古是基礎工作，似乎是個自我滿足的體系，我離開誰都行，誰離開我都不行。但我們的知識永遠殘缺不全、漏洞百出，再多的發現也填不滿這些漏洞。我們只能虛實結合，反覆調整。見得越多，學得越多，越需要提煉，越需要歸納，用最簡單的話講最簡單的道理。開動腦筋，對考古很重要，願與大家共勉。

宿扶風關中風情園公劉院。Gosden送我一本小書：Shapes。

〔備課〕

上面說，考古界的流行看法，幾乎眾口一詞，都說秦在甘肅清水。我在〈《史記》中所見秦早期都邑葬地〉梳理過這個問題，跟眾說不同。現在有不少考古發現，應該重新總結一下。

(1) 仿照商周考古，學界有所謂先商、先周，秦也有先秦。這個先秦不是指秦代以前的歷史，而是指非子以前的歷史，即非子的族源世系。最近，清華楚簡〈繫年〉透露，秦人的祖先曾居商奄（曲阜一帶），周滅商，成王遷其民於朱圉山（在甘谷），他們才來到甘肅，平王東遷後，秦仲（秦襄公之誤）才代周守岐，給周人看祖墳。我們從司馬遷的記述看，嬴姓西遷分兩支，一支是趙人的祖先（蜚廉子季勝之後），在山西趙城，一支是秦人的祖先（蜚廉子惡來之後），在甘肅禮縣。禮縣，古名西垂，也叫西犬丘，秦漢叫西縣。西垂一支，周孝王時有大駱。大駱有二子，成以嫡子順繼大駱，住在西垂，非子是旁支，封在秦邑。成與非子是一家，他們的遺物，從考古文化講是一個系統，無法分開，但駱嬴、秦嬴是兩支，不能混為一談。我們即使在甘肅發現早於西周晚期而又與秦有聯繫的東西，也不能認為就是秦的東西。

(2) 秦之稱秦，當從非子封秦算起，非子以前居西垂者，只有大駱一族。司馬遷講得很清楚，非子封秦，是周人「分土為附庸」，肯定住在岐周附近，而不是西垂附近。而且這個地點很具體，就是「汧渭之會」。清水也好，隴縣也好，都不能叫「汧渭之會」，只有寶雞才能叫「汧渭之會」。非子為孝王養馬，封秦之前，或在汧隴一帶（如關山牧場一帶），但周人賜邑，還是在汧渭之會。秦與周密邇相處，還有一個證據。司馬遷曾四次引用周太史儋的預言，「始周與秦合而別，別五百載復合，合十七歲而霸王者出焉」（《史記·周本紀》等），他說的「始周與秦合」指非子封秦，與周比鄰而居，「而別」指秦襄公護送平王東遷洛邑，「別五百載復合」指平王東遷到秦滅周，中間隔了五百年。「合十七歲而霸王者出焉」指秦王政滅周後十七年，大舉攻趙，由此揭開秦滅六國的序幕。我們從這段話看，秦與周本來住在一起，這點沒法否認。

(3) 申是姜姓，對安撫氐羌系的西戎很重要。申是西申，也叫申戎，既與周通婚，也與秦通婚，西戎多聽命於申侯。西周晚期，周宣王寵褒姒，廢申后之女所生子，西周就是被申侯率犬戎攻滅。犬戎即薰鬻、緄戎，學者多已指出，即西周金文屢見的獫狁。戎族之號，多冠居地，如邽、冀、翟、獂諸戎，莫不如此，犬戎蓋居西犬丘。西犬丘不僅是犬戎所居，也是大駱所居。大駱妻是申侯女。司馬遷說，大駱有二子，成與非子，周孝王更喜歡非子，想立非子繼嗣大駱，申侯反對，說

「昔我先驪山之女，為戎胥軒妻，生中潏，以親故歸周，保西垂，西垂以其故和睦。今我復與大駱妻，生適（嫡）子成。申駱重婚，西戎皆服，所以為王」，您能把王位坐穩，關鍵在這裡。因此孝王才把非子封在秦，號曰秦嬴，讓申侯之女所生子繼嗣大駱。基於這一史實，我有一個概括：隴右為駱（駱嬴），隴左為秦（秦嬴）。駱與戎住一塊兒，秦與周住一塊兒。駱是用來和戎，秦是用來事周。我認為，不別駱、秦是所有誤解的根源。

(4) 秦世系，非子、秦侯、公伯、秦仲四世是頭一段。這一段，秦的都邑、葬地在汧渭之會。非子「賞宅」是秦史的第一件大事。其年代可從後面三代逆推。秦仲在共、宣時（前八四四至前八二二年），很明確。公伯立三年（前八四七至前八四五年），秦侯立十年，皆厲王時（前八五五至前八四六年）。非子跨孝、夷、厲三王（前？—前八五六年），孝、夷在位短，主要活動當厲王時。西戎滅大駱之族在厲王末年，當秦仲三年（前八四一年）。這以後才只有秦嬴，沒有駱嬴。西戎滅駱嬴，是西戎滅西周的先兆。

(5) 秦公簋有「十又二公」。這十二個公從誰算起？或說莊公，或說襄公，我是從莊公算起。襄公受封諸侯，秦器稱為「受國」，當然是秦史上的大事，但莊公稱公，《史記》講得清清楚楚，為什麼不算？莊公西略伐戎，在宣王時。從此，秦人才放棄秦邑，以西垂為都，代替駱嬴一支，作西垂大夫。我們要知道，這是平王東遷的前提，也是秦史上的大事。莊公稱公，跟武王取天下，仍尊其父為文王一樣，古代帝王往往如此。莊公、襄公居葬在西垂，司馬遷講得清清楚楚，沒問題。大堡子山有兩座秦陵，不管是兩個公各居其一，還是同一個公夫妻分葬，都只能是這兩個秦公或其中的一個。在這二公之前，在這二公之後，西垂沒有秦公的陵墓。

(6) 犬戎滅西周，司馬遷講得很清楚，平王說「戎無道，侵奪我岐、豐之地」，周在陝西的地盤是整個丟掉。平王封襄公為諸侯，讓它收復岐以西之地。襄公伐戎至岐，沒能取得最後勝利，就死了。文公繼續伐戎，才把戎人趕走，岐以西歸秦，岐以東獻周。《史記・秦本紀》說：「文公元年，居西垂宮。三年，文公以兵東獵。四年，至汧渭之會。曰：『昔周邑我先秦嬴于此，後卒獲為諸侯。』乃卜居之，占曰吉。」司馬遷講得很清楚，文公新都和非子故邑，兩者在同一區域。這個新邑，現在還沒找到，但毫無疑問，應在汧渭之會，即寶雞一帶。此話不能理解為人封在清水，但儀式在寶雞舉行。

(7) 文公新邑與非子故都同在寶雞，有四個地點，可以卡定它的大致範圍。第一，五嶽之前，只有四嶽，秦地的嶽山，不是華山，而是吳山，吳山是標誌秦地的嶽山（當時正叫岳山），在寶雞西北。第二，文公夢黃龍，建鄜時於鳳翔三時原上，在寶雞東面。第三，文公祭陳寶，建陳寶祠於陳倉北阪城，陳倉北阪當即寶雞賈村原，城在原上。第四，文公祭南山豐大特，建怒特祠於寶雞南山，寶雞南山也叫陳倉山。

(8) 寶雞以千河分東西，渭河分南北，是秦人的龍興之地。寶雞，舊名陳倉。陳倉與陳寶有關。陳寶見〈顧命〉，列於寶石中，其實是隕石。隕星穿越大氣層，呼嘯而過，有如雞鳴，落地者為隕石。古人說陳寶是寶雞所化，唐以來以寶雞為縣名，還是因襲故事。〈封禪書〉說，「作鄜時後九年，文公獲若石云，于陳倉北阪城祠之」。陳倉北阪城是獲石之所，應即最早的陳倉城。漢陳倉城在寶雞鬥雞台。鬥雞台一帶出土過很多著名的西周銅器。陳倉以倉為名，恐怕與漕運有關。孫家南頭遺址，不僅有春秋秦國大墓，也有漢代倉儲遺址。漢陳倉城雖不必等於文公新邑，但文公新邑應在今寶雞市陳倉區一帶，還是八九不離十。

(9) 《史記・秦本紀》說，文公居西垂宮，葬西山；憲公徙居平陽，葬西山；武公居平陽封宮，葬雍平陽，未及出子。〈秦始皇本紀〉不同，作文公居西垂宮，葬西垂；憲公居西新邑，葬衙；出子居西陵，葬衙；武公居平陽封宮，葬宣陽聚東南。文公新都既然在寶雞，陵隨邑轉，自應以〈秦本紀〉為是，也在寶雞。〈秦始皇本紀〉的「葬西垂」是「葬西山」之誤。西山，或本作岐西山，不在西垂，《帝王世紀》、《括地志》謂即「岐州陳倉縣西北三十七里秦陵山」。從方向和距離估計，可能在寶雞市金台區陵原村一帶，即大唐秦王陵（李茂貞墓）附近。憲公徙居平陽，也叫西新邑，舊說在陽平鎮，現在多認為在陽平鎮西邊的太公廟。憲公葬地，〈秦本紀〉作西山，〈秦始皇本紀〉作衙，似乎是一回事。衙也可能就在西山一帶。這個衙在哪裡？過去我有一個大膽推測，衙即茹家莊、紙坊頭、竹園溝出土銅器銘文上的弜國之弜（古音相同）。這三個地點，茹家莊、竹園溝在渭河南，與姜城堡、益門為一線，都在清姜水東岸。紙坊頭在渭河北，正好在陵原南。當然這是假說，但其地點總以不離寶雞者為是。武公葬宣陽聚東南，宣陽聚是平陽城下面的小聚落。寶雞出土春秋秦銅器，地點很多，如金陵河以西有福臨堡，千河以西有鬥雞台，千河以東有孫家南頭、太公廟、大王村、陽平鎮（秦家溝），從西到東，大體在一條線上，都在渭河北岸。渭河南岸則有渭濱區的姜城堡，與福臨堡隔河相望。我懷疑，秦文公以來的四個秦君，其都邑、葬地是以汧渭之會為中心，大體沿渭河一線分佈，在其上下，並逐漸向鳳翔原東移。最近，太高廟探出大型車馬坑，與從前出土秦公鐘鎛的祭祀坑很近，尤其值得注意。

(10) 我相信，不僅非子故邑、文公新都可能在這一帶，憲公、武公的西新邑平陽也應在這一帶。我對秦在寶雞說很有信心。秦史雖可上溯到周孝王，當西周中晚期之交。但秦真正崛起和壯大主要是東周以來。我的印象，出土銅器，真正可以明確斷定為秦器者，似乎沒有比大堡子山更早。不其簋是不是秦莊公的銅器，恐怕還不能最後敲定。秦式陶器，雖可上接西周，但數量最多還是周室東遷後的東西。隴山東側，從西周晚到春秋到戰國，隴縣、寶雞、鳳翔，序列比較完整。隴山西側，雖有早一點兒的東西，但缺晚期的東西，特別是戰國的東西。河西四郡設於西漢，河西走廊幾乎看不到秦的東西，就連秦代的東西都沒有，發現最多，主要是魏晉以來的東西。秦史，除莊、襄二公，非子到秦仲，還有秦文公以來，中心始終在寶雞。秦是面向東方，伐戎繼周，踩著西周的腳印，一步步向東挺進，都邑、葬地都是緊隨其後，雍城是傍岐周，咸陽是傍宗周（灃鎬）。伐戎是鞏固後方，繼周是向前推進，更高的目標是挺進中原。當然，這是後話。

九月四日，晴。

上午，看扶風縣周原博物館，正屋和西屋有展室二，與以前不同。西屋是按文化類型和年代早晚排隊的周原陶器。在東屋看周原陶範。

中午，吃泡饃，然後去機場。

下午，從咸陽機場回北京。

晚上，天進的朋友派車接羅森一行回北大，我也坐這輛車，到藍旗營下。

九月五日，晴。

早八點三十分送書給羅森和其他兩位教授。北大考古文博學院與牛津大學還有活動，不再參加。

二〇一四年九月十六日寫於北京藍旗營寓所

書　　名　大地文章
叢　　書　【我們的中國】
著　　者　李　零
責任編輯　苗　龍
封面設計　謝　飛
出　　版　三聯書店（香港）有限公司
香港北角英皇道四九九號北角工業大廈二十樓
Joint Publishing (H.K.) Co., Ltd.
20/F., North Point Industrial Building,
499 King's Road, North Point, Hong Kong
香港發行　香港聯合書刊物流有限公司
香港新界大埔汀麗路36號3字樓
版　　次　二〇一八年七月香港第一版第一次印刷
規　　格　十六開（170 × 230 mm）三一二面
國際書號　ISBN 978-962-04-4202-5